조선후기 정치·사회 변동과 추국

김 우 철 金友哲

세종시에서 태어나, 고려대학교 사학과를 졸업하고 같은 대학원에서 한국사 전공으로 문학박사 학위를 취득했다.
한중대학교 교수로 재직하며 한국사를 강의하는 한편, 조선시대사 연구와 사료 번역에 힘쓰고 있다.
저서로는『조선후기 지방군제사』『조선후기 지방사의 이해』등이 있고, 번역서로는『대한계년사』『여지도서』『승정원일기』등이 있다.

조선후기 정치·사회 변동과 추국

값 23,000원

2013년 10월 10일 초판 인쇄
2013년 10월 17일 초판 발행

저　　자 : 김우철
발 행 인 : 한정희
발 행 처 : 경인문화사
편　　집 : 신학태
　　　　　서울특별시 마포구 마포동 324-3
　　　　　전화 : 718-4831~2, 팩스 : 703-9711
　　　　　E-mail : kyunginp@chol.com
　　　　　홈페이지 : //kyungin.mkstudy.com
등록번호 : 제10-18호(1973. 11. 8)

ISBN : 978-89-499-0966-0　93910

조선후기 정치·사회 변동과 추국

김 우 철

景仁文化社

책을 펴내며

학위논문을 바탕으로 했던 첫 번째 저서를 출판한 지도 벌써 10여 년이 흘렀다. 지금이나 그때나 학문에 큰 재주도 흥미도 없다고 자평하는 편이라서, 후속하는 저서가 다시 나오게 될 것이라는 기대는 처음부터 하지 않았다. 게다가 군사제도 쪽을 전공하며 그다지 다른 분야로 시야를 넓혀보지도 못했던 터라, 사회사나 정치사 내용을 담은 저서가 나올 것이라는 생각은 더욱 하지 못했다. 예상하지 못했던 여러 가지 우연적인 요소가 겹치더니, 결국은 이렇게 되고 말았다.

대학원에서 함께 공부했던 선후배 동학 몇몇이 당시 학술진흥재단의 연구비 지원 사업에 응모하여 『대한계년사』의 번역에 착수한 것도 조금 앞선 10여 년 전이었다. 역시 그 때만 하더라도 이렇게 오랫동안 번역에 참여하게 될 줄은 몰랐다. 지금은 번역의 중요성을 실감하고 번역의 어려움을 절감하면서 한 글자 한 구절 조마조마 땀을 빼며 번역을 하고 있지만, 그때는 그렇지 않았던 듯하다. 전공 시대도 아닌 개항기 자료의 번역에 덥석 뛰어들었던 것은 좋게 보면 젊음의 패기였고, 나쁘게 보면 무식해서 용감한 소치였다. 하지만 그 훈련 과정이 후속 번역을 가능하게 했다.

바닷가의 아담한 대학에 직장을 잡고 나서도 동학들과의 번역 작업은 계속되었다. 『여지도서』로 이어진 번역팀은 『추안급국안』에서 대폭 확대되었고, 그 인연은 『포도청등록』까지 이어졌다. 한 달에 한 번씩 동해에서 전주까지 오가면서 아무 생각도 하지 않고 번역에만 전념했던 시절이, 지금은 그립다.

번역은 얼마간은 논문으로부터의 도피였고, 얼마간은 현실적인 보탬이었다. 학위논문 끝내고 일종의 학문적 우울증에 빠져있던 지은이에게, 번역은 그럴듯한 명분까지 알리바이로 제공한 도피처였다. 분규로 시끄러운 지방 사립대학의 넉넉지 못한 처우에, 꼬박꼬박 사업비가 지급되는 번역은 꽤 쏠쏠한 경제 행위였다. 하지만 번역에 전념하면 할수록 방치하던 논문 작업에 대한 조바심은 더해갔다. 또 자료 해석에 어느 정도 자신감이 생기면서 논문으로 만들고 싶은 주제들이 조금씩 생기기 시작했다. 처음에는 특별히 어떤 공통된 주제를 염두에 두지 않고 한 편 한 편 써서 발표했는데, 쌓이고 보니 어느 정도 연관성을 갖게 되었다. 논문 중에는 주제넘게 영문(英文)으로 발표한 논문도 있고 역사학계가 아닌 다른 쪽의 학술지에 발표한 논문도 있다 보니 한데 모으는 것이 좋겠다는 주변의 권유가 있었고, 찬찬히 생각하지 않고 덜컥 욕심을 부리면서 이렇게 또 다시 여러 분들에게 걱정을 끼치게 되었다.

　제1부에는 '조선후기 사회 변동과 추국'이라는 제목을 달아 보았다. 주로 하층민이 참여했던 이충경 사건에서는, 「개국대전」이라는 문서를 통해 그들이 꿈꾸던 소박한 이상사회의 모습을 확인할 수 있었다. 대북 세력과 유랑 지식인, 지방에 근거를 둔 중인 계층 등 다양한 세력들이 결합하였던 정한 사건에서는 정씨 진인설이 구체화되고 있었다. 인조의 정통성을 문제 삼는 모반의 흐름을 계승했던 안익신 사건에서는, 현실적인 사회경제적 부담에 대한 저항으로 합세하는 지방민과 이를 계기로 정국을 장악하는 조정의 대응 모습을 볼 수 있었다. 인조대에 빈발했던 모반 사건을 하나하나 분석하다 보니 일정한 경향성을 발견하게 되었고, 이를 계기로 정씨 진인설이 수용되면서 『정감록』이 탄생하게 된 역사적 배경을 되짚어볼 수 있었다.

　제2부는 '조선후기 정치 변동과 추국'이라는 제목으로 묶어 보았다. 내용적으로는 경신환국과 관련된 두 편의 논문과, 종실을 내세운 모반 사건을 다룬 두 편의 논문으로 구성되었다. 현종대부터 시작된 유민 안

집책과 북벌론의 과정에서 제기된 축성론을 계기로 유혁연은 대흥산성의 경영을 주도하지만, 이는 경신환국 과정에서 유혁연에게 역모의 빌미가 되었다. 역시 경신환국이 마무리되는 과정에서 오시수도 선왕을 무함했다는 혐의로 사사되었는데, 이 사건은 노론과 소론이 분당하는 최초의 계기가 되었다는 점에서도 의미를 지닌다. 철종의 즉위로 인하여 연대기 사료가 대폭 삭제된 가운데, 『추안급국안』과 『포도청등록』의 기사를 바탕으로 이원경의 모반 사건을 복원해 보았다. 가문의 몰락에 불만을 품고 있던, 당시 혈통적으로 가장 강력한 왕위 계승 후보였던 이원경을 중심으로 모반 사건이 구성되었는데, 이원경이 희생되면서 종실 세력은 더욱 위축되었고 대신 선택된 철종에게서 왕실 권위의 회복을 기대할 수는 없었다. 죄인 신분이었던 은언군의 후손 철종의 즉위는, 변란을 모색하던 세력들에게 새로운 명분을 제공하였다. 이에 따라 소현세자의 후손인 이명섭을 추대하는 모반이 준비되었으며, 이 사건은 변란의 요소와 함께 민란의 요소도 함께 지니고 있었다.

제3부에는 '조선후기 추국의 운영'이라는 주제 아래, 추국 운영 과정에서 결안에 주목한 한 편의 논문을 수록하였다. 효종대까지 추국의 절차가 형성되는 과정에서 결안은 꼭 필요한 과정으로 자리 잡았고, 현종대에 들어와 결안이 독립된 문서의 형식으로 표현되면서 추국의 절차는 완성되었다. 그러나 무신란으로 정통성에 위협을 느낀 영조가 추국에 직접 개입하면서 그동안 확립된 추국의 절차는 크게 흔들렸고, 정조대 이후에는 심문 형식이 바뀌면서 결안의 작성 방식도 변화하였다. 그 결과 결안은 죄인 스스로 범죄 사실을 자백하고 최종 확인하는 절차가 아니라, 심문관이 범죄 사실을 확정하고 죄인에게 자백 받아 최종 확인을 받는 절차가 되었다.

이 책은 『추안급국안』을 번역하면서 관심을 갖게 된 주제들로 만든 논문집이다. 단행본의 형식에 맞추어 제목을 바꾸고 내용을 수정하였다.

'추국을 통해 본 조선후기 정치·사회사'라고나 할 것인데, 그렇다고 제목에 걸맞은 알찬 내용이 되지는 못하였다. 시기적으로는 18세기 부분이 부족하고, 주제는 너무 편중되어 있다. 하지만 일단 시작에 의미를 두고 싶다. 앞으로 또 어떤 쪽으로 연구 방향이 바뀔지는 모르겠지만, 오늘의 이 작업이 그 출발점은 될 듯하다. 논문을 작성하면서 사용한 자료는 주로 지은이가 번역한 부분의 자료였지만, 몇몇 논문에서는 다른 연구자들의 번역 초고를 이용하기도 하였다. 지금 한창 출판을 앞두고 마지막 교정을 앞두고 있는 『추안급국안』 연구팀에 다시 한 번 고마움을 표한다.

번역팀이 성공적으로 번역을 수행하고, 이를 바탕으로 논문을 작성할 수 있었던 데에는 주변의 도움이 아주 컸다. 번역팀에 쾌적한 연구공간에 숙식까지 제공해주신 김진소 신부님, 한결같이 든든하게 지켜주시며 조언을 아끼지 않으신 조광 선생님의 배려는 평생 잊지 못할 것이다. 지속적으로 관심과 격려를 아끼지 않으신 모교 한국사학과 여러 선생님들께도 고마움을 전한다. 자전거를 타고 동해에서 서해까지 한반도를 함께 횡단했던 한중대 동료들은 어려움을 어려움이라 느낄 틈을 주지 않는다. 고향에서 늘 걱정하시는 부모님께는 역시 늘 죄송한 마음뿐이다. 불의의 병마를 떨치고 일어난 누이에게는 힘이 되었으면 좋겠다. 매달 며칠씩 비우다 이제는 매주 며칠씩 비우게 된 집안을 아내 최기숙은 알뜰하게 지켜나가고 있다. 고맙다. 첫 번째 저서를 낼 때 아기였던 두 딸은 이제 아빠만큼 훌쩍 커버렸다. 앞으로도 지금처럼 몸과 마음 모두 건강하게 잘 자라주길. 이번에도 염치없이 날짜까지 재촉하며 불쑥 내민 원고를 거절하지 않은 경인문화사 식구들은 복 받을 것이다.

오류동 골방에서
2013년 가을
지은이

목 차

이 책에 수록된 글들의 발표지

제1부 조선후기 사회 변동과 추국

1. 「Social Background of a Visionary Rebellion and the Image of an Ideal Society : A review of the Yi Chʻunggyŏng Incident during the 7th year of King Injo (1629)」『International Journal of Korean History』15, Center for Korean History, Institute of Korean Culture, 2010.
2. 「인조 9년(1634) 鄭澣 모반 사건과 그 의미」『東洋古典研究』39, 東洋古典學會, 2010.
3. 「仁祖 24년(1646) 安益信 謀反 사건과 그 의미」『韓國史學報』33, 高麗史學會, 2008.
4. 「조선후기 변란에서의 鄭氏 眞人 수용 과정 -『鄭鑑錄』탄생의 역사적 배경」『朝鮮時代史學報』60, 朝鮮時代史學會, 2012.

제2부 조선후기 정치 변동과 추국

1. 「柳赫然의 大興山城 경영과 庚申換局」『韓國人物史研究』20, 한국인물사연구회, 2013.
2. 「숙종 6년(1680) 吳始壽 옥사의 검토 - 老·少論 分黨의 시원적 배경 -」『역사와 담론』66, 湖西史學會, 2013.
3. 「憲宗 10년(1844) 懷平君 李元慶 謀反 사건과 그 의미 - 哲宗 즉위의 숨겨진 배경 -」『역사와 담론』55, 湖西史學會, 2010.
4. 「철종 2년(1851) 李明燮 모반 사건의 성격」『韓國史學報』40, 高麗史學會, 2010.

제3부 조선후기 추국의 운영

1. 「조선후기 推鞫 운영 및 結案의 변화」『民族文化』35, 한국고전번역원, 2010.

제1부

조선후기 사회 변동과 추국

제1장
1629년 李忠慶 모반 사건

1. 머리말

反正으로 광해군을 몰아내고 집권한 仁祖의 재위 기간 내내 크고 작은 謀反 및 이에 관련한 告變 사건이 끊이지 않고 발생했다.[1] 李适의 반란 등 인조 정권의 전복을 직접 겨냥하고 실행에 옮긴 사건으로부터 모의 단계에서 적발되거나 誣告로 판명된 사건에 이르기까지 그 정도의 차이는 있었지만, 이러한 잦은 모반 사건으로 인조는 정국을 장악하는데 어려움을 겪을 수밖에 없었다.

이 글에서 살펴볼 이충경의 사건도 반역 사건이 빈번했던 인조대 초반에 발생한 사건이다. 그러나 이 사건은 다른 사건과는 달리 참여 계층이 주로 하층민에 집중되어 있었고 규모도 수십 명에 불과하였으며 실제로 행동에 옮기기 전에 모두 체포되었으므로, 현실적으로 조정에 큰 충격을 주지 못하였고 당대에나 후세에나 큰 관심을 받지도 못해왔다. 이 사건을 보고 받은 인조는 '나무꾼들의 실없는 농담'과 같다며 큰 의미를 부여하지 않았고,[2] 당대의 한 기록에서는 이 사건을 '아이들 장난과 같

---

1) 인조대의 각종 역모 사건에 대해서는 본서의 제1부와 다음의 논저 참조. 禹仁秀, 1991,『朝鮮 仁祖代 政局의 動向과 山林의 役割』『大丘史學』41 ; 김용흠, 2006, 「仁祖反正의 名分과 政權의 正統性 論爭」『역사학연구』27.

왔다'고까지 평가하고 있다.[3]

어떤 역사적 사건에 주목한다는 것이, 반드시 그 사건이 성공했다거나 당시에 큰 영향을 미쳤다는 것만이 이유가 되는 것은 아닐 것이다. 그 사건을 통해 그 시대의 역사상을 복원하는데 도움이 될 수 있다면 충분히 주목할 가치가 있으며, 이는 관련 자료의 적극적인 해석을 통해 가능할 수 있을 것이다. 각종 연대기 자료 이외에도 『推案及鞫案』에는 이 사건에 대한 자세한 심문기록이 남아있는데, 그 기록을 통해서 우리는 참여자들의 참여 동기나 의식과 같은, 그들이 '역적'이 될 수밖에 없었던 당대의 다양한 사회적 배경을 확인할 수 있다. 특히 사건의 주모자들은 거사 과정에서 문서 몇 점을 남겼는데, 그들이 직접 기록한 그 문서에는 그들이 꿈꾼 이상사회에 대한 소박한 염원이 담겨 있다. 이것이 자못 몽상적으로 보이는 사소한 사건에 주목하는 이유이다.

2. 사건의 내용과 사회적 배경

인조 7년(1629) 2월 27일자 『인조실록』에는 다음과 같은 기사가 실려 있다. 이충경 사건에 대한 실록의 유일한 기사이다.

> 明火賊 李忠慶·韓成吉·戒春·莫同 등이 사형을 당하였다. 이충경 등은 모두가 황해도의 모질고 사나운 도둑들로서 胡亂의 틈을 타 떠도는 백성들을 유혹해 그들을 모아 도둑이 된 것인데, 그들은 산골 깊은 곳에다 담을 쌓고는 옛날 崔瑩과 南怡 두 장군의 초상을 그려놓고 제사를 올린 다음 저들끼리 규약을 정하고 관원을 두고 각 부서를 만들고는 서로 모여 맹세하고 이충경을 우두머리로 삼아 마침내 역모를 꾀하였다. 그들은 황해도에서 강원도로 옮겨

---

2) 『推案及鞫案』 「역적 이충경 문서」 (아세아문화사 영인본. 4책 531쪽. 이하 이 글에서 인용한 『추안급국안』의 쪽수는 이 영인본에 의거하였다.)
3) 『大東野乘』 「凝川日錄」 기사년(1629) 2월 30일.

와 살해와 약탈을 자행하면서 鐵原·平康 사이에서 출몰하다가 이번에 그 두 고을에 의하여 체포된 것이다. 그들의 반역 문서는 내용이 너무 흉악하고 참혹하여 차마 눈으로 볼 수 없는 점들이 있었다.[4]

이충경을 비롯한 주모자들의 처형 소식을 전하면서, 그들의 활동 지역과 양상, 모의의 배경과 과정 등에 대해 간략히 언급하고 있다. 이들은 정묘호란을 계기로 발생한 流民들을 모아 도적질을 하던 황해도 출신의 명화적 집단이었는데, 이충경을 우두머리로 삼아 조직을 갖춘 뒤 역모를 꾀하다 발각되었다고 했다. 또 그들이 남긴 반역 문서가 있었는데, 내용이 너무 흉악하여 실록에는 싣지 않았다는 것이다. 이 내용만 가지고는 이 사건의 개략적인 모습만 추정할 수 있을 뿐, 구체적인 모습을 살펴볼 수 없다. 또 정보가 불완전한 탓에 이 기사만 가지고는 이 사건을 '明火賊' 사건으로 보아야할지 '謀反' 사건으로 보아야할지도[5] 불분명하다. 더 상세한 정보를 담고 있는 연대기 사료인 『承政院日記』와 관련자들에 대한 심문기록인 『推案及鞫案』을 통해, 사건의 개요를 재구성해보도록 하겠다.

다음 〈표 1〉은 이충경 사건에 가담하였다가 체포되어, 추국청에서 심문을 받은 가담자들이다. 배치 순서는 편의상 추국청에서 심문 받은 순서를 따랐다. '배경'은 가담 당시의 상황을, '유인 동기'는 참여하게 된 동기를, '개국대전'은 거사 성공 후에 맡기로 한 관직을 기록한 것인데, 모두 본문에서 따로 설명할 것이다.

이 사건과 관련해 추국청의 심문을 받은 사람은 모두 21명이다. 그 가운데 심문과정에서 연루자로 거명되어 추가로 체포되어 심문 받았지만

---

4) 『仁祖實錄』 7년 2월 27일.
5) 明火賊은 '패거리를 지어 재물을 강제로 빼앗는 도적'을 가리키고,(『正祖實錄』 10년 2월 11일), 謀反은 『大明律』에 규정된 十惡 가운데 첫 번째 죄목으로, '왕조의 전복을 꾀하는 것'을 말한다.(『大明律直解』 권18, 「刑律」, 盜賊)

혐의가 밝혀지지 않아 풀려난 金光益과 文仁哲을 제외하면, 가담자로 볼 수 있는 사람은 모두 19명이다. 이 가운데 ①이충경부터 ⑫김현까지 12명은 철원에서 체포되었고, ⑬김승인부터 ⑰응정까지는 평강에서 체포되었으며, ⑱배응선과 ⑲이인경은 추후에 따로 체포되어 심문 받았다. 19명 가운데 이충경 등 6명이 처형되었고, 장일수 등 12명이 귀양 보내졌으며,6) 끝복[㫆福]은 석방되었다.

〈표 1〉 이충경 사건의 가담자

순번	이름	나이	지역	직역	배경	유인 동기	개국대전	판결
①	李忠慶	30	載寧	충의위	호란. 동냥	주모자		처형
②	韓成吉	55	平壤	정병	호란	군사	영의정	처형
③	戒春	45	瑞興	사노	호란. 동냥	포수	공조판서(?)	처형
④	張日守	29	鳳山	양인	호란.	별무사	병조참의	귀양
⑤	莫同	35	瑞興	사노	호란.	별무사		처형
⑥	金莫同	49	平壤	정병	호란. 동냥	상경		귀양
⑦	忠吉	22	瑞興	사노		상경		귀양
⑧	吉守	22	平壤	내노	동냥.	별무사		귀양
⑨	姜義立	30	平壤	양인	호란. 동냥	별무사	병조참지(?)	귀양
⑩	李仁守	26	平壤	양인	동냥	별무사		귀양
⑪	金吉	40	黃州	양인	동냥	별무사	공조참의	귀양
⑫	金玄	32	黃州	양인		별무사	이조참판	귀양
⑬	金承仁	31	瑞興	보인		추노	호조판서	귀양
⑭	崔大起	55	黃州	보인	호란	추노. 군사	좌의정	처형
⑮	大元	25	黃州	사노		이충경 노		귀양
⑯	㫆福	23	平康	사노		도망 노		석방
⑰	應丁	34	載寧	사노	호란	이충경 노	형조판서	귀양
⑱	裵應善	42	黃州	보병		관련 부인	예조참판	귀양
⑲	李仁慶	29	三和	보인	호란. 동냥	이충경 서얼 팔촌.		처형

---

6) 『인조실록』에 처형된 것으로 나오는 이충경 등 4명 이외에, 최대기와 이인경의 처형 사실이 『추안급국안』에서 확인된다.(『추안급국안』587 ; 604쪽) 한편 귀양 보내기로 한 사람의 명단은 전체가 확인되지 않고, 장일수 등 12명을 귀양 보낸 것으로 나오는데,(같은 자료, 610쪽) 같은 날 배응선을 귀양 보내는 기사가 따로 나온다.(같은 자료, 613쪽) 12명에 배응선이 포함되지 않았을 경우 한 사람의 오차가 생기는데 심문기록으로는 확인되지 않는다.

김승인의 진술에 따르면,[7] 이해 2월 4일, 김승인은 황해도 瑞興으로 찾아온 최대기를 따라 도망 노비를 추적하러 가는 일이 있다고 하여 동행했다고 한다. 遂安에 이르러 이충경의 패거리 17명을 만나, 함께 新溪·谷山과 강원도 伊川을 거쳐 함경도 安邊의 益谷里로 들어선 것이 2월 10일이었다. 이곳의 근거지에서 머무르던 일행은 2월 14일에 崔瑩·南怡·宋大 등 세 장군[8]의 초상화를 그려 설치한 뒤, 말을 잡아 신령에게 제사 지내고 말의 피를 함께 나누어 마셨다. 이어 군사들의 拜禮를 받은 이충경은, 3월 2일 이전에 서울로 올라가 거사하겠다고 선언했다. 따로 김승인에게 설명하기로는, 2월 그믐날 서울 鍾樓에서 거사하는데, 황해도에서 3백 명이 올 것이며 서울에서도 모집한 사람이 많다고 했다. 2월 16일 이곳을 출발한 일행은 안변 土站에 이르러 2월 17일 崔彦龍의 집에 머물러 갔는데, 그 집의 이웃에 사는 끝복이 도망 노비라는 사실을 알게 된 이충경은 최언룡에게 부채의 문제로 감정이 있던 끝복과 짜고, 이충경의 도망 노비를 숨겨주었다는 책임을 물어 최언룡에게서 소를 한 마리를 품삯 몫으로 빼앗았다. 강원도 平康의 龍淵洞에 이르러 하루 묵으면서, 그곳의 대장장이를 시켜 가지고 있던 쇠붙이로 타격용 무기인 鞭棍 4개를 만들었다. 2월 20일 일행이 평강현 관아 근처를 지날 때, 관아에서 파견한 刑房과 마주쳤는데 이는 최언룡의 고발에 따른 것이었다.[9] 이에 김승인 등 5명은 평강에 붙잡혀 갇히고 나머지 일행은 鐵原으로 나아갔다. 그 과정에서 김승인이 반역 행위가 있었다며 평강현에 고변을 하였다.

---

7) 『추안급국안』 483~486쪽, 김승인의 평강현 진술 ; 553~560쪽, 김승인의 추국청 진술.

8) 『인조실록』에는 최영·남이 두 장군에 대한 언급만 있는데, 『추안급국안』에는 이외에 '宋大'라는 인물의 초상화를 그리고 제사 지냈다는 기록이 있다. 그런데 이 송대라는 인물이 누구를 가리키는지 분명하지 않다. 한성길의 자백에도 같은 기록이 있는데,(『추안급국안』 529쪽) 아마 가공인물이거나 전달이 잘못된 것이 아닌가 한다. 따라서 『인조실록』의 편찬 과정에서는 이를 누락시킨 것으로 보인다.

9) 『추안급국안』 494~495쪽, 평강현의 공문.

평강현의 연락을 받은 철원부에서는 군사를 풀어 이충경 등 12명을 체포했으며,[10] 이후 사건에 관련된 것으로 밝혀진 裵應善은 고향인 黃州에서, 이인경은 안변 익곡에서 각각 체포되어[11] 모두 서울로 올라와 추국을 받게 되었다. 이들이 지니고 있던 각종 凶書도 함께 서울로 보내졌다.[12]

김승인의 진술은 자신을 변호하는 입장에서 이루어졌기 때문에 자신이 개입한 부분을 누락하거나 축소하는 측면이 있지만, 전체적인 과정은 이 진술 내용이 실제의 진행 상황에서 크게 벗어나지 않는다.[13] 이후 심문 과정에서 그 역모의 구체적 실상이 드러나게 되었다. 20명 안팎으로 구성된 이들은 철원에서 체포될 당시 모두 戰服을 착용하고 있었으며, 長劍을 차고 있었다. 그리고 쇠로 만든 편곤과 참나무로 만든 사다리, 나무 몽둥이인 稜杖을 빈 가마니 속에 넣고 있었다.[14]

패거리를 모은 이유는 訓鍊都監에 소속시켜 생계를 유지시키려 했다는 둥, 사다리는 앞으로 다시 호란이 벌어지면 여진족이 城에 있을 때 공격하려고 만든 것이라는 둥,[15] 처음에 혐의에 대해 완강히 부인하던 이충경은, 두 번째 刑訊을 받는 자리에서 반역 혐의를 자백했다.[16] 2월 그믐날 저녁에 거사하기로 했으며, 편곤을 주무기로 삼고 사다리를 통해

---

10) 같은 자료, 495쪽, 철원부사의 보고.
11) 같은 자료, 590~592쪽, 의금부 가도사 및 함경감사의 보고.
12) 같은 자료, 494~498쪽. 강원감사의 보고.
13) 한성길의 진술에 따르면 자신이 합류할 때 이충경·최대기와 김승인이 처음부터 함께 있으면서 자신을 비롯한 사람들을 끌어들였다고 진술하고 있는데,(같은 자료, 506~507쪽) 최대기와 함께 수안에 이르렀을 때, 이충경의 일행 17명과 마주쳤다는 김승인의 진술과는 배치된다.(같은 자료, 554쪽) 한편 응정에 따르면 한성길 등 10여 명과 서울로 올라가다가 김승인이 합류했다고 진술하고 있어,(같은 자료, 566~567쪽) 김승인의 진술이 더 신빙성이 있다고 판단된다.
14) 같은 자료, 496쪽, 철원부사의 보고.
15) 같은 자료, 504쪽, 이충경의 元情.
16) 같은 자료, 525~528쪽, 이충경의 자백.

대궐을 넘어가려고 했다고 진술했다. 또한 이번 거사의 대장은 황해도 鳳山의 선비 문인철로, 白岳에 군사를 숨겨 놓고 있다가 자신과 합류하기로 했다고 했다. 한편 첫 번째 형신을 받았을 때, 자신에게 편지를 전달했다는 宰相으로 訓鍊大將이었던 申景禛을 지목했던 이충경은,[17] 자백하는 진술에서 前 鳳山郡守 金鑌을 지목했다. 그리고 그 밖에 많은 사람들을 끌어들였는데, 모두 誣告로 판명되었다. 김진이 봉산군수로 있을 때 문인철이 約定이었는데, 이충경의 아비와 아우가 재물을 약탈한 사건에 관련되어 관아에서 매를 맞다가 죽어버린 일이 있었다.[18] 이때 포도청의 군관이었던 이충경도 명화적이라는 혐의를 받아 서울에서 봉산으로 압송되어 감옥에 갇힌 적이 있었는데, 이에 앙심을 품은 이충경이 거짓으로 배후라며 끌어들인 것이었다.[19] 이충경이 처형된 뒤에도 조정에서는 20여 명의 무리만 가지고 서울을 향할 이치는 없다는 생각에 내응자를 찾기 위해 나머지 관련자들을 계속 형신하지만, 단서를 찾지 못하였다.

결국 사건은 이충경이 주모자로 귀결되어 이충경을 비롯하여 사건에 적극 가담한 자들은 처형하고, 나머지는 귀양 보내는 정도에서 마무리되었다. 그렇다면 당시에도 '실없는 농담'이니 '아이들 장난' 같다는 평가를 받았던 이 사건에 수십 명이 가담할 수 있었던 배경은 무엇일까? 체포 당시의 인원이나 무기, 결속력 등을 감안하면 이 정도의 세력으로 반역을 성공시킬 가능성은 전혀 없었다고 보아도 좋을 것이다. 그러나 서로 관련도 없던 자들이 보름 남짓한 시간에 20명 안팎으로 수효를 불린 상황을 감안하면, 평강에서 발각되지 않았을 경우 얼마나 더 세력을 키웠을지, 그리고 정부에 어느 정도 위협적인 세력이 되었을지 쉽게 단정하

17) 같은 자료, 524쪽, 추국청의 보고.
18) 같은 자료, 578~580쪽. 문인철의 진술.
19) 『承政院日記』 인조 7년 3월 4일.

기는 어려울 것이다. 그리고 여기에서 그들 모의의 실현 가능성 못지않
게 중요한 것은 그들이 가담하게 된 당시의 사회적 배경을 확인해 보는
것이다.

우선 사건의 주모자인 이충경은 忠義衛라는 직역을 가지고 있던 자로
서, 훈련도감과 포도청 등의 군관을 지낸 적이 있었던 인물이었다.[20] 충
의위는 조선 초기에 설치되었는데, 공신의 자손들이 소속되는 특수한 兵
種이었다.[21] 그러나 이 시기에 오면 신역을 피하려는 무리가 온갖 방법
으로 투속하는 자리이기도 했다.[22] 따라서 충의위라는 신역만 가지고 당
시 이충경의 신분을 추정하기에는 무리가 있다. 이충경 아비나 형제에
대한 문인철의 진술이나 군관직을 수행했었다는 기사 등을 참조할 때 中
人 정도의 신분이 아니었을까 추정되지만, 실제 처지는 丁卯胡亂으로 가
족을 잃고 동냥질을 하며 유랑하던 신세였다.[23] 그렇지만 유랑 과정에서
만난 사람들에게는 信川郡守나 康翎縣監을 지낸 전직 관료 행세를 하기
도 하고,[24] 훈련도감의 郎廳이라거나 훈련대장인 신경진의 군관이라고
사칭하기도 했다.[25] 심지어는 자신이 반역을 도모했다가 발각되었지만
살아남았다고 허풍을 치기도 했다.[26] 이렇게 경력을 사칭하거나 신분을
과장하면서 가담자들을 끌어 모았던 것이다.

한편 이 사건의 배경으로 많은 도망 노비의 발생도 거론할 수 있는데,
이와 관련한 이충경의 역할이 주목된다. 최언룡에게 소를 빼앗는 핑계가
되었던 것은 바로 끝복이 도망 노비였다는 점이었다. 노비를 도망하게
만드는 원인도 여러 가지를 지적할 수 있지만, 가중되던 신역의 부담이

---

20)『추안급국안』504쪽, 이충경의 원정 ;『승정원일기』25책, 인조 7년 3월 4일.
21) 車文燮, 1973,「鮮初의 忠義·忠贊·忠順衛」『朝鮮時代軍制研究』檀大出版部.
22)『인조실록』4년 10월 3일.
23)『추안급국안』503쪽, 이충경의 원정.
24) 같은 자료, 498쪽, 평강 현감의 보고 ; 558쪽, 김승인의 진술.
25) 같은 자료, 499쪽, 평강 현감의 보고 ; 509쪽, 계춘의 진술.
26) 같은 자료, 558쪽, 김승인의 진술.

가장 큰 이유가 되고 있었다. 끝복은 원래 강원도 이천의 私奴 日銀金의
사노였는데, 속오군의 군역과 상전을 위해 일하는 부담을 견디지 못해
달아났다고 했다.[27] 임진왜란 이후 창설된 속오군은 천인을 포함해서 군
역이 있는 양인들도 '兼役'의 형태로 부담해야 했던 추가적 군역이었으
며, 인조~효종대인 17세기 전반에 특히 그 부담이 가중되었다.[28] 이에
따라 당시 빈번하게 발생한 노비의 도망은 전문적인 도망 노비의 추적자
라는 새로운 형태의 직업을 만들어낸 것으로 보인다. 이 사건의 주모자
인 이충경은 바로 이러한 전문적인 도망 노비 추적자이었던 듯하다. 김
승인이 무리에 가담하게 된 계기도 推奴, 즉 도망 노비의 추적이었지만,
김승인을 가담시킨 최대기도 이충경의 추노 제안을 받아들여 동행했다
고 진술한 바 있다.[29] 앞의 〈표 1〉에 이충경의 奴로 분류된 대원과 응정
도 본래 이충경의 노로 보기에는 무리가 있다. 대원이 처음에 붙잡혔던
평강현에서 진술할 때에는 이충경의 노였다고 했는데,[30] 나중에 추국청
에서 진술할 때에는 원래 서울의 盲人 張順의 노였는데, 최대기가 서울
로 올라오라는 자기 주인의 위임장을 가지고 와서 함께 다니게 되었다고
진술하고 있다.[31] 도망 노비의 추적을 하러 다니는 과정에서 이충경과
최대기가 다른 사람의 노비를 자기 소유로 삼았을 가능성을 보여준다.
역시 함께 이충경의 종으로 소개된 응정의 경우를 보면 당시의 상황이
더욱 확실해진다. 응정은 원래 廣州牧使를 지낸 林檜의 사내종으로 재령
으로 도망쳐 살고 있었는데, 이충경이 임회의 집에 알려주게 되었다. 그
뒤 도망 노비를 신고하면 네 명 중에 한 명을 상으로 주는 법에 따라[32]

---

27) 같은 자료, 493쪽, 끝복의 진술.
28) 金友哲, 2001, 『朝鮮後期 地方軍制史』, 景仁文化社.
29) 『추안급국안』 487쪽, 최대기의 진술.
30) 같은 자료, 491쪽, 대원의 평강현 진술.
31) 같은 자료, 563쪽, 대원의 추국청 진술.
32) 『經國大典』「刑典」'公賤'조에 따르면, 달아나거나 감추어진 노비를 신고하면

이충경의 소유가 되었다는 것이다.[33] 이충경이 전문적으로 추노하던 존재였음을 보여주는 사실이다.

이충경은 가담자들을 모으는 과정에서도 거의 주도적인 역할을 수행했다. 김승인이 최대기의 소개로 일행에 가담한 것과는 달리, 다른 사람은 모두 이충경과 특수 관계에 있거나, 이충경의 유인에 따라 가담한 경우였다. 먼저 이충경과 특수 관계에 있는 경우로는, 이충경의 사노로서 가담한 대원과 응정, 그리고 이충경의 팔촌인 이인경을 들 수 있다. 그 밖의 사람들은 모두 이충경의 설득에 따라 가담하였다. 훈련도감의 군관을 지낸 적이 있었던 이충경은 가담자들을 훈련도감의 別武士나 砲手와 같은 군사로 소속될 수 있게 주선해 준다면서 유인하였다.[34] 별무사는 훈련도감의 三手兵 이외에 두었던 특수한 병종으로,[35] 주로 騎兵의 역할을 수행하던 존재였다.[36] 신분에 따라 천인은 포수로 소속시켜 양인이 되도록 하고, 양인은 별무사로 소속시켜 급료를 받을 수 있도록 한다는 제안이었다.[37] 이충경과 특수 관계에 있던 3명, 최언룡 때문에 가담하게 되었던 끝복, 단순하게 서울로 동행한 사실만을 인정한 김막동·충길, 추후에 체포된 배응선을 제외한 10명이 모두 훈련도감에 소속시켜 주겠다는 이충경의 말에 속아 가담하게 되었다고 진술하고 있다.[38]

이렇게 여러 사람이 쉽게 가담할 수 있었던 데에는 전쟁 직후라는 당시의 사회적 배경이 지적되지 않을 수 없다. 이 사건이 있기 불과 2년 전에 발생했던 정묘호란(1627, 인조 5)으로 평안도와 황해도 지역은 큰 피해를 입게 되었다. 중간에 다른 경위로 합류한 끝복을 제외한 나머지

그 가운데 하나를 상으로 주도록 규정되어 있었다.
33) 『추안급국안』 489쪽, 응정의 평강현 진술 ; 566쪽, 응정의 추국청 진술.
34) 『추안급국안』 503~504쪽, 이충경의 원정.
35) 金鍾秀, 2003, 『朝鮮後期 中央軍制研究』 혜안, 88쪽.
36) 『光海君日記』 8년 8월 21일.
37) 『추안급국안』 509쪽, 계춘의 진술.
38) 같은 자료, 506~521쪽, 한성길 등의 진술 ; 553~569쪽, 김승인 등의 진술.

는 모두 황해도와 평안도 출신인데, 실제로 호란으로 가족을 잃고 떠돌던 사람들이 많았다. 주모자인 이충경도 호란 때 처자식을 잃었으며, 계춘·장일수·막동·김막동·강의립·최대기 등이 모두 가족이 호란 중에 붙잡혀가서 의지할 데 없는 처지였다. 이에 따라 동냥질을 하면서 생계를 겨우 유지하는 형편이었다.[39] 전쟁으로 발생해 떠돌던 流民들에게 서울에 급료를 받는 군병이 될 수 있다는 제안은 충분히 솔깃한 것이었다. 아울러 호란으로 가족이 붙잡혀간 이들에게는 자연스럽게 後金에 대한 적대적 감정이 생겨났고, 훈련도감에 소속된다는 것은 원수를 갚을 수 있는 기회도 되는 것이었다.[40] 한성길도 호란과 관련이 있는 인물이었다. 호란 때 여진족을 많이 죽였던 전공이 있었던 한성길은, 오랑캐를 정벌할 군사를 모집한다는 이충경 등의 말을 듣고 합류했다고 한다.[41]

이 사건이 계획되고 진행되는 과정에서 이충경의 주도적 역할을 부인할 수 없지만, 가담자들도 이충경의 모의를 받아들일 자세가 충분히 되어 있었던 것으로 보인다. 조선왕조의 건국 과정에서 처형된 최영이나 역모를 꾀했다는 혐의를 받고 처형된 남이의 초상화를 놓고 제사 지낸다는 사실 자체가 조선왕조 정부에 대한 부정을 의미하는 것이었다. 또 서울로 올라가 일자리를 구한다는 처음의 약속과는 달리, 거사하겠다며 이충경이 역모를 언급하는 과정에서도 가담자들이 동요한 흔적은 보이지 않는다. 최언룡의 고발로 평강현에 체포된 뒤에야 비로소 살길을 찾기 위한 김승인의 고변이 있었던 것이다. 가중되던 신분상의 부담을 피해서 도망한 노비들이나 전쟁의 피해를 직접적으로 겪고 근거지를 떠나 유랑하던 백성들에게, 역모라는 혐의는 가담을 망설이게 하는 절대적인 금기가 될 수 없었다.

---

39) 같은 자료, 502~520쪽, 이충경 등의 진술 ; 561~562쪽, 최대기의 진술.
40) 같은 자료, 518쪽, 강의립의 진술.
41) 같은 자료, 506~507쪽, 한성길의 진술.

3. 몽상가가 꿈꾼 이상 사회

　이충경이 철원부에서 체포되면서 지니고 있던 문서도 압수되어 서울로 보내졌다. 압수된 문서는 「差帖形止」·「米布別乎記」·「軍目小名記」·「職名列書冊」·「陰陽冊」 등 모두 5종인데,[42] 「미포별호기」와 「군목소명기」·「음양책」 등 3종은 이름만 전하고 내용이 전하지 않는다. 아마도 「미포별호기」는 거사에 필요한 쌀이나 무명 등과 같은 재정에 관련된 기록으로 보이고, 「군목소명기」는 참여 군사의 명단으로 보이며, 「음양책」은 「出行擇日記」라고도 하는데,[43] 거사 일자를 점치면서 기록한 문서로 추정된다. 「차첩형지」는 평안도와 황해도에서 군사를 모으기로 한 金應立을 都令將으로 임명하는 임명장과, 역시 군사를 모으기로 한 최대기를 平大將으로 임명하는 임명장이다.[44] 「직명열서책」은 아래 〈표 2〉의 내용대로, 六曹의 판서 및 참판·참의·참지의 명단과 三政丞의 명단을 기록한 문서이다. 영의정 겸 도체찰사에 한성길, 좌의정 겸 이조판서에 최대기, 우의정 겸 병조판서에 김응몽을 임명하는 등의 내용이다. 앞의 〈표 1〉에도 나와 있듯이, 가담자로 체포된 상당수가 관직을 맡는 것으로 되어 있다. 김승인이 金勝源으로, 응정이 金應百으로 기재되는 등[45] 이름을 고쳐서 싣기도 하였다. 병조참지 金義立은 강의립, 공조판서 盧繼春은 계춘이 이름을 바꾼 것으로 추정된다. 이충경이 자백하면서 李承叔 등 명단에 있는데 체포되지 않은 자들의 소재를 밝히고 있는데, 노계춘과 김의립에 대해서는 따로 언급을 하고 있지 않은 점을 보아[46] 그렇게 추정할 수 있다.

---

42) 같은 자료, 497쪽, 철원부사의 보고.
43) 같은 자료, 537쪽, 「改國大典」.
44) 위의 자료. 김응립은 다른 기사에서는 존재가 확인이 되지 않는 인물이다.
45) 같은 자료, 555~559쪽, 김승인의 진술.
46) 같은 자료, 528쪽, 이충경의 자백.

〈표 2〉『職名列書册』의 관직 내역

	판서	참판	참의	참지
예조	李承叔	裵應善	李汝守	
이조	崔大起	金賢	林榮吉	金彦起
병조	金應夢	李河守	張日守	金義立
호조	金勝源	姜貞立	林大源	
형조	金應百	崔成吉	全天立	
공조	盧繼春	金應福	金吉	禹成吉
영의정 겸 도체찰사			韓成吉	
좌의정 겸 이조판서			崔大起	
우의정 겸 병조판서			金應夢	

　「추안급국안」에는 이 문서들이 「改國大典」이라는 이름으로 합쳐져서 실려 있는데, 「직명열서책」과 20개 조항의 개혁안, 「차첩형지」의 순서로 되어 있다. 「개국대전」은 아마도 조선왕조의 기본 법전인 『經國大典』을 개정한다는 의미로 붙인 것으로 보이는데, 실제 형식이 『경국대전』의 체재를 따른 것은 아니다. 주목할 것은 20개조의 개혁안인데, 「직명열서책」 등에서 보이는 유치함과 소박함이 드러나기도 하지만, 당시 현실에 대한 강한 비판의식과 개혁에 대한 열망을 보여주고 있다. 20개 조항 개혁안의 내용을 살펴보면 다음과 같다.

1. 百姓은 나이 15세에 軍役을 시작하여 50세에 군역에서 면제된다. 지금 나이 40세 이상은 모두 군역에서 면제한다. 賤人은 良人으로 풀어준다. 內奴도 아울러 모두 같이 군역으로 정한다. 집안에서 부리는 종들은 驛奴婢로 身役을 정한다. 奸臣의 자손은 鄕吏로 정해 소속시킨다. 前 향리나 前 역노비는 아울러 군역으로 정해 풀어준다. 백성을 괴롭혀 피를 짜내는 어지러운 정치는 없앤다. 잔인하고 난폭한 어지러운 정치를 잘 살펴서 어지러움을 씻어내고 백성을 다스린다.

2. 논밭에 屯田 몫으로 卜定하는 몫은, 1등 논밭에는 30卜, 2등 밭에는 20복, 3등 밭에는 15복, 4등 밭에는 10복, 5등 밭에는 8복, 6등 밭에는 5복이다. 다시 바꾸어 보태거나 줄이는 일이 없이 고정시킨다. 貢稅나 貢物 외에 갖

가지 모양의 雜役은 죄다 없앤다.

3. 백성과 양반으로 범죄에 억울하게 관련되어 매질을 당하다가 죽음에 이르는 것은 하늘에 이르도록 원망스럽고 답답하다. 감옥에 오래도록 갇혀있다 죽음에 이르게 되는 일은 사건처리를 잘 살펴서 없앤다. 혹시 죄를 저지른 사람으로 훔친 재물이 뚜렷이 드러난 사람은, 처음으로 죄를 지은 사람은 한 차례 매질하여 심문하고 즉각 풀어주며, 두 번 죄를 저지른 사람은 두 차례 매질하여 심문하고 즉각 풀어준다. 세 번 죄를 저지른 사람은, 사람을 죽음에 이르게 했거나 반역한 죄상이 명백히 드러나면 즉각 죽이고, 모든 가벼운 범죄의 경우는 笞刑으로 매 10대를 때리는 것으로 죄를 다스리고 풀어준다.

4. 각 工匠들이 응당히 들여야 하는 물건들은 덜어서 없애주기 어려운 형편이다. 각각 소속된 그 고을의 조세로 바치는 베는 덜어서 없애주고, 불법으로 거두는 일은 없앤다.

5. 出身은 없애어 별도의 군역으로 정한다.

6. 訓鍊都監은 없앤다.

7. 統制使·水使·虞侯·防禦使·別將·贊畫使·館餉使는 모두 없앤다.

8. 一品은 머슴 50명, 二品은 머슴 40명, 三品은 머슴 30명, 四品은 머슴 20명, 五品은 머슴 15명, 六品은 머슴 10명, 庶人은 머슴 5명을 종들처럼 부리며 심부름 시킨다.

9. 功臣으로 으뜸이 되는 공로가 있는 元勳은 자손 대대로 忠義衛에 소속시키며, 작은 공로가 있는 原從은 자손 대대로 忠贊衛에 소속시킨다.

10. 烽燧와 烟臺는 영원히 없앤다.

11. 兵使는 없앤다.

12. 水軍은 영원히 없앤다.

13. 각 고을의 進上은, 생산되는 물건 이외에 구입해 쓰는 물건은 영원히 덜어서 없애준다.

14. 승려에게 시집가서 태어난 자식은 官奴婢나 驛奴婢로 정해 소속시킨다.

15. 나이 젊어 기운이 세고 튼튼한 사람으로서 '薩羹'이라고 일컫는 사람은 모두 목을 벤다.

16. 幼學·校生·品官으로 복을 받아 대대로 군역에서 빠져 한가로이 노니는 사람들은 군역으로 떨어뜨려 정한다.

17. 武學은 영원히 군역으로 떨어뜨려 정한다.

18. 충의위·충찬위는 모두 군역으로 떨어뜨려 정하고, 현명한 임금의 자손이
    라는 점에 기대어 군역에서 빠져 한가로이 노닌다고 일컫는 사람들은 군
    역으로 떨어뜨려 정한다.
19. 재물을 불려 이익을 취하려 물건을 사들여 장만하는 것을 일체 금지한다.
20. 學田·陵田은 모두 없앤다. 國田·蘆田과 여러 宮家의 農莊, 세력 있는 집안
    과 宰相의 農莊은 모두 흩어 없애어 賞으로 준다.[47]

20개 조항의 개혁안에서 가장 많은 비중을 차지하는 것이 군역 및 군
제와 관련한 조항이었다. 내용이 정확히 파악되지 않는 15조를[48] 제외한
19개 조항 가운데, 거칠게 분류하자면 군역 조항(1, 5, 16, 17, 18조)이
5개, 군제 조항(6, 7, 9, 10, 11, 12조)이 6개이며, 군역과 연관될 수 있는
신분 조항(8, 14조)이 2개, 토지 제도나 조세와 관련된 조항(2, 4, 13, 20
조)이 4개이며 사법 행정(3조)과 상업(19조)에 관한 조항이 각각 1개씩이
다. 군역 및 군사, 신분 조항이 대다수를 차지한다는 점에서 당시 민인
들이 가장 고통스럽게 여겼던 개혁 대상이 군역 문제였음을 확인할 수
있다.

군역에 대해서는 먼저 부담의 경감과 공평한 부담을 추구하고 있다.
종래 16세 이상 60세까지 군역을 담당하도록 했던데 비하여,[49] 대상 연
령의 상한을 10년 낮추어 50세까지 담당하도록 했으며, 특히 당시 군역
을 담당하던 자들은 40세까지만 담당하도록 하는 특례 조치를 취한 것에
서 부담의 경감에 대한 강한 열망을 엿볼 수 있다. 또 부담의 경감 못지
않게 공평한 부담도 과제로 제시하고 있다. 5조와 16조, 17조, 18조 등
무려 네 조항에서 출신이나 유학 등 군역에서 면제되던 직역을 예외 없

---

47) 같은 자료, 537쪽, 「개국대전」.
48) 15조에 있는 '薩羞'이라는 글자는 뜻이나 발음이 불명확하다. 문맥으로 보아 군역
    에서 제외되는 대상을 가리키는 것이 아닐까 한데 확언할 수 없다.
49) 16세부터 男丁으로 각종 신역을 부담하며, 60세에 免役되었다. 『續大典』 「戶典」
    '戶籍' ; 『經國大典』 「兵典」 免役.

이 군역에 충정할 것을 주장하고 있다. 양반이나 중인 등 상위 신분의 군역 면제에 대한 하층민의 불만을 드러내고 있는 것으로 보인다. 이충경 자신의 직역이었던 충의위도 예외 없이 군역에 충정하도록 하였다. 또한 1조에서는 사노비도 전부 역노비로 충정하여 신역을 담당하도록 하였다. 양반들의 경제 기반을 무너뜨리는 동시에 공평한 신역의 분담을 의도한 것으로 볼 수 있다.

군제 개편은 통제사나 병사·수사 등 각종 지방 군사 지휘관을 없애도록 하고 있으며, 훈련도감과 수군을 폐지하도록 하였다. 또 봉수·연대도 폐지하도록 하였다. 폐지 이후의 대책이 전혀 없다는 점에서 그 비현실성을 지적할 수도 있지만, 그만큼 폐단이 큰 것으로 인식하고 있었다는 반증으로 볼 수 있다. 지방의 군사 지휘관들은 소속 군병에 대한 침탈이 불만으로 제기될 수 있었을 것이고, 수군은 다른 군역보다 고역이라는 점이 고려되었을 것이다. 기존의 충의위를 폐지하는 대신, 새로운 공신의 자손들을 충의위에 소속시킨다는 것은 새로 구성될 질서에 걸맞은 논공행상을 하겠다는 의지의 표현으로 볼 수 있다.

각종 조세 및 토지제도와 관련한 조항도 군역과 마찬가지로 부담의 경감과 공평한 부담에 초점을 맞추고 있다. 갖가지 잡역이나 명분에 어긋나는 진상 등을 폐지하여 부담을 경감시키도록 하였고, 면세로 유지되던 각종 토지와 농장을 혁파하여 공평한 부담을 시도하고 있다. 이충경 본인의 경험을 담고 있다고도 볼 수 있는 3조는 당시 가혹한 사법 행정의 실태를 보여주는 조항이다. 사법 행정을 간소화하고 투명하게 하여 억울한 희생자가 없도록 하자는 바람을 담고 있다. 20조는 특권 상인들의 매점매석에 대한 규제를 통해 민생의 안정을 꾀하는 조항으로 볼 수 있다. 이는 또한 전쟁으로 인해 황폐화한 농토에서 떠난 많은 인구가 도회지로 몰려들면서 상업인구의 증가를 가져왔던[50] 시대적 상황을 반영하는 것이었다.

이상의 개혁안은 실현 가능성은 전혀 없었고, 그 표현 방식도 투박하기 짝이 없으며, 형식도 일관성을 갖추지 못해 「개국대전」이라는 이름을 붙이기에 턱없이 부족할지도 모른다. 그러나 이 조항이 나오던 당시 민인들이 감당하고 있던 현실은 냉혹한 것이었고, 따라서 이 조항에 담겨있는 당시 민인들의 바람만은 진솔하고 절실한 것이었다. 조정에서 보기에 너무나 하찮은 존재들이 품고 있었던 사소한 문제의식은 거론도 되지 못한 상태에서 묻혀버렸지만, 해결되지 못한 문제는 언제든지 새로운 저항으로 전화될 수 있는 것이었다. 얼마 지나지 않은 인조 24년(1646), 최영과 임경업과 같은 저항적 인물을 내세우며 군역에 불만을 품은 농민들을 동원하여 일어났던 안익신의 모반사건은[51] 결국 이충경 사건이 지역과 시기만 바꾸어 다시 일어난 것으로도 볼 수 있는 측면이 있었다.

4. 맺음말

인조 7년(1629) 이충경의 반역 사건은 정묘호란을 계기로 발생한 유민들을 끌어들여 반역을 꾀하다가 적발되어 실패한 사건이었다. 참여 계층이 주로 하층민에 집중되어 있었고 규모도 수십 명에 불과하였으며 실제로 행동에 옮기기 전에 모두 체포되었으므로 크게 주목되지 못했으며, 따라서 '실없는 농담'이나 '아이들의 장난'이라고 평가되기도 했다. 그러나 이들이 집단을 이루어 저항에 이르게 된 사회적 배경이나, 이들이 추구하고자 했던 이상 사회에 대한 염원은, 그 성공 여부와 별도로 음미할 가치가 있는 것으로 판단된다.

이 사건은 정묘호란이 발발한 지 2년 뒤에 호란으로 큰 피해를 입었던 평안도·황해도 지역을 중심으로 발생하였다. 전쟁으로 가족을 잃고 떠

---

50) 姜萬吉, 1973, 『朝鮮後期 商業資本의 發達』, 고려대학교 출판부, 165~166쪽.
51) 본서 제1부 제3장 참조.

돌던 유민들은 생계를 유지하기 위한 방편으로 집단에 가담하지만, 한편으로는 후금에 대한 적대 의식도 가담의 배경으로 작용했다. 최영이나 남이와 같이 조선왕조를 부정하는 상징적 인물이 강조되면서 이 집단은 단순한 생계형 도적 집단이 아닌 반역 집단으로 전화하지만, 가담자들은 동요하지 않고 행동을 함께 하였다.

이 사건의 주모자인 이충경은 「개국대전」이라는 문서를 통해, 자신이 추구하는 이상사회의 모습을 소박한 형태로 구현하였다. 그 사회는 군역이나 조세 부담을 누구나 고르게 지며 특권을 부인하는 평등한 사회였다. 또 국가기구의 민인에 대한 불법적 침해나 착취를 금지하는 정의로운 사회였다. 조선왕조가 지니고 있었던 모순을 진솔하게 표현한 이러한 바람은 '실없는 농담'이나 '아이들의 장난'이라고 평가되며 무시되었고, 따라서 모순은 해결되지 않았으며, 결국 또 다른 새로운 저항으로 전화될 수 있는 소지를 남겨 놓았다.

제2장
1631년 鄭澣 모반 사건

1. 머리말

反正으로 집권한 仁祖는 재위 기간 내내 안팎으로 크고 작은 위기에 직면하였다. 인조 정권은 물론 조선 왕조의 명운을 좌우할 만큼 심각했던 두 차례의 胡亂에 대해서는 이미 많은 연구가 진행되었지만,[1] 각종 모반·변란 사건으로 요약되는 안으로부터의 위기에 대해서는 그에 걸맞은 관심이 기울여지지 않았다.[2] 인조대에는 李适의 난처럼 정권의 직접 전복을 겨냥한 반란을 포함해 숱한 변란 및 모반·고변 사건이 줄을 이었다. 이는 반정을 통해 집권한 인조의 정통성, 멀리는 왜란으로부터 가까이 호란을 겪으면서 동요하고 변화하는 사회상 등이 배경이 되고 있었는데, 이러한 위기를 극복하는 과정에서 인조 정권 및 조선 왕조는 체제를 정비하며 명맥을 유지할 수 있었다. 이러한 모반 사건의 내용과 의미에 대한 분석을 통해 새롭게 형성된 조선후기의 정치·사회적 질서에 대한 이해가 가능하다고 생각한다.

---

1) 정묘·병자호란에 대한 연구 성과에 대해서는 다음의 연구사 정리 참조. 吳宗祿, 「壬辰倭亂~丙子胡亂時期 軍事史 硏究의 現況과 課題」『軍史』38, 1999.

2) 인조대의 각종 역모 사건에 대해서는 본서의 제1부와 다음의 논저 참조. 禹仁秀, 「朝鮮 仁祖代 政局의 動向과 山林의 役割」『大丘史學』41, 1991 ; 김용흠, 「仁祖反正의 名分과 政權의 正統性 論爭」『역사학연구』27, 2006.

이 논문에서 분석할 대상은 인조 9년(1631) 鄭澣의 모반 사건이다. 실행에 옮겨지기 전의 모의 단계에서 고변으로 실패한 사건이지만, 이 사건의 배경과 내용을 탐구해가는 과정에서 반정 이후 중앙 정치세력의 동향, 변란과 결합하는 민간 신앙의 원초적 형태 등에 대한 정보가 확인될 것이다. 또한 이후 전개될 많은 모반 사건에 직·간접적으로 많은 영향을 주었음도 이해할 수 있을 것이다.

자료로는 연대기 자료인 『仁祖實錄』과 『承政院日記』, 심문 기록인 『推案及鞫案』을 이용하였다. 각각의 자료는 나름대로의 장점과 한계를 동시에 지니고 있다. 『인조실록』은 이후에 종합적으로 정리되어 편찬되었으므로 사건을 전체적으로 조망하는 데에는 유리하지만, 기사가 소략하다는 약점이 있다. 『승정원일기』는 날짜별로 전개되는 기사를 통해 사건의 처리 방향을 이해할 수 있지만, 구체적인 진술 내용이 생략되어 내용을 파악하는데 어려움을 준다. 한편 『추안급국안』은 심문과 진술, 사건의 처리 과정이 상세하게 기록되어 있지만, 지금 전해지는 자료에 누락된 부분이 많다는 점이 아쉽다.[3] 따라서 이들 자료를 상호 보완적으로 이용하면서 사건을 재구성해 보았다.

2. 사건의 내용

1) 사건의 배경

먼저 사건의 배경을 이해하기 위해, 인조반정 이후 이때까지 발생했던

---

3) 이 사건에 대한 『推案及鞫案』의 기록은 「辛未 鄭澣獄事文書」라는 제목으로 되어 있다. 모두 11책으로 구성되었을 것으로 추정되지만 그 가운데 3·4·7·8·10·11책의 여섯 책만이 전해진다. 1983년에 간행된 亞細亞文化社의 영인본 4책(3·4·7·8책)과 5책(10·11책)에 나누어 실려 있다. 이하 본 논문에서 인용한 『추안급국안』의 책수와 쪽수는 이 영인본을 따랐다.

각종 반란 및 모반 사건에 대해 간략히 살펴보도록 하겠다.[4] 반정이 일어난 지 넉 달 남짓 뒤인 인조 1년(1623) 7월, 武兼宣傳官 柳湔 등이 거사하려 한다는 柳應泂의 고변이 있었다. 이에 연루된 柳夢寅이 처형되고, 奇自獻은 中途付處되었다.[5] 같은 해 10월에는 興安君 李瑅를 추대하려 했던 李有林의 역모가 발각되었다.[6] 두 사건 모두 반정의 정당성에 대한 문제제기보다는 즉위한 인물이 인조라는 사실을 문제 삼았다는 공통점이 있으며, 이는 인조 초기 역모 사건에 나타난 일반적 인식으로 이해되고 있다.[7]

이듬해인 인조 2년(1624)에는 기자헌과 李适 등이 반란을 모의한다는 고변이 있었는데, 추국이 진행되는 과정에서 이괄의 난이 발생하였다.[8] 인조를 公州까지 피란하게 만들고 홍안군을 추대하는 등 기세를 떨치던 반란은 결국 이괄이 수하에게 살해되고 홍안군을 처형하면서 막을 내렸다.[9] 이를 계기로 반정공신들은 기찰을 강화하여 같은 해 11월에는 朴弘耈 등의 역모를 적발하여 처형하였다.[10] 또한 이듬해인 인조 3년(1625)에는 文晦 등의 고변에 의해 朴應晟의 역모가 적발되었는데,[11] 두 사건 모두에서 仁城君 李珙이 추대 대상으로 거론되었다.

---

4) 인조대의 각종 모반 사건에 대해서는 우인수와 김용흠의 앞의 논문에서 개략적으로 소개한 바 있다. 이 글에서는 정한 사건의 배경을 살펴보는 수준에서 위의 연구를 참조하여 인용하되, 필요한 경우 추가로 확인된 정보를 부가하여 서술하였다.

5) 『仁祖實錄』 1년 7월 27일 ; 8월 7일 ; 『燃藜室記述』 권23, 「仁祖朝 故事本末」 '柳夢寅之獄' ; 『추안급국안』 2책, 「癸亥 逆湔獄事文書 2」

6) 『인조실록』 1년 10월 1일 ; 『추안급국안』 2책, 「逆有林獄事文書 1~3」

7) 김용흠, 앞의 논문, 173쪽.

8) 『인조실록』 2년 1월 17일 ; 1월 24일 ; 『추안급국안』 2·3책, 「逆适獄事文書 1~8」

9) 『인조실록』 2년 2월 14일 ; 2월 16일.

10) 『인조실록』 2년 11월 8일 ; 『추안급국안』 3책, 「朴弘耈獄事文書 1~5」 ; 『연려실기술』 권24, 「인조조 고사본말」 '朴弘耈之獄'

11) 『인조실록』 3년 9월 8일 ; 『추안급국안』 3책, 「朴應晟獄事文書 1~3」.

인조 5년(1627) 1월에 벌어졌던 정묘호란의 여진이 채 가시기도 전인 9월, 後金과의 화친을 주도한 자를 처단한다는 핑계로 橫城에서 군사를 일으켰다가 실패한 李仁居의 옥사가 일어났다.[12] 이인거의 사건은 종래의 역모와는 다른 몇 가지 특징을 보여준다. 우선 호란 직후라는 시대적 배경과 관련하여, 후금에 대한 적개심이 변란을 일으키는 계기로 새롭게 등장하고 있다. 또한 그동안 인조를 다른 종실로 교체하는 수준에서 중앙 정계를 중심으로 논의되던 모반과는 달리, 직접 권력을 획득하겠다는 목적으로 지역에서 거병하는 변란의 형태가 새롭게 등장하게 된 것도 주목할 만하다.

인조 6년(1628) 1월에는 무기를 지니고 도성에 집결하여 대궐을 침범하려던 柳孝立의 모반 사건이 발생했다.[13] 추국 과정에서 光海君과 연락을 주고받았으며 仁城君을 추대하기로 했다는 내용이 언급되기도 하였다. 여러 사건에서 계속하여 추대의 대상으로 거론되었던 仁城君 李珙은 결국 珍島로 귀양 갔다가 자결을 요구받기에 이르렀다.[14] 그런데 이 사건에서는 거사와 관련하여 각종 讖書가 인용되고 있다. '子年과 丑年에는 안정되지 않다가 寅年과 卯年에 패한다[子丑未定 寅卯敗]'느니 '辰年과 巳年에 仁城을 얻는다[辰巳得仁城]'느니 하는 내용도 거론되었고, '草溪에 潮水가 들어오면 鷄龍에 도읍을 세운다. 조선 사람들이 모두 벙거지를 쓰고 털옷을 입는다.'[15]라는 내용도 거론되었다. 특히 뒤의 계룡산 천도

---

12) 『인조실록』 5년 10월 1일 갑오 ; 10월 5일 무술 ;『연려실기술』 권24, 「인조조 고사본말」 '李仁居獄'
13) 『인조실록』 6년 1월 3일 ;『추안급국안』 3·4책, 「柳孝立獄事文書 2~4」;『연려실기술』 권24, 「인조조 고사본말」 '柳孝立獄'
14) 『인조실록』 6년 5월 14일 ;『연려실기술』 권24, 「인조조 고사본말」 '仁城君珙之死'
15) 이 내용은 『인조실록』과 『추안급국안』에 각각 소개되고 있는데, 원문은 약간 차이가 있다. 『인조실록』에는 '草溪潮入鷄龍建都 朝鮮皆着毛笠毛衣'라고 되어있고,(『인조실록』 6년 1월 3일)『추안급국안』에는 '草溪有潮則鷄龍建都 朝鮮皆着

설은 이후 18세기에 등장하는 『鄭鑑錄』의 한 부분을 이루는 내용으로 주목된 바 있다.[16]

인조 초반에 각종 모반 사건이 빈발하면서, 誣告를 통해 원한을 갚거나 사적 이득을 취하려고 고변하는 경우도 늘어났다.[17] 같은 해 12월에 벌어진 宋匡裕의 고변 사건[18] 및 이의 연장선상에서 발생한 인조 7년 (1629) 2월의 彪致의 고변 사건,[19] 그리고 같은 해 윤4월 金禮正이 고변한 任慶思의 모반 사건[20] 등이 그러했다. 그러나 터무니없이 부풀리거나 근거 없이 무고했다고는 하더라도, 이러한 사건들에 공통적으로 나타나는 주목할 만한 흐름이 있었다. 앞의 유효립 사건에서 등장한 秘記나 참서와 같은 예언 신앙이 반복되거나, 혹은 풍수지리설이나 관상술 등이 결부되면서 모반의 주요한 계기로 자리 잡게 된 것이다. 송광유 사건에서는 3백년 운수를 지닌 이씨 왕조를 대신할 허씨 왕조의 등장을 예언하면서 許懿 父子를 眞人으로 내세우고 있으며, 이를 합리화하기 위해 참서의 내용을 破字나 동요의 형식으로 소개하고 있다.[21] 光海君을 다시 옹립하려고 했다는 임경사 사건에서는, 한양 도읍의 기운이 쇠하였으므로 連山의 新都로 천도해야 한다는 주장이 제기되었다.

한편 정묘호란 및 그 이후 새롭게 전개되는 대외관계도 이 시기 모반의 새로운 계기로 작용하였다. 인조 7년 2월에는 호란으로 발생한 유민

毛笠毛衣'라고 되어있다.(『추안급국안』 4책, 「柳孝立獄事文書 3」, 85쪽)

16) 백승종, 2006, 「《정감록》의 역사적 뿌리를 찾아서」『한국의 예언문화사』 푸른역사, 37쪽 ; 50쪽.

17) 우인수, 앞의 논문, 8쪽.

18) 『인조실록』 6년 12월 18일 ; 『추안급국안』 4책, 「宋匡裕獄事文書 1~2」 ; 『연려실기술』 권24, 「인조조 고사본말」 '宋光裕誣告之獄'

19) 『인조실록』 7년 2월 6일 ; 『추안급국안』 4책, 「己巳 彪致獄事文書」

20) 『인조실록』 7년 윤4월 19일 갑술 ; 『연려실기술』 권24, 「인조조 고사본말」 '己巳諸獄'

21) 『추안급국안』 4책, 「송광유옥사문서 1」, 174~187쪽.

들을 모아 반역을 꾀하다가 체포된 李忠慶의 사건이 발생하였다.[22] 崔璧
이나 南怡처럼 조선왕조를 부정하는 상징적 인물을 강조하면서, 이충경
은 자신이 추구하는 이상사회의 모습을 「改國大典」이라는 문서를 통해
소박하게 피력하기도 하였다.[23] 이 사건은 중앙 정계와는 무관하게 권력
을 획득하겠다는 목적으로 지역에서 거병했다는 측면에서는 이인거의
경우와 성격이 유사하다고 볼 수 있지만, 지역적 기반을 갖고 거사했던
이인거의 경우와는 달리 도망 노비의 추적이나 일삼으며 유랑하던 존재
인 이충경에 의해 주도되었다는 점에서 또한 차이점이 있었다. 또한 같
은 해 11월에는 함경도에 유배된 梁景鴻 등이 토착민 및 후금과 내통하
려던 사건이 적발되었다.[24] 반정 이후 각지로 귀양을 떠났던 광해군의
餘黨들이 중심이 되고 있었다는 점에서, 반정 이후 호란을 거치면서 동
요하던 민심의 동향을 엿볼 수 있다.

이상 인조 초반의 각종 모반 사건에 대해 간략히 살펴보았다. 10년도
되지 않는 짧은 기간 동안 10여 건의 크고 작은 모반이 일어났으며, 그
전개 양상도 매우 다양했다. 반정에 불만을 품은 여러 정치 세력들은 광
해군을 복위하거나 흥안군·인성군 등 다른 종실로 인조를 대신하려는
움직임을 보이기도 했으며, 자신들이 직접 권력을 장악하려는 의지를 가
진 존재도 있었다. 호란을 계기로 발생한 유민들이 세력화되기도 했고,
후금과의 결탁이 시도되기도 했다. 또 풍수지리설이나 관상술과 결합된
각종 예언 신앙이 모반의 계기로 작용하기도 했다. 이러한 다양한 흐름
이 정한 사건이 일어나는 직·간접적인 배경을 이루게 된다.

---

22) 『인조실록』 7년 2월 27일 계축 ; 『추안급국안』 4책, 「己巳 逆賊李忠慶文書 1~2」
23) 본서 제1부 제1장 참조.
24) 『인조실록』 7년 11월 20일 ; 『연려실기술』 권24, 「인조조 고사본말」 '기사제옥'

2) 사건의 개요

鄭澣 사건은 인조 9년(1631) 2월 3일, 沃川 사람인 趙興賓이 승정원에 告變하는 상소를 비밀리에 바치면서 알려지게 되었다.[25] 權大進 등이 거사를 모의하고 있는데, 伽倻山에 거주하는 정한을 임금으로 추대할 것이라는 내용이었다. 또 이튿날 비슷한 내용으로 公州 사람 韓渫이 고변한 내용을 가지고 公淸監司가 비밀 書目을 올렸다.[26] 다음은 권대진 등의 모반에 관한 조흥빈의 고변 내용이다.[27]

A1. 부근 마을에 사는 出身 권대진이란 자가 지난 기사년(1629, 인조 7)부터 妖僧 두 사람 및 무뢰한들과 왕래하며 회합을 가졌는데, 거동이 수상했습니다. 언젠가는 여러 사람들 앞에서 말하기를 "나의 相으로 볼 때 앞으로 아주 귀하게 될 것이며 우리 집의 터도 좋아서 午·未年 사이에 府院君이 될 것이다." 하였는데, 모두 그가 이상한 모의를 하고 있다고 의심하였으나 그 단서는 예측하지 못하였습니다.

A2. 지금 호남과 영남에 8대장이 있는데 동시에 군대를 일으켜 대사를 도모하려 한다.

A3. 楊天植·楊廷植 및 李贊希 등이 모의를 주도하고 있는데, 도당들이 매우 많다. 그런데 먼저 영남과 호남 사이에서 병사를 일으켜 왜적들이 쳐들어온다고 하면 우리 아버지가 여러 사람들과 함께 왜적을 친다는 명분으로 군사를 일으켜 곧장 서울을 치기로 약속이 되었다.

A4. 영남의 鄭씨 성을 가진 사람은 생김새가 기이하고 두 어깨에 해와 달의 모양이 있는데, 이 사람을 추대하여 임금으로 삼을 것이다. 이 사람은 伽倻山 아래에 사는데, 이름은 鄭澣[28]이고, 나이는 임오년(1582, 선조 15) 생이다.

---

25) 『인조실록』 9년 2월 3일 ; 『승정원일기』 인조 9년 2월 3일.
26) 『승정원일기』 인조 9년 2월 6일.
27) 『인조실록』 9년 2월 3일, 조흥빈의 고변.
28) 처음에 조흥빈의 고변 내용에는 '鄭潭'이라고 되어 있었지만, 『인조실록』의 같은 기사와 『추안급국안』 등의 자료에 따르면 '鄭澣'을 오기한 것이었다.

A1에 따르면 이미 인조 7년(1629)부터 모의가 있었음을 암시하고 있다. 인조 8년(1630)이 경오년이고 인조 9년(1631)이 신미년이니, 권대진이 이야기한 오·미년은 결국 이 즈음의 거사를 예정한 셈이었다. A1의 요승은 바로 A3의 양천식과 양정식이었다. 양천식은 일명 楊丙 또는 楊後瑩이라고도 하고,[29] 僧名을 太虛 또는 勝允이라고 하던[30] 자였다. 양정식 또한 환속한 승려인데, 일명 楊彭이라고도 하였다. A4에서 추대 대상을 언급하고 있는데, 가야산에 거주하는 異人 정한을 임금으로 삼을 것이라고 하였다. 또 영남과 호남에 8명의 대장이 있는데, 이들과 함께 왜적이 왔다는 핑계로 거병하여 서울을 공격하려 한다는 것이었다. 고변을 접한 조정에서는 義禁府 都事를 파견해 관련자들을 체포하고 推鞫을 시행하였다.

2월 7일, 권대진 및 그의 두 아들 權繼·權絡에 대한 심문을 시작으로,[31] 관련자들에 대한 추국이 진행되었다. 연일 이어지는 刑訊 끝에 鄭厚奄과 권계를 시작으로 權純·永伊·朴先僩과 楊天植 등이 속속 죄를 자백하고 처형되었으며,[32] 권대진은 8차례의 형신을 받은 끝에 2월 13일 物故되었다.[33] 사건의 핵심으로 지목된 정한은 2월 19일에야 체포되어, 여러 차례 형신 끝에 2월 22일 죄를 자백하고 처형되었다.[34] 정한의 처형을 계기로, 2월 24일 告廟와 頒敎의 의식을 거행하도록 결정하면서, 일부 사소한 연루자에 대한 심문을 제외하고 사건은 사실상 마무리되었다.[35] 인조는 고변자인 조홍빈을 고향인 옥천의 현감으로 제수하는 파격

---

29)『인조실록』9년 2월 3일, 한설의 고변 ; 양천식의 진술.
30)『추안급국안』4책,「정한옥사문서 4」, 826쪽, 정한의 진술.
31)『승정원일기』인조 9년 2월 6일.
32)『승정원일기』인조 9년 2월 10일 ; 2월 11일.
33)『승정원일기』인조 9년 2월 13일 ;『추안급국안』4책,「정한옥사문서 3」, 739쪽.
34)『승정원일기』인조 9년 2월 19일 ; 2월 22일.
35)『승정원일기』인조 9년 2월 23일.

적인 조치를 취했다가,[36] 규례에 어긋난다는 臺諫의 격렬한 반대 끝에 懷德의 현감과 자리를 맞바꾸게 하였다.[37] 이 사건에서 죄를 자백하고 처형된 자는 정한 등 30여 명이었고, 물고를 당한 자는 권대진·楊時泰 등 10여 명이었으며, 유배된 자는 高用厚 등 6명, 그리고 무고로 끌어들이거나 혐의가 확인되지 않아 석방된 사람이 50여 명이었다.[38] 중요하게 거론되었던 관련자 가운데 양정식·이찬희와 金安國 등은 체포되거나 심문 받은 기록이 확인되지 않는다.

3) 관련 인물

이 사건에 중요하게 관련된 자의 내역을 간략히 도표화하면 다음 〈표 3〉과 같다. 처형된 사람의 이름만 전하는 경우나, 무고 또는 가벼운 혐의로 석방된 경우는 제외하였다. 심문 받은 순서를 기준으로 하되, 주요하게 거론된 사람을 중심으로 연관성이 깊은 사람을 함께 배열하였다. 거주지는 확인되는 경우에 표시했으며, 추정을 할 수 있는 경우는 괄호로 표시했다. 처분 항목의 경우, 심문 과정에 죽은 경우는 물고, 처분을 받은 경우는 처형·정배, 체포되지 않은 경우는 미포로 각각 표시하였다.

〈표 3〉 정한 사건의 관련자

순번	이름	거주지	관련 내역	처분
①	權大進	沃川	출신. 주모. 일명 권 천총. 자칭 重兵營將. 공주 담당	물고
②	權絡	沃川	권대진 아들. 일명 權立. 모의.	처형
③	權繼	沃川	권대진 아들. 일명 權仁立. 모의.	처형
④	權純	(沃川)	권대진 조카. 모의	처형
⑤	永伊	沃川	권대진 종. 모의	처형

---

36) 『인조실록』 9년 2월 20일.
37) 『승정원일기』 인조 9년 2월 21일 ; 22일 ; 25일.
38) 『인조실록』 9년 2월 3일.

⑥	朴先儉	沃川	권대진과 모의	처형
⑦	朴後儉	沃川	保人. 권대진과 모의	처형
⑧	楊天植	大興	환속승. 승명 太虛·勝允, 일명 楊丙·楊後瑩. 관상. 주모	처형
⑨	楊廷植	大興	환속승. 일명 楊彭	미포
⑩	鄭厚奄	?	양정식 친구. 모의	처형
⑪	李贊希	(沃川)	주도. 공주 지역 책임자	미포
⑫	李守男	(沃川)	이찬희 동생	미포
⑬	曹二男	(沃川)	이찬희 6촌. 동참	정배
⑭	金安國	珍山	승명 師聖·懷玉, 일명 金自重. 湖西將軍. 주모	미포
⑮	李一命	全州	양천식과 모의. 전라도 담당	처형
⑯	李侹	金山	품관. 양천식과 모의	처형
⑰	楊時泰	淳昌	교생. 8大將으로 거론. 전라도 담당. 정인홍 관련	처형
⑱	趙澈	淸州	前 司果. 8大將으로 거론	물고
⑲	鄭澣	陜川	유학. 대북. 추대 대상.	처형
⑳	鄭榑	(陜川)	정한 조카. 대북.	처형
㉑	鄭枏	(陜川)	교생. 정부 동생. 대북.	처형
㉒	文日光	陜川	유학. 韓會 사위. 정인홍 관련	처형
㉓	柳之燧	陜川	문일광과 모의	처형
㉔	柳之煥	(陜川)	교생. 유지수 형제	처형
㉕	朴訢	星州	유지수 6촌. 정한과 모의	처형
㉖	梁機	咸陽	양천식·정한과 모의	물고
㉗	梁煥	咸陽	양기 동생. 모의	처형
㉘	朴禧集	高靈	교생. 朴宗冑 아들. 대북	처형
㉙	朴光先	高靈	前 장령. 박희집 조부. 대북	처형
㉚	呂後望	居昌	유배인. 박희집과 모의	처형
㉛	成至道	昌寧	점술·천문. 박희집과 모의	처형
㉜	洪聖澄	榮川	유배인. 광해 복위 언급. 대북	처형

정한 사건의 관련자들을 상호 관계를 중심으로 분류해보면 몇 개의 그룹으로 분류가 가능하다. 먼저 ①~⑦의 권대진 관련 인물들이다. 옥천에 거주하는 이들은 권대진의 가족이거나 권대진을 통해서 모의에 참여한 그룹이다. 권대진은 조흥빈의 고변서에 주모자로 지목된 인물로, 신분은 出身인데 스스로 중병영장이라 칭했으며 權 千摠이라 불리기도 했다. 권대진은 인조 7년(1629)부터 양천식 등과 어울리며 모의를 준비했다고 하는데, 거사가 성공하면 권대진의 딸을 양천식의 아내로 삼는다는

약속도 있었다고 한다.[39] 충청도 지역의 책임자로서, 거사할 때에 공주 지역을 담당하도록 하였다.[40] 자신의 관상과 자기 집의 풍수를 자랑하며 부원군이 될 것이라고 떠벌이기도 했으며, 자기 조카 집의 암탉이 수탉으로 변했다느니 자기 집의 黑馬가 白馬로 변했다며 이를 讖記의 백마장군에 견주기도 했다고 한다.[41] 권대진은 여러 차례 형신을 받은 끝에 끝내 사실을 자백하지 않고 物故되었으며, 권락 등 다른 관련자들은 모두 죄상을 자백하고 처형되었다.

다른 한 그룹은 ⑧~⑱의 양천식 관련 인물들이다. 승려였다가 환속한 양천식 형제는 이리저리 유랑하면서 여러 그룹들을 연결하는 역할을 담당했으며, 모의에도 주도적으로 참여했다. 유랑하던 양천식을 중심으로 연결된 그룹인 만큼, 지역적으로는 충청도와 경상도·전라도 등 다양하게 분포하고 있다. 양천식은 僧名을 太虛 혹은 勝允이라고도 하며, 楊丙이나 楊後瑩이라는 이름을 사용하기도 하였다. 원래 충청도 大興 출신의 서얼로, 아우인 양정식과 함께 군역을 피해 달아나 승려가 된 존재였다.[42] 관상과 풍수로 이름이 높았으며,[43] 楊後瑩이라는 별명은 최영의 후신이라는 뜻으로 지었다고 했다.[44] 양시태와 조철은 8명의 대장 중의 하나로 거명되었으며, 이일명도 전라도를 담당하는 책임자로 거론되었다.[45] 그 밖에 공주 지역을 맡은 이찬희와 호서장군이라 일컬으며 주모 역할을 하던 김안국은 끝내 체포되지 않았다. 김안국도 師聖이니 懷玉이니 하는 승명을 가지고 승려 노릇을 하며 유랑하던 존재로서, 양천식과

---

39) 『추안급국안』 4책, 「정한옥사문서 3」, 702쪽.
40) 『인조실록』 9년 2월 3일 ; 『추안급국안』 4책, 「정한옥사문서 3」, 702쪽.
41) 『인조실록』 앞의 기사.
42) 『추안급국안』 4책, 「정한옥사문서 3」, 738쪽, 假都事의 보고.
43) 『추안급국안』 5책, 「정한옥사문서 10」, 35쪽, 崔晛의 진술 ; 42쪽, 柳之燧의 자백.
44) 『인조실록』 앞의 기사.
45) 『추안급국안』 4책, 「정한옥사문서 4」, 803쪽 ; 『인조실록』 앞의 기사.

정한·조철·양시태 등을 연결시켜준 장본인이었다.[46]

또 하나의 그룹은 추대 대상이었던 ⑲~㉗의 정한 그룹이다. 합천에 거주하던 이들은 반정 이후 처형당한 鄭仁弘의 餘黨으로,[47] 大北으로 분류할 수 있는 세력이었다. 정한은 인조 6년(1628)에 모반을 일으켰던 유효립의 무리와도 연결되어 있었는데 요행히 벗어났으며, 인조 8년(1630) 1월에도 거사를 모의한 적이 있었다.[48] 인조 7년(1629) 11월에 후금과 내통했던 양경홍 사건에 동참했던 韓會와 서로 약속하여, 북쪽에서 변란이 생기면 정한이 남쪽에서 호응하려던 것이었는데, 같은 무리가 이때 많이 희생되어 거사에는 이르지 못했다고 한다. 그러던 중에 김안국·양천식 등과 연결되게 된다. 문일광은 韓會의 사위로서, 역시 유효립의 모반에 가담했던, 정인홍의 餘黨이었다.[49] 유지수·유지환 형제는 문일광을 통해 모의에 참여했으며, 함양 출신의 양기·양환 형제는 정한과 양천식을 통해서 모의에 참여하였다. 이때 각 고을 地方軍의 장관인 千摠을 새로 임명하는 일이 있었는데, 박흔은 이를 기회로 지방군의 군권을 장악하여 광해군을 복위하려 꾀하였다.[50]

남은 그룹은 ㉘~㉜의 박희집 관련 인물들이다. 이들은 대북이라는 점에서는 정한 그룹과 같지만, 정한이나 양천식과의 직접적인 교류는 거의 나타나지 않고 박흔·유지수를 통해서 정한과 연결되었다. 박희집은 광해군 때의 폐모론에 개입했다가 인조반정 이후 처형되었던,[51] 李爾瞻의 심복 朴宗胄의 아들이고, 박광선은 박종주의 아비였다. 유배되었던 여후망·홍성징과 자주 만나 시대에 대한 불만을 털어놓으며, 광해군의 복위

---

46) 『추안급국안』 4책, 「정한옥사문서 4」, 807쪽 ; 『인조실록』 앞의 기사.
47) 『추안급국안』 5책, 「정한옥사문서 10」, 35쪽, 최현의 진술.
48) 『추안급국안』 4책, 「정한옥사문서 4」, 823쪽, 정한에 대한 심문.
49) 『추안급국안』 4책, 「정한옥사문서 4」, 806쪽, 문일광과 양천식의 대질심문.
50) 『추안급국안』 4책, 「정한옥사문서 8」, 921쪽, 박희집의 결안.
51) 『인조실록』 1년 4월 29일.

를 희망하기도 하였다.[52] 성지도는 점술을 하던 사람으로, 박희집의 무리와 연결되었다.[53]

사건의 관련자들은 충청도 옥천의 권대진, 삼남을 유랑하던 양천식, 대북 세력인 경상도 합천의 정한, 경상도 고령 등지의 박희집의 그룹으로 나누어볼 수 있다. 서로 고립되어 있던 그룹을 연결한 것은 양천식과 그 무리들이었다. 때로는 승려의 신분으로, 때로는 관상이나 풍수와 같은 각종 술법을 통해 권대진이나 정한 등과 접촉하였다. 특히 반정 이후 세력을 잃고 거사의 기회를 엿보던 대북의 餘黨 정한에게, 異人으로 부추기며 각종 신비스런 예언을 쏟아내는 양천식 등은 매력적인 협조자가 될 수 있었다. 반면 미천한 신분으로 전국을 떠돌던 양천식 등에게도, 정권의 장악을 꾀하는 정한 등의 대북 세력은 위험을 담보할 만한 협력 상대가 될 수 있었다. 옥천의 권대진은 최소한의 지역적 기반, 또는 그 기반의 확대가 필요했던 양천식에게 포섭할 이유가 충분한 대상이었다. 이질적으로도 보이는 세력들의 결합은 이 사건을 종래의 모반 사건과 구별 짓는 가장 큰 특징이었다.

3. 사건의 의미

1) 사건의 성격

위에서 살펴보았던 것처럼 이 사건은 이질적인 세력들이 결합하여 모반을 꾀한 사건이었다. 따라서 각 세력의 처지에 따라 다양한 배경을 가지고 있었고, 또한 추구하던 목표도 완전히 일치하지 않았으며, 따라서 복합적 성격을 지니고 있다고 볼 수 있다.

---

52) 『추안급국안』 4책, 「정한옥사문서 8」, 921쪽, 박희집의 결안.
53) 『추안급국안』 5책, 「정한옥사문서 10」, 44~45쪽, 성지도의 자백.

먼저 大北 세력의 입장에서는 반정으로 잃은 자신들의 세력을 회복한다는 의미를 갖고 있었다. 그러한 점에서 이전에 일어난 대북 세력들의 모반과 동일선상에서 파악할 수 있다. 이는 鄭澣 그룹이나 朴禧集 그룹이나 공통된 것이었다. 실제로 이들은 인조 6년(1628)의 柳孝立 사건이나 인조 8년(1630)의 梁景鴻 사건 등에 밀접하게 연관되어 있었다.

> 약속된 거사의 날짜는 무진년(1628, 인조 6) 3월에 하려고 했습니다. 정한 등의 반역모의는 유효립 무리와 서로 연결되었는데, 그때 정한은 요행히 벗어났습니다. 지난해 1월에 또 일으키려고 했는데, 韓會의 범죄사건으로 인하여 정한의 패거리가 많이 죽었고 살아남은 사람은 적었습니다. 지금껏 일으키지 않은 것은 대체로 한회와 서로 약속한 것이니, 북쪽에 변란이 생기면 정한 등이 거기에 있으면서 또한 기회를 틈타 일으킬 것입니다.[54]

위이 기사는 정한을 심문하는 과정에서 인용한 楊天植의 자백 내용이다. 한회의 사건이란 앞서 설명한 양경홍의 사건을 가리킨다. 이미 이전부터 정한이 대북 세력을 중심으로 한 모의의 중심에 깊이 개입하고 있었음을 나타내는 것이다. 유효립 사건에는 박희집 그룹의 洪聖澄도 깊이 개입하고 있었다. 홍성징이 朴訢과 만나 동참을 권유하는 과정에서, 자신이 유효립과 일을 함께 한 사실을 알려주고 있다.[55] 또한 정한 그룹의 文日光은 바로 한회의 사위인 동시에, 역시 유효립의 모반에 가담했던 인물이었다.[56] 유효립-양경홍의 사건으로 이어져오던 대북의 모반의 연장선에서 이 사건을 바라볼 필요가 있는 대목이다. 결과적으로 모반은 고변에 의해 실패하고, 참여한 대북 세력은 모두 처형되었으며, 이후로 대북에 의한 모반 사건은 나타나지 않았다. 결국 이 사건은 대북 세력에

---

54) 『추안급국안』 4책, 「정한옥사문서 4」, 823쪽, 정한에 대한 심문.
55) 『추안급국안』 5책, 「정한옥사문서 11」, 83쪽, 박흔의 자백.
56) 『추안급국안』 4책, 「정한옥사문서 4」, 806쪽, 문일광과 양천식의 대질심문.

의한 마지막 모반 사건이 된 셈이다.

또 하나의 그룹인 양천식 그룹은 조선후기에 형성되고 있었던 유랑 세력에 의한 모반 사건 및 예언 신앙을 비롯한 각종 민간 신앙의 영향을 받은 모반 사건과 연결시켜 살펴볼 필요가 있다. 인조 7년(1629)에 발생한 李忠慶의 모반 사건은, 중인 출신으로 황해도와 함경도·강원도 등지를 유랑하며 推奴로 생계를 유지하던 이충경에 의해 주도된 모반 사건이었다.[57] 정묘호란으로 발생한 유민들을 모아 서울을 공격하겠다며, 戰服을 착용하고 長劍·稜杖 등의 무기를 소지하고 행진하다가 平康과 鐵原에서 모두 체포되었다. 이 사건에서는 특히 崔瑩과 南怡 등의 초상화에 배례하는 의식을 행하고,「改國大典」이라는 문서를 통해 자신들이 추구하는 이상사회의 모습을 피력하기도 한 점이 주목된다. 조선의 건국과정에서 처형된 최영이나 역모를 꾀했다는 혐의를 받고 처형된 남이를 신앙의 대상으로 삼았다는 점에서 조선왕조를 부정하고 새로운 세상을 추구하는 민중들의 바람을 확인할 수 있다.

또한 讖書를 비롯한 각종 예언 신앙도 모반의 주요 계기로 등장하고 있었다. 인조 6년(1628)의 宋匡裕 고변 사건에서 이러한 예언 신앙의 자취를 확인할 수 있다.

> 李氏가 누릴 나라의 복록은 3백년이라고 하는데, 지금 대략적인 숫자로 따지면 3백년이네. 또 眞人도 이미 나왔다네. 어떤 術書에 이르기를, "하늘이 사람을 내리면 그 나라는 반드시 망한다.[天雨人其國必亡]"라 했으니, 비의 뜻을 가진 '雨'라는 글자는 내린다는 뜻을 가진 '降'이라는 글자의 뜻이지. '하늘이 사람을 내린다'라는 뜻이네. 지난번에 昌城에 우박이 내렸는데, 사람 머리 모양이었다고 하니, 이것이 하늘이 사람을 내린 것이네.
> 하늘의 기운을 보고 길흉을 점치는 사람이 말하기를, "아름답구나! 南山의 기운이 울창하니, 대체로 신하가 왕성해지고 임금이 쇠약해질 징조이다!"라

---

57) 본서 제1부 제1장 ;『추안급국안』 4책,「逆賊李忠慶文書 1~2」.

했네. 비록 보통 사람의 눈으로 보더라도 남산의 소나무·잣나무가 무성한데, 더구나 許懿의 어릴 적 이름이 남산이라네. 진인이 태어났다는 말은 許 南山 이 번창하여 왕성할 것이라는 것을 이야기하는 것이지.

또 讖書에 이르기를, '巳丑許多人 午未樂堂堂'이라고 했네. '巳丑許多人'이 라는 것은, 허의가 신축년(1601, 선조 34)에 태어났으며, '多'라는 글자는 '大' 라는 글자의 뜻이니, 丑年에 태어난 許大人이 巳年에 떨치고 일어나 午·未年 에 즐거움이 대단하다는 것을 이야기하는 것이지.

옛적에는 절구질하는 소리에서나 도리깨질하는 소리에서나 모든 일할 때 의 소리에서는, '이씨[李氏]'라고 말했는데 지금은 절구질하는 소리에서, '허야 [許也]'라고 말한다고 하네. 모든 일할 때의 소리에서는 '허야라, 허야라.[許也 羅 許也羅]' 한다고 하는데, '야라(也羅)'라는 말은 나라를 이야기하는 것이니, 許哥의 나라를 이야기하는 것이며, 모든 백성들이 허씨를 추대하기를 원함을 이야기하는 것이지. 이를 가지고 살펴보자면, 비록 삼척동자라도 許哥가 임금 이 된다는 것을 알 수 있네.[58]

이 기사는 尹雲衢가 언급했다고 宋匡裕가 告變한 내용이다. 물론 송광 유의 고변 내용은 대부분 誣告로 판명되었기 때문에, 위에 소개한 구체 적 사실의 진위 여부를 여기에서 논할 필요는 없다. 다만 이씨 왕조가 운명이 다했다는 생각, 이를 대신할 새로운 왕조가 眞人에 의해서 구현 될 것이라는 민중들의 믿음이 여기에서 許氏 진인으로 구현되었다는 사 실은 이해할 수 있다. 인조 7년(1629)에 고변되었던 任慶思의 모반 사건 에서, 한양 도읍의 기운이 쇠하였으니 連山의 新都로 옮겨야한다는 주장 이 등장했던 것도[59] 이러한 민간 신앙의 흐름에서 이해할 수 있다. 앞의 2절에서 소개했던 바와 같이, 대북의 정변이었던 유효립의 모반에서도 이러한 참서가 이용되어 鷄龍山으로의 遷都가 예언되기도 했다.

이러한 민간 신앙의 흐름은 양천식의 무리들에 의해 이 사건에서도

---

58) 『추안급국안』 4책, 「송광유옥사문서 1」, 174~175쪽.
59) 『인조실록』 7년 윤4월 19일.

이어진다. 다음 기사는 정한을 심문하는 과정에서 인용한 楊天植의 자백 내용이다.

> 金安國이 제게 말하기를, "오래지 않아 좋은 일이 있을 것이니, 이는 남자가 공을 세울 때이다. 嶺南에 異人이 있는데 이가 바로 정한이다." 하고는 이어 저와 함께 정한의 집에 가서 머물러 묵었습니다. 이어 정한의 넷째 아들의 관상을 보고, 제가 詩를 지어 정한에게 주었습니다.
> 김안국이 정한의 뜻을 살피려고, 정한에게 말하기를, "崔瑩의 후신이 지금도 있다."라 하니, 정한이 함께 오라고 요구했습니다. 김안국이 제 이름을 楊後瑩이라고 하고 만나보러 갔는데, 정한이 제게 말하기를, "북쪽에 변란이 생기면 우리 무리가 남쪽에서 일어날 것이다. 남쪽에서 倭亂이 생겨도 또한 그렇게 할 것이다." 했습니다.[60]

김안국을 통해 양천식과 정한이 처음 만나는 장면을 묘사한 것이다. 정한은 양천식에게 '영남의 異人'으로 소개되고 있으며, 양천식은 정한에게 '최영의 후신'으로 소개되고 있다. 사실 여부를 떠나서, 조선왕조를 부정하는 상징으로서의 최영의 후신이라는 이미지는 정한에게 양천식을 만나보게 하는 강력한 유인 요소로 작용했다. 이에 따라 처음 만난 자리에서 자신의 거사 계획을 주저 없이 소개했던 것이다. 또한 眞人을 찾아 떠돌아다니던 양천식에게[61] 정한의 관상은 특별한 존재로 인정하기에 충분히 훌륭했다.[62] 이에 따라 양천식은 정한을 중심으로 거사를 준비하

---

60) 『추안급국안』 4책, 「정한옥사문서 4」, 823쪽, 정한에 대한 심문.
61) 『추안급국안』 4책, 「정한옥사문서 4」, 833쪽, 문일광의 자백.
62) 『추안급국안』 4책, 「정한옥사문서 3」, 699쪽, 양천식의 진술. "정한은 얼굴생김새가 매우 훌륭합니다. 왼쪽과 오른쪽 어깨에 모두 사마귀가 있는데, 하나는 검고 하나는 자줏빛입니다. 왼쪽 귀 아래에 흰 사마귀가 있는데, 여러 개가 촘촘합니다. 나이는 임오년(1582, 선조 15)생입니다. 네 아들이 있는데, 그 가운데 셋째 아들의 얼굴생김새가 여러 아들 가운데 조금 낫지만 그의 아비에는 미치지 못합니다."

겠다고 마음을 먹고, 權大進 등과 접촉한 것으로 보인다. 다음 趙興賓의 고변 내용을 보면 그러한 사실을 추정할 수 있다.

영남의 鄭씨 성을 가진 사람은 생김새가 기이하고 두 어깨에 해와 달의 모양이 있는데, 이 사람을 추대하여 임금으로 삼을 것이다. 이 사람은 伽倻山 아래에 사는데, 이름은 鄭澣이고, 나이는 임오년(1582, 선조 15) 생이다.[63]

권대진의 아들인 권락·권계가 조흥빈의 아들인 趙浣에게 이야기해준 내용이다. 그런데 전후 기사를 확인하면 정작 권대진 등이 정한과 직접 만나거나 한 적은 없던 것으로 보인다. 양천식을 통해 간접적으로 이야 기를 전해 들었던 데 불과했다. 양천식은 정한의 '이인' 혹은 '진인' 이미 지를 권대진 세력을 포섭하는데 이용했던 것이다. 기껏해야 한 지역을 책임지고 맡아 거사한 뒤에 부원군의 벼슬을 하거나, 양천식을 사위로 삼는다거나 하는 정도의 개인적 입신을 거사의 전망으로 삼고 있던 권대 진에게는, 전해들은 異人의 이야기만으로도 참여를 결정할 수 있었던 것 이다.

한편 정한 그룹도 이러한 민간의 예언 신앙을 적절히 세력 확대에 이 용하였다. 송광유 사건 때의 허씨 진인 이야기가 이때에 와서 다시 거론 되었던 것이다.

B1. "지난날 반역 사건 때의 許昉의 아들은 비범한 사람이다."라 했던 것과 讖記에 대한 이야기는 바로 문일광 등이 거짓으로 꾸며낸 말이다.[64]

B2. "許昉의 아들은 비범한 사람인데 승려가 되었다. 우리들이 이 사람과 큰 일을 할 것이다."라 했는데, 이게 네가 내게 말한 내용이 아니냐?[65]

---

63) 『인조실록』 9년 2월 3일, 조흥빈의 고변.
64) 『추안급국안』 4책, 「정한옥사문서 4」, 823쪽, 양시태와 양천식의 대질심문.
65) 『추안급국안』 4책, 「정한옥사문서 4」, 807쪽, 문일광과 양천식의 대질심문.

B1 기사는 양천식과 양시태의 대질심문 과정에서, B2 기사는 양천식과 문일광의 대질심문 과정에서 양천식에 의해 언급된 내용이다. 문일광이 가공의 허씨 진인을 거론하며 양천식을 포섭하려 했음을 보여준다. 이 밖에도 정한 그룹은 민중들의 심리를 이용해 거사를 성공시키려는 시도를 하기도 했다.

> 韓會 무리는 북쪽에서 胡亂이 생기기를 바랐고, 너희 무리는 남쪽에서 倭亂이 생기기를 바랐다. 이에 동요를 짓기를, "그 말이 사실일세, 그 말이 사실일세.[果其言果其言]"라 했으니, 이른바 "그 말이 사실일세."라 했던 것은 대체로 너희들이 남북으로 변란이 일어났다는 말을 핑계로 하여 그 사이에서 거사를 하려던 것이었다.[66]

역시 양천식과 문일광의 대질심문 과정에서 양천식이 말한 내용이다. 양경홍 사건을 계기로 거사를 준비하면서, 동요를 만들어 민심을 자신들에게 유리하게 이끌려고 했던 모습을 보여준다.

결국 정한 사건은 대북 세력의 정치적 권력 회복을 위한 모반, 예언 및 민간 신앙을 바탕으로 한 유랑 세력들의 왕조 전복을 위한 모반, 지역에 기반을 둔 세력의 권력 획득을 위한 모반 등 인조대에 일어났던 각종 모반 사건과 두루두루 연결이 되는 복합적인 모습을 보이고 있다. 이러한 점은 서로 다른 이질적 세력들이 결합했기 때문에 빚어진 결과였으며, 각자의 힘으로는 거사의 성공을 꿈꿀 수 없었기에 불가피한 점이 있었다. 반정 이후 현실적 힘을 잃고 있던 대북 세력에게는 예언 신앙을 바탕으로 한 양천식 등의 유랑 세력이나 일정한 지역적 기반을 갖춘 권대진 등의 지역 세력의 도움이 불가피했다. 거사 과정에서 예언 신앙을 일부 이용했던 유효립 사건에서 그러한 조짐은 이미 나타난 바 있었다.

---

66) 같은 자료, 808쪽.

그러나 결국 이러한 이질적인 세력의 결합은 거사 이후의 전망도 불투명하게 만들었다.

정한의 경우, 대북 세력의 일원이었지만 스스로를 추대되는 입장이 되면서 스스로 임금이 되겠다는 생각을 자연스럽게 갖게 되었다. 물론 그것은 양천식 등의 협조를 전제로 하는 것이었다. 정한이 대궐 터를 보아 달라고 부탁하자, 계룡산에 터를 세운다면 멀리 갈 것이라고 양천식이 화답했다는 양천식의 언급에서[67] 이를 짐작할 수 있다. 그러나 한편 박희집 등 또 다른 대북 그룹은 光海君을 복위시키고, 그 후사를 仁城君의 아들로 잇게 하자는 구상을 갖고 있었다.[68] 朴訢과 柳之燦 등을 통해서 느슨하게 연관되어 함께 推鞫을 받았지만, 같은 대북이라고 하더라도 정한 그룹과 박희집 그룹은 전혀 다른 전망을 가지고 있었다.

2) 사건의 영향

이상에서 살펴본 것처럼 정한 사건은 다양한 성격을 복합적으로 가지고 있었다. 따라서 그 영향도 여러 측면에서 확인할 필요가 있다. 먼저 大北 세력의 정치적 변란의 측면이다. 현실적인 정치 세력으로서의 대북 세력은 이 사건을 마지막으로 생명력을 완전히 상실하게 된다. 실제로 인조 10년 이후의 모반 및 이와 관련된 각종 고변 사건에서 大北 세력이 주축이 된 사건은 완전히 사라진다.[69] 이전 집권 세력인 대북이 집권을 기도하는 것이 아니라, 沈器遠의 모반 사건이나 姜嬪의 옥사 사건처럼 현 집권 세력 내부의 분화로 인한 사건이 새로 발생하는 모반의 주류를 이룬다.

---

67) 『추안급국안』 4책, 「정한옥사문서 4」, 830쪽, 정한과 양천식의 대질심문.
68) 『추안급국안』 4책, 「정한옥사문서 4」, 903쪽, 홍성징의 자백.
69) 인조 10년 이후 인조대의 모반 사건에 대해서는 본서 50~53쪽 참조.

반면 예언 및 민간 신앙을 기저로 한 모반 사건은 그 뒤에도 끊이지 않고 계속된다. 대북 세력과는 달리, 예언 신앙을 바탕으로 모반을 주도하는 세력들은 주로 유랑하는 승려나 術士 등과 같은 존재였다. 주거가 일정하지 않고 그때그때 이름을 바꾸어 사용하는 이들은 체포가 쉽지 않았으며 이는 계속적인 모반의 바탕이 된다. 이 사건의 경우에도 양천식과 정한 등을 연결해준 핵심 인물인 金安國을 비롯해, 李贊希·李守男 등이 결국 체포되지 않았다. 또 신앙의 특성상 특정 인물이 제거된다고 해서 그러한 믿음도 사라지는 것은 아니었다.

인조 24년(1646)에 발생한 安益信의 모반 사건에서, 우리는 鄭澣 사건을 계승하는 민간 신앙의 흐름을 확인할 수 있다.[70] 사건의 주인공인 안익신은 일정한 주거가 없이 서울과 충청도·전라도 등을 유랑하는 존재였다. 連山의 교생 李之馦을 통해 尼山의 幼學 柳濯과 결탁하면서 군사를 모아 거사를 준비했지만, 결국 고변으로 실패한 사건이었다. 이들은 거사를 준비하는 과정에서 예언 및 민간 신앙을 적극적으로 이용하였다.

C1. 그 정씨 성을 가진 사람은 바로 鄭太和·鄭致和 등으로, 내통하는 大將입니다. 이는 이지혐의 말입니다.[71]

C2. 역적의 대장은 崔氏 성을 가진 사람이라고 했는데, 그 이름은 모릅니다. 다만 崔瑩의 후예로서 智異山에 거주한다고 했습니다. 한 사람은 林都督이라고 불렀습니다. … 또 이지혐의 말을 들으니, "군병을 일으켜 올라가면, 盲人이라 일컫는 鄭致和 및 訓鍊都監의 砲手와 捕盜大將이 모두 안에서 호응할 것이다…." 했는데, 이 말은 인심을 돌려 복종시키려는 뜻인 듯했습니다. 대장은 林慶業이고 그 다음은 崔晃이며 또 그 다음은 密陽府使 鄭泰齊이고, 從事官은 안익신·이지혐과 沃溝의 사또인 武人 柳斗立이라고 했습니다.[72]

---

70) 본서, 72~75쪽.
71) 『추안급국안』6책, 「丙戌 逆賊益信等推案」184쪽, 유탁의 추가 진술.
72) 같은 자료, 239~240쪽, 柳晩昌의 자백.

C3. 全南道의 장수는 崔瑩의 8대손인 崔氏 성의 사람이다. 慶尙道의 장수는
鄭氏 성의 사람인데, 모두 그 이름은 말하지 않더라. 智異山으로 들어가
날짜를 고를 것인데, 27~28일 무렵에 군병을 일으킨다고 한다.[73)

C4. 望德村에 거주하는 生員이라 일컫는 鄭琥이 天文을 잘 아니 장수를 할
만하다.[74)

C5. 홍영진이 벌컥 성을 내면서 큰 소리로 말하기를, "난세가 막바지에 이르
면 치세를 생각하고, 어지러움을 틈타 굳세게 일어난다는 옛 말이 있다.
하늘의 뜻에 부응한 眞人이 지금 이미 나왔으니, 나와 같은 사람이 가서
따르지 않을 수 있겠느냐?" 했습니다.[75)

이 사건에서도 민중들의 호응을 얻기 위한 다양한 방법들이 동원되고
있다. 일단 崔瑩이나 林慶業과 같은 상징적인 인물들을 내세우는 것이다.
최영은 이미 인조 7년(1629)의 李忠慶 사건이나 인조 9년(1631)의 鄭澣
사건에서도 중요하게 거론된 바 있었다. 임경업은 인조 14년(1636)~15년
(1637)에 일어났던 丙子胡亂으로 야기된 反淸 의식과 병자호란을 계기로
더욱 추락한 조정의 권위에 대한 반감을 한데 묶기에 가장 적합한 상징
적 인물이었다.[76)

한편 智異山과 鄭氏의 眞人으로 대표되는 예언 신앙도 큰 역할을 하게
된다. 지리산은 각종 예언서가 발견되었다는 장소로 알려졌다. '木子(李)
가 돼지를 타고 내려와서 다시 三韓의 강토를 바로잡을 것이다'라 하여
돼지해에 태어난 이성계가 새 왕조의 임금이 된다는 예언이 발견된 것도
지리산이었고, 鄭汝立이 '木子(李)가 망하고 奠邑(鄭)이 일어난다'는 예언
을 옥판에 새겨 숨겨놓았던 곳도 지리산이었다.[77) 다음 세상을 이끌 진

---

73) 같은 자료, 258쪽, 이지렴의 공청감영 진술.
74) 같은 자료, 300쪽, 이지렴의 진술.
75) 같은 자료, 143쪽, 유탁의 진술.
76) 본서 72~76쪽.
77) 백승종, 앞의 글, 45~46쪽.

인도 조금씩 정씨로 구체화되는 단계였다. 정여립이 스스로 처음 정씨를 새로운 세상의 주인으로 선포한 뒤에도, 송광유 사건에서는 許氏 진인이 언급되는 등 일정하지 않았다. 그러던 중 정한 사건에서 정씨가 다시 등장하게 되었다. 물론 정한을 직접 진인으로 지칭하지는 않았지만, 진인을 찾아다니던 양천식 등이 '異人'이라 칭하며 진인에 준하는 대우를 하였다. 이제 안익신 사건의 단계가 되면 정씨 진인은 조금 더 구체화된다. C5에서 이미 진인이 나타났다고 선포한 진인이 정씨라고 단언할 수는 없지만, C3에서 보면 최씨와 정씨가 경합하는 것으로 보인다. 그러나 C1과 C2에서 거짓으로 끌어들인 당시의 명망가들은 정태화·정치화·정태제 등 거의 모두 정씨였다. C4에서 거론된 鄭垷도 주목할 만하다. 『鄭鑑錄』의 주인공 '鄭鑑'과 한글 발음이 '정감'으로 동일한데, 단순한 우연의 일치로만 보아 넘기기에는 깊은 관련성을 내포한 것으로 보인다.

이러한 정씨 진인의 예언 신앙은 숙종 17년(1691)의 車忠傑의 사건에서도 반복된다.

> D1. 하루는 차충걸이 저희 집에 왔을 때 저의 아내가 生佛의 일을 언급하니, 차충걸이 이르기를, "鄭 統制使의 부인이 임신하여 아들을 낳아서 그 아이의 나이가 겨우 7세인데 간 곳을 모른다고 합니다. 이 生佛이 바로 그 아이가 아니겠습니까?"라 하니, 저의 아내가 차충걸에게 말하기를, "이는 나라를 차지해 가질[得國] 사람입니다. 당신은 꼭 鄭氏 집에 가서 물어보십시오."라고 했습니다.[78]
>
> D2. (차충걸이) 대답하기를, "제가 달리 했던 일은 없습니다. 漢陽이 장차 망할 것이라는 이러저러한 이야기를 들었기 때문에 당신의 집을 방문한 것입니다."라 했습니다. 그 말뜻을 살펴보니, 민간에서 이야기하는 '奠邑의 識'을 가리키는 듯했습니다.[79]

---

78) 『추안급국안』 10책, 「辛未十一月 車忠傑推案」, 889~890쪽, 曹以達의 結案.
79) 같은 자료, 815쪽, 鄭泰昌의 고변.

D1은 曺以達의 아내가 차충걸에게, 통제사를 지낸 鄭傅賢의 아내가 나라를 차지할 生佛을 낳았으니 찾아가보라고 권유하는 장면을 진술하는 조이달의 結案 내용이고, D2는 찾아온 차충걸과 대화를 나누던 내용에 대한 정부현의 손자 鄭泰昌의 고변 내용이다. 이미 '정씨가 나라를 차지한다[鄭氏得國]'는 예언이 '奠邑의 讖'이라는 이름으로 상당히 유포되고 있었던 상황을 짐작할 수 있게 한다. 이러한 예언 신앙은 숙종 23년(1697)의 李榮昌 사건에서 다시 鄭夢周의 후예인 정씨와 崔瑩의 후예인 최씨를 등장시키며 반복되어 變奏된다.[80]

『鄭鑑錄』의 작자와 출현 시기에 대해서는 여러 가지 논란이 있으며, 최근에는 사료로 처음 확인되는 영조 15년(1739) 경에 평안도 지방에 처음으로 출현한 것으로 보는 견해도 있다.[81] 물론 어느 정도 형식을 갖춘 책자 혹은 문서로서의 『정감록』의 출현 시기는 그렇게도 볼 수 있을 것이다. 그러나 그 내용이 구성되기까지는 오랜 시간 동안 여러 사람들의 관여가 필요했다. 그 과정에서 빠질 내용은 빠지고 덧붙여질 내용은 덧붙여지면서 전해지게 된 것이다. 鄭澣의 사건은 『정감록』이 나타나게 되는 시원적 의미로서도 의미를 지닌다. 계룡산으로의 천도와 정씨 진인과 같은 『정감록』의 주요 내용이 정한 사건 단계에서 이미 모습을 드러내고 있었으며, 이후 여러 사건을 통해 그 모습이 점점 구체화되어 나타났다.

4. 맺음말

인조 9년(1631)에 일어난 鄭澣의 모반 사건은 실행에 옮겨지기 전에 모의 단계에서 고변으로 실패했지만, 각종 모반 사건이 빈발했던 仁祖代

---

80) 이 사건에 대해서는 정석종의 다음 논저 참조. 鄭奭鍾, 1983, 『肅宗年間 僧侶勢力의 擧事計劃과 張吉山』『朝鮮後期社會變動研究』一潮閣.

81) 백승종, 「18세기 후반 《정감록》의 출현과 보급」, 앞의 책, 74~77쪽.

의 다른 사건과 몇 가지 점에서 의미 있는 차이를 보여주고 있다.

먼저 이질적인 세력들의 결합에 의한 사건이라는 점이다. 충청도의 옥천에 기반을 둔 중인 계층의 權大進, 전국을 떠돌던 유랑 지식인 楊天植, 大北 세력의 남은 패거리였던 경상도 합천의 鄭澣과 고령의 朴禧集 등이 각각 서로 다른 전망 속에서 합세하여 모반을 계획하였다.

이질적인 세력의 결합인 만큼, 이 사건은 이전의 다양한 모반 사건과 연관을 맺고 있으며, 이후의 많은 사건에 영향을 주게 되었다. 柳孝立이나 韓會 등의 모반 사건의 연장선에서 발생한 이번 사건으로, 미약하게나마 존재하던 大北 세력은 철저하게 제거되었다. 이후 大北이 주도하는 모반 사건은 나타나지 않게 되며, 결국 이 사건은 대북의 마지막 모반 사건이 되었다.

유랑 세력의 거사라는 점, 崔瑩이라는 상징적 인물을 등장시킨다는 점에서 이 사건은 인조 7년(1629)의 李忠慶 사건과도 공통점을 찾을 수 있으며, 讖書를 통한 예언 신앙이나 풍수지리 등이 모반의 주요 계기가 되었다는 점에서 인조 6년(1628)의 宋匡裕 사건이나 인조 7년의 任慶思 사건과 유사한 점이 있다. 최영의 상징은 이후 인조 24년(1646)에 일어나는 安益信 사건에서도 반복된다.

그러나 이 사건에서 무엇보다 주목되는 것은 18세기 이후 본격적으로 등장하는 『鄭鑑錄』과의 관련성이다. 鷄龍山을 중시하는 풍수지리설과 眞人을 기대하는 민간 신앙이 거사 과정에 투영되고 있는데, 이는 정감록의 실체적 기원으로 보아도 무방하다. 異人으로 상정된 鄭氏인 鄭澣이 풍수와 관상에 능하다는 양천식의 무리에게 선택되는 과정에서, 우리는 그러한 추정의 근거를 찾을 수 있다.

제3장
1646년 安益信 모반 사건

1. 머리말

反正으로 光海君을 몰아내고 즉위한 仁祖는 재위 기간 내내 안팎으로부터의 거센 도전을 받아왔다. 이러한 안팎으로부터의 도전은 인조 자신은 물론 조선 왕조의 命運을 좌우할 만큼 심각했지만, 그 위기를 극복하는 과정에서 인조 조정 및 조선 왕조는 체제를 정비하며 명맥을 유지할 수 있었다.

그간 두 차례의 胡亂으로 표출된 밖으로부터의 도전에 대해서는 많은 연구가 이루어졌지만,[1] 재위기간 내내 지속된 안으로부터의 도전에 대해서는 그다지 많은 연구가 이루어지지 않았다. 仁祖代에 대해서 수행된 연구는 주로 중앙 정치세력의 동향과 관련한 것으로, 그 연구 결과 인조대의 성격을 놓고 학계에서는 붕당정치가 원숙한 모습으로 행해졌다거나,[2] 西人 세력 장기 집권의 출발점이라는[3] 주장이 제시된 바 있다.

그런데 인조 조정의 전복을 꾀하며 시도되었던 많은 謀反[4] 사건에 대

---

1) 정묘·병자호란에 대한 연구 성과에 대해서는 吳宗祿의 연구사 정리가 참고된다. 吳宗祿, 1999, 「壬辰倭亂~丙子胡亂時期 軍事史 硏究의 現況과 課題」『軍史』 38.
2) 吳洙彰, 1985, 「仁祖代 政治勢力의 動向」『韓國史論』 13, 118쪽.
3) 禹仁秀, 1991, 「朝鮮 仁祖代 政局의 動向과 山林의 役割」『大丘史學』 41, 93쪽.

해서는 큰 관심이 기울여지지 않았다. 반정이라는 비정상적인 수단을 통해서 정권을 장악한 인조의 정국 수습에 상당한 진통을 수반한 것은 바로 재위기간에 빈번히 일어난 모반 사건이었다.[5] 따라서 그러한 모반 사건의 배경과 원인, 진행과정 및 그 의미에 대해서 구체적으로 살펴보는 것은, 조선후기적인 질서가 본격적으로 자리 잡은 이 시기에 대한 보다 풍부한 이해를 가능하게 해 줄 것으로 생각한다.

이 논문에서 다루려고 하는 사건은 인조 24년(1646)에 있었던 安益信 등의 모반 사건이다. 이 사건은 27년을 재위한 인조대의 말년에 일어난 사건이라는 시기적인 점도 주목되지만, 그 배경이나 참가계층의 구성, 수습의 과정과 그 결과에 있어서 이 시대의 역사상을 이해하는데 의미 있는 단서를 제공해줄 것으로 기대된다.

주된 자료로는 『推案及鞫案』을 이용하였다.[6] 『추안급국안』은 鄭奭鍾에 의해 본격적으로 이용된 바 있지만,[7] 그 방대한 규모로 인하여 충분한 연구가 이어지지 못해왔다.[8] 『추안급국안』의 기록은 죄인들에게 고

---

4) 謀反은 법률 용어로 『大明律』에 규정된 十惡 가운데 첫 번째 죄목이다. '사직을 위태롭게 하기를 꾀하는[謀危社稷]' 것으로, '본국을 배반하고 은밀히 다른 나라를 따르기를 꾀하는[謀背本國潛從佗國]' 謀叛과 구별되며, '종묘나 산릉·궁궐 따위를 파괴하기를 꾀하는[謀毀宗廟山陵及宮闕]' 謀大逆과도 구별된다. 일반적으로는 이러한 것들을 세밀히 구분하지 않고 통틀어 '逆謀' 또는 '謀逆'이라고 표현하기도 한다. 이 글에서 다루는 안익신 사건에 대해서는 '謀反'이라는 법률 용어를 사용하되, 배경 설명을 위한 필요에 따라서 '역모' 등의 일반적 용어도 함께 사용하였다.

5) 우인수, 앞의 논문, 93쪽.

6) 『推案及鞫案』 6책, 「丙戌 逆賊益信等推案」 83~542쪽(亞細亞文化社 영인본. 이하 본 논문에서 인용한 『추안급국안』의 책수와 쪽수는 아세아문화사 영인본에 의거하였다).

7) 鄭奭鍾, 1983, 『朝鮮後期社會變動研究』 一潮閣.

8) 『추안급국안』을 이용한 연구로는 掛書를 다룬 李相培, 孝宗代 金自點 모반 사건을 다룬 金世奉, 英祖代 모반 사건을 다룬 조윤선의 논저 등이 있다. 李相培, 1999, 『朝鮮後期 政治와 掛書』 國學資料院 ; 金世奉, 2001, 「孝宗初 金自點 獄

문을 하고 진술을 받아 정리한 재판기록이라는 점 때문에 신빙성에 있어서 한계가 지적되기도 하지만,[9] 이는 사료 비판을 통해 해결할 수 있다고 생각되며, 자료에 담긴 상세한 내용은 그러한 한계를 극복하고도 남음이 있다고 생각된다. 『추안급국안』에서 다루고 있는 사건들이 『朝鮮王朝實錄』이나 『承政院日記』와 같은 연대기 자료에 수록되는 과정에서 내용이 많이 생략된 채 실려 오해를 불러일으킬 수 있는 소지가 많이 있다는 점을 고려하면, 사건의 실체를 파악하는데 일차적으로 참고해야하는 자료임은 굳이 강조할 필요가 없을 것이다.

2. 사건의 배경

仁祖代에는 재위기간 내내 크고 작은 謀反 및 이에 관련한 告變 사건이 끊이지 않고 발생했다. 李适의 반란 등 인조대 前半期의 각종 역모 사건에 대해서는 이미 기존의 연구에서 간략히 소개한 바 있지만,[10] 인조대 후반에도 역모 관련 사건은 계속되었으며, 이러한 움직임은 인조 말년까지 지속되었다. 기존의 논문에서 소개하였던 인조 전반기의 각종 사건은 제외하고, 인조 10년(1631) 이후 안익신 사건이 발생하는 인조 24년(1646)까지의 주요 사건을 『추안급국안』을 중심으로 소개하면 다음과 같다.

事에 대한 一研究」『史學志』 34 ; 조윤선, 2007, 「英祖 6년(庚戌年) 謀叛 사건의 내용과 그 성격」『朝鮮時代史學報』 42.

9) 조윤선, 앞의 논문, 193쪽.

10) 우인수는 山林을 조정에 불러들이게 된 배경으로서 인조대 초반의 위기상황을 강조하면서, 인조 9년(1631)까지의 각종 모역 사건을 간략히 소개하고 있다(우인수, 앞의 논문, 95~101쪽). 김용흠은 『인조실록』을 중심으로 인조대의 역모사건을 개관하고 있는데, 仁城君과의 관련성에 주목하느라 후반기의 역모 사건에 대해서는 크게 주목하지 않았다(김용흠, 2006, 「仁祖反正의 名分과 政權의 正統性 論爭-仁城君 李珙 처벌 논의를 중심으로-」『歷史學研究』 27).

인조 10년(1632) 1월에는 柳應泂 등이 반역을 모의했다고 盲人 李後晟이 고변하여 推鞫廳이 설치되었는데,[11] 유응형이 끝내 죄를 자백하지 않고 심문과정에서 죽음으로써 전말이 밝혀지지 않았다. 이 사건은 誣告의 혐의가 제기되었던 사건이었지만,[12] 고변자인 이후성 등은 끝내 처벌을 받지 않았다. 역모에 대한 조정의 우려로 인해 고변을 장려하는 분위기를 엿볼 수 있다. 이와 같은 조정의 태도는 이듬해 있었던 林碩幹의 고변 사건에서도 확인된다.[13] 인조 11년(1633) 3월, 임석간은 李時說 등이 반역을 모의했다고 고변했지만, 실은 자신이 사건을 주모했다가 일이 이루어지지 않을 것을 알고 고변했던 것이었다. 이에 추국청에서는 임석간의 처벌을 건의했지만, 인조는 이를 받아들이지 않았다. 이러한 역모에 대한 과민한 반응은 誣告를 양산하는 결과를 빚게 되었으며, 관리들에 의해 조작되는 일까지 있게 되었다. 인조 13년(1635) 10월에 있었던 朴天建의 고변 사건이 그 대표적인 예이다.[14] 좀도둑이었던 박천건은 체포된 뒤 慶川監 李麟蹄[15] 등을 고변했는데, 이는 洪州營將 宣世綱 등의 회유에 의한 것으로 밝혀졌다.

---

11) 『추안급국안』 5책, 「壬申 推案及鞫案」 141~274쪽 ; 『仁祖實錄』 10년 1월 24일 ; 『承政院日記』 인조 10년 1월 24일~2월 23일.
12) 『인조실록』 앞의 기사.
13) 『추안급국안』 5책, 「癸酉 逆賊林碩幹等推案」 275~432쪽 ; 『인조실록』 11년 3월 2일.
14) 『추안급국안』 5책, 「乙亥 逆賊朴天建等推案」 555~603쪽 ; 『인조실록』 13년 10월 20일 ; 『승정원일기』 인조 13년 10월 12일~10월 20일.
15) 『추안급국안』에는 '麟蹄'이라 되어있고 성씨가 나오지 않는다. 한편 『인조실록』이나 『승정원일기』에도 성씨는 나오지 않는다. 이는 종실인 '李'씨이기 때문에 姓을 생략한 것으로, '慶川監'의 '監'도 宗親府에 설치된 정6품 관직이다. 『인조실록』의 국역본에서는 경천감의 성씨를 '趙'로 추정하여 '조인섭'으로 번역했는데, 이는 아마도 박천건의 고변 내용 가운데 경천감의 육촌이라며 趙廷檜 등이 거론된 것을 근거로, 친육촌으로 파악하여 잘못 추정한 듯하다. 이인섭의 진술에 따르면(『추안급국안』 567쪽) 증조부가 利城君이라고 하는데, 이성군은 成宗의 아홉째 아들인 李慣이다. 『추안급국안』의 자료적 가치를 확인할 수 있는 대목이다.

한편 인조 11년(1633) 12월에는 종실인 錦原令 李倬이 술을 마시고 부른 노래가 문제가 되어 鞫問을 받고 처형되었다.[16] 그 노래는 인조 6년(1628)에 柳孝立의 모반 사건에 연루되어 귀양 갔다가 처형되었던 仁城君 李珙의 처지를 안타까워하는 내용이었다. 인조의 정통성을 문제 삼는 움직임은 이후에도 계속되었다. 인조 13년(1635) 2월에는 生員 李基安이 인조를 즉위 이전의 君號인 綾陽君으로 부르면서 능멸하는 발언을 하는 사건이 발생하였다.[17] 그 조사 과정에서 이기안은 金世濂·李民寏·鄭蘊·崔晛·李埈 등이 倭와 결탁하여 반역을 도모했다며 끌어들였으나 모두 誣告로 밝혀졌다. 다만 인조 6년 유효립의 사건에 연관되었던 金世淵은 조사받는 과정에서 物故되었다.

인조 14년(1636)~15년(1637)의 丙子胡亂을 거친 뒤, 인조의 권위는 더욱 떨어지게 되었고[18] 인조의 왕권을 위협하는 나라 안으로부터의 도전도 끊이지 않았다. 인조 17년(1639)에는 나인들이 궁중에서 저주하는 사건이 발생했다.[19] 조정에서는 仁穆大妃의 딸인 貞明公主와 사위인 永安尉 洪柱元에게 혐의를 두고 조사하지만, 다른 관련자들이 모두 자백하지 않고 죽음으로써 진상이 밝혀지지 않았다.

인조 21년(1643)에는 永川에 거주하는 李挺海가 淸나라 사신의 행차에 투서하여, 조선의 사정을 알리고 망명하려다 발각되는 사건이 있었

---

16) 『추안급국안』 5책, 「癸酉 倬等推案」 433~510쪽 ; 『인조실록』 11년 12월 17일 ; 『승정원일기』 인조 11년 12월 17일~12년 3월 22일.

17) 『추안급국안』 5책, 「乙亥 逆賊李基安等推案」 511~553쪽 ; 『인조실록』 13년 2월 24일 ; 『승정원일기』 인조 13년 3월 1일~22일.

18) 한명기, 2003, 「丙子胡亂 패전의 정치적 파장」 『東方學志』 119, 66~72쪽.

19) 『추안급국안』 5책, 「己卯 內人等咀呪獄事推案」 605~724쪽 ; 『인조실록』 17년 8월 29일~10월 14일 ; 『승정원일기』 인조 17년 8월 29일~10월 21일 ; 『燃藜室記述』 권27, 「仁祖朝 故事本末」 '貞明公主'. 이 사건에 대해서는 『인조실록』의 기사를 중심으로 연구한 김인숙의 논문이 있다. 김인숙, 2004, 「인조대의 궁중저주 사건과 그 정치적 의미」 『朝鮮時代史學報』 31.

다.[20] 이정해는 국문 후에 '謀叛'으로 규정되어 斬刑에 처해졌다.

인조 22년(1644) 3월에는 左議政을 지낸 靑原府院君 沈器遠의 모반 사건이 발생하였다.[21] 거사가 성공한 뒤 懷恩君 李德仁을 임금으로 추대하려고 했는지, 昭顯世子를 추대하려고 했는지 논란은 있지만,[22] 어느 경우가 되었든 인조로서는 반정 공신이기도 한 大臣이 주도했던 모반 사건에 경악하지 않을 수 없었다.[23]

인조 23년(1645) 4월에는 소현세자가 사망하고, 이듬해인 인조 24년(1646) 3월에는 姜嬪이 賜死되기에 이른다.[24] 안익신의 모반 사건은 이러한 상황에서 발생하였다. 이해 3월과 4월에 걸쳐 안익신 사건을 수습하고 조사하는 과정에 강빈 나인들의 저주 사건에 대한 추국이 병행되었으며, 이는 해를 걸러 계속되었다.[25]

이상 안익신 사건이 일어나기까지 발생했던 크고 작은 모반 사건을 『추안급국안』과 연대기 자료를 중심으로 살펴보았다. 정상적인 방법을 통해 즉위한 王代에도 왕위를 위협하는 움직임은 늘 있어왔다. 그렇지만 비상한 방법으로 즉위한 인조대에 있어서는 정통성의 문제와 관련하여 그 움직임의 폭과 강도가 더욱 넓고 강했던 것이다. 즉위한 지 20년이

---

20) 『추안급국안』 5책, 「癸未 推案及鞫案」 725~751쪽 ; 『인조실록』 21년 4월 7일 ; 『승정원일기』 인조 21년 4월 5일~18일.

21) 『인조실록』 22년 3월 21일 ; 『연려실기술』 권27, 「인조조 고사본말」 '沈器遠之獄'.

22) 李泰鎭, 1985, 『朝鮮後期의 政治와 軍營制變遷』 韓國研究院, 143~144쪽.

23) 『추안급국안』에 심기원 등에 대한 심문기록은 누락되어있다. 다만 이해 4월에서 12월까지 계속된 관련자들에 대한 추국 기록을 통해 그 여파를 짐작할 수 있다. 『추안급국안』 5책, 「甲申 推案及鞫案」 753~930쪽 ; 6책, 「甲申 推案及鞫案」 1~82쪽.

24) 『인조실록』 23년 4월 26일 ; 24년 3월 15일. 소현세자의 사망 및 姜嬪의 옥사에 대해서는 金龍德의 상세한 연구가 있다. 金龍德, 1964, 「昭顯世子研究」 『史學研究』 18.

25) 『추안급국안』 6책, 「丙戌 咀呪逆賊義貞等推案 1」 543~581쪽 ; 「丁亥 咀呪逆賊禮玉等推案 1·2」 583~887쪽.

넘도록 늘 모반의 위협에 노출되어 있었던 이유가 거기에 있었다.

이제 대상 시기를 조금 좁혀 안익신 사건 발생 당시의 사회적 배경에 대해서 살펴보도록 하겠다. 안익신의 모반 사건이 일어난 인조 24년(1646)을 전후하여 火賊이나 土賊 등으로 불리는 민중들의 저항이 거의 일상화되고 있었다. 안익신 사건이 조정에 보고된 직후, 인조가 兵曹判書 李時白을 불러들여 논의하는 과정에서, 이시백은 지난해 즉 인조 23년(1645) 公淸道에서 발생한 토적에 대해서 언급하고 있는데 체포된 자만 130여 명이었다고 하였다.[26] 화적들의 출몰 지역이 공청도에만 한정된 것은 아니었다. 이 사건의 수습과정에서 새로 임명된 全南監司 鄭維城의 언급을 보면 湖南에도 곳곳에서 큰 도적떼가 패거리를 모으고 있다고 했다.[27] 이러한 각 지역의 토적들은 서로 결탁하는 양상까지 보이고 있는데, 忠州의 獄事 때 賊徒들의 대화에 '경상도와 전라도의 친구들이 어찌해서 구원하러 오지 않을까' 하는 내용이 있다고도 했다.[28]

1~2백 명이라는 토적의 규모 자체는 물론 조정에 큰 위협이 된다고 볼 수 없었다. 조정에서 더욱 두려워했던 점은 그 규모 보다는 그것이 인심에 미칠 파급 효과였다.

> 선왕조 李夢鶴의 반란 때에도 초기에는 마치 아이들 장난과 같았는데 오히려 난리가 되고 말았습니다. 이번의 적도들은 砲를 소지한 자가 태반인데,

---

26) 『인조실록』 24년 4월 1일.

27) 『인조실록』 24년 4월 10일.

28) 이는 앞의 이시백이 거론한 내용이다. 이때 언급한 충주의 옥사가 언제의 무슨 사건을 가리키는지 확실하지 않다. 인조 21년에 충주의 栗洞에 있던 도적 패거리가 다수 체포되었던 일을 가리킨 것인지,(『인조실록』 21년 12월 13일) 아니면 인조 22년 심기원의 모반 사건을 가리키는지 불분명하다. 충주 사람인 蔡門亨은 심기원의 모반에 관련되어 이해 3월에 처형되었고 이에 4월에 충주의 읍호가 忠原縣으로 강등되었다.(『인조실록』 22년 4월 1일 ; 4일) 이시백 언급의 맥락으로 살펴볼 때, 인조 21년에 있었던 충주의 토적 사건을 가리키는 것으로 보인다.

> 全州가 雄府라고는 하지만 어찌 격파되지 않으리라고 보장할 수 있겠습니까.
> 지금 듣건대 公州의 哨軍도 태반이 적도에게 붙었다 하는데, 어찌 너무도 염
> 려스러운 일이 아니겠습니까.[29]

역시 이 또한 안익신의 모반 사건 초기 이시백이 인조에게 보고한 내
용인데, 宣祖 때 발생했던 이몽학의 반란에 견주면서 주의를 환기하고
있다. 인심이 적도에게 기울 경우, 수습하지 못할 사태로 발전할 우려가
있었다. 인심의 향방에 관심을 기울인 것은 조정만이 아니었다. 위에 이
어지는 이시백의 언급 내용이다.

> 저의 군관이 올 2월에 新昌과 德山의 경계를 지나다가 밤에 彌勒堂 다리
> 옆에 도착하였을 때 人馬의 소리를 듣고 몸을 숨겨 엿보았더니, 적도들이 줄
> 지어 늘어서서 陣形을 갖추고 좌정한 뒤 傳令을 불러 모으고, 또 그들 무리
> 중에 점을 잘 치는 자를 시켜 점을 쳐보게 하더랍니다. 이때 점을 친 자가
> 말하기를 "이 주위에서 분명히 두 사람이 엿듣고 있으니, 찾아내 죽이도록 하
> 라." 하자, 한 사람이 말하기를 "앞으로 큰일을 일으킬 것인데, 어찌 이렇듯
> 소소하게 살육하는 짓을 행하겠는가." 하고 군사를 이끌고 떠났는데, 소리로
> 보아 竹山으로 향하였다고 하였습니다.

토적들 스스로도 불필요한 살육을 자제하면서 인심을 고려하고 있었
음을 보여주는 대목이다. 또 토적들이 언제든지 토적의 수준을 넘어서
왕권을 위협하는 반란세력으로 轉化할 수 있음을 보여주는 사례이기도
하다. 이렇듯 안익신의 모반 사건은 토적이 빈발하는 사회상을 배경으로
발생하였다. 이들은 단순한 토적이 아니라 지역적으로 연합할 가능성을
지닌 존재였으며, 조정을 전복하는 모반 세력으로 전화할 수 있는 존재
였다.

---

29) 『인조실록』 24년 4월 1일.

안익신의 사건과 같은 시기에 姜嬪과 연관된 나인들의 추국이 동시에 진행되고 있었고, 그 밖에도 綱常에 관련된 범죄가 여러 건이 발생하는 상황이었다. 그 결과 義禁府의 옥이 꽉 차서 수용할 수가 없을 정도였다.[30] 정통성의 하자로 인한 모반 사건의 연속, 그로 인한 무리한 정국 운영, 민심의 이반에 따른 토적의 빈발 등, 안익신 사건의 배경에는 이러한 사회상이 자리 잡고 있었다.

3. 사건의 내용

1) 사건의 개요

이 사건은 李碩龍과 金忠立의 告變을 통해[31] 지방관을 거쳐 조정에 알려지게 되었다. 인조 24년(1646) 3월 26일 公淸道 尼山縣의 哨官이던 이석룡은 尼山縣監 柳東秀에게 이산현의 生員 柳濯이 반역을 모의한다고 고변하였다.

이산현 禾谷의 생원 유탁이 말하기를, "林慶業 장군이 龍潭 大坮에 와 있는데, 지금 한창 군사를 모아 큰일을 일으키려 모의한다. 4월 1일에 하늘에 제사를 지낸 뒤 군사를 일으켜 먼저 全州를 침범하고, 3일에 곧은길을 통해 이산을 지나갈 것이다. 나는 금방 행장을 꾸려서 방향을 바꾸어 용담으로 갈 것인데, 連山 길은 金 承旨[32]의 집을 지나갈 수 없어서, 다른 길을 잡아갈 것

---

30) 『인조실록』 24년 4월 17일.
31) 前 堤川縣監 尹文擧의 상소에 의하면, 김충립의 고변이 먼저 있고 뒤에 이석룡의 고변이 있었는데, 김충립은 윤문거를 통해 監司에게도 보고하도록 한 바 있었다. 이에 고변의 功을 이루지 못할 것을 염려한 이산현감 유동수가 그 순서를 바꾸어 보고하고, 김충립에게 고변을 늦게 한 죄를 물었다고 했다. 『인조실록』 24년 8월 9일.
32) 김 승지는 金集(1574~1656)을 가리킨다. 김집은 인조 17년(1639)과 18년(1640)에 同副承旨와 右副承旨에 임명된 적이 있었다(『인조실록』 17년 5월 3일 ; 7월

이다. 너는 내 軍官이 되어야하니, 내일 이른 새벽까지 龍溪 磨店으로 와서
모여라." 하기에, 그 근처를 바라보니 주위의 솔숲에 모두 군병들이 숨어있었
는데, 그 수효는 자세히 알 수 없었습니다. 그 가운데 公州 前哨의 旗摠 金愛
上이 그 중에 있었습니다. 대부분은 공주 전초의 군인들이었는데, 제가 보고
듣고는 깜짝 놀라지 않을 수 없었습니다. 그 자세한 사정에 대해서 물어보았
더니, 또 말하기를, "慶尙道의 군사는 聞慶에서 서울로 향할 것이다. 全南道
南原의 군사는 恩津·石城에서 길을 잡아 곧장 兵營으로 향할 것이다 …." 했
습니다.[33]

임경업을 대장으로 한 역적들이 군사를 모아 전주를 거쳐 이산을 통
해 서울로 올라갈 예정이며, 공주의 束伍軍들도 대거 포함되었고 경상도
와 전남도의 군사들도 합류할 것이라는 내용이었다. 당시 임경업은 淸나
라에 붙잡혀 있다가 그해 6월이 되어서야 謝恩使 李景奭의 행차를 통해
朝鮮에 돌려보내졌으므로,[34] 실제로 임경업이 이 모의의 대장이라는 것
은 주모자들이 동조자를 끌어 모으기 위해 거짓으로 지어낸 말이었다.

이산에 거주하던 서얼 김충립도 별도로 유동수에게 고변했는데, 이석
룡의 고변 내용과 다소 차이가 있었다.

유탁이 제게 말하기를, "우리 동네에 거주하는 校生 洪榮振이 그의 처남인
連山에 거주하는 李之馦의 집으로 돌아갔을 때, 서울에 거주하는 進士 權大用
이 마침 밤이 깊은 뒤 서울에서 내려왔다. 그들과 함께 이야기를 나누던 참
에, 권대용이 이지혐에게 이르기를, '내가 너와 형제와 같은데 무슨 감출 일이
있겠는가? 내가 정축년(1637, 인조 15)부터 장차 큰일을 일으키려고 했는데,
나와 함께 삶과 죽음을 같이하겠는가?' 하니, 이지혐이 말하기를, '당신과 나

23일 ; 18년 6월 16일). 이때의 이 일화를 후대인 英祖代의 『輿地圖書』에서는
　도적들도 김 승지를 공경하고 두려워한 탓에 빚어진 것으로 이해하고 있다(『여
　지도서』 「忠淸道 連山」 '新增 人物').
33) 『추안급국안』 6책, 「병술 역적익신등추안」 85쪽, 이석룡의 고변.
34) 『인조실록』 24년 6월 3일.

사이에 비록 죽더라도 어찌 감히 서로 저버리겠소?' 하니, 권대용이 말하기를, '그렇다면 자네가 힘센 장사를 많이 모아서, 내가 거사하기를 기다리는 것이 좋겠다.' 했다." 했습니다.[35]

서울의 양반 권대용이 이미 정축년부터 모반을 꾀했는데, 이산의 유탁과 홍영진, 연산의 이지혐 등과 함께 힘을 모아 거사를 준비한다는 내용이었다. 3월 26일 戌時쯤 이석룡의 고변을 받은 유동수는 즉시 公淸監司 林墰에게 보고하였고, 이튿날인 27일 임담이 조정에 보고하였다. 뒤이어, 이석룡의 고발에 근거하여 이산현감이 공주의 속오군 朴水榮 등 가담자 3명을 체포했다는 공청감사의 보고가 있었고, 조정에서는 推鞫을 시행하기로 결정했다.[36]

3월 27일 고변 소식이 조정에 전해진 뒤,[37] 이틀 동안이나 공청감사의 보고가 이르지 않아 조정을 긴장시켰다. 역적들의 세력이 부쩍 일어나 길이 끊긴 것으로 생각하고 근심하다가, 4월 1일 주모자인 유탁과 권대용 등을 체포했다는 보고가 도착하자 그제야 가슴을 쓸어내렸다.[38] 3월 27일 유탁은 군사를 일으켜 길을 떠나다가 매복했던 이산현감에게 체포되었고, 권대용은 全州府尹 鄭世規에게 체포되었다. 그러나 먼저 약속장소인 高山의 용계로 출발한 이지혐·홍영진과 羅克龍, 그리고 핵심 인물인 안익신 등은 체포하지 못했다.[39]

체포된 유탁 등을 압송해 와 심문한 뒤, 3월 27일 공청감영에서는 용담의 대대와 고산의 용계로 정탐할 사람을 뽑아 보냈다. 돌아와 보고한 바에 의하면 3월 28일 용계의 산골짜기에 출몰하는 騎·步兵이 4~5백 명

35) 『추안급국안』 6책, 「병술 역적익신등추안」 86~87쪽, 김충립의 고변.
36) 같은 자료, 87~89쪽.
37) 『승정원일기』 인조 24년 3월 27일.
38) 『인조실록』 24년 4월 1일.
39) 『추안급국안』 6책, 「병술 역적익신등추안」 92쪽·105쪽·107쪽.

쯤 되었는데, 고변이 발각된 사실을 알고 흩어지는 모양이라는 내용이었
다.[40) 뒤에 珍山郡守와 礪山郡守의 수색 결과를 인용한 全南監司 尹鳴殷
의 보고에서도 賊徒들이 3월 28일에 무너져 흩어졌다고 추정하였다.[41)

달아났던 안익신과 이지혐 등의 주모자들은 報恩까지 달아났다가 4월
3일에 報恩縣監에게 체포되어[42) 감영에서 심문을 받고 서울로 압송되었
다. 잔당이었던 尹成立은 이듬해인 인조 25년(1647) 8월이 되어서야 체포
되지만,[43) 안익신이 체포되면서 모반 사건은 사실상 막을 내리게 된다.

2) 조정의 대응

안익신의 모반 사건은 거사 단계에서의 고변으로 주모자 일부가 먼저
체포되고, 이 소식을 들은 나머지 가담자들도 흩어짐으로써 손쉽게 마무
리되어, 언뜻 보아 우발적인 사건에 불과한 것처럼 보이기도 한다. 그러
나 이 사건을 접한 초기부터 이후 사건을 마무리하는 과정에서 보인 조
정의 대응은 진지하고 심각했다. 사건의 배경을 살펴보면서 지적했듯이,
인조대 내내 지속되었던 모반 사건과 각지에서 출몰했던 토적의 존재는
조정에 안이하게 대응할 여유를 주지 않았던 것이다.

3월 27일 고변의 소식이 전해지고, 4월 1일 유탁 등의 체포 소식이 보
고되기까지 조정에서는 방어체제를 정비하고 군사를 파견하는 등 부산
하게 움직였다.

조정에서는 먼저 상황을 파악하고 보고하기 위해 騎馬兵을 파견하는
한편, 忠淸道 忠州의 營將에게는 물론 京畿道 楊州·長湍·水原·竹山 등의

---

40) 같은 자료, 122쪽, 공청감사의 보고.
41) 같은 자료, 252~254쪽, 전남감사의 보고.
42) 같은 자료, 204쪽, 공청감사의 보고.
43) 『승정원일기』 인조 25년 8월 28일.

지역에 기찰을 강화하도록 한다.[44] 아울러 兩南과 西路 지역에도 기찰을 명령한다. 이때 기찰을 담당했던 경기도의 양주 등 고을은 충주의 경우와 같이 영장이 설치되었던 고을로 보인다.[45] 이 당시의 영장은 수령이 겸임하는 兼營將이었다. 인조 5년(1627)에 반포되었던 '營將節目'에 따라 실시되었던 專任 영장제는 인조 15년(1637)에 혁파되어,[46] 이때는 해당 고을의 수령이 영장을 겸임하는 상황이었다.

일단 咸鏡道와 江原道를 제외한 전국에 기찰을 강화하라는 명령을 내린 뒤, 조정에서는 진압할 군사의 파병에 대한 논의를 계속한다. 서울에서는 摠戎使 이시백을 먼저 경기도 振威로 내려 보내어 摠戎廳의 牙兵·砲手와 합류하도록 하고, 洪瑑을 防禦使로 임명해 慶尙道 聞慶縣으로 내려 보내 진압하도록 하였다.[47] 동시에 전라·경상과 충청의 監·兵使에게도 군사를 출동시켜 역적 무리를 섬멸시키도록 명령하되, 경상도와 전라도는 가까운 고을의 군사들만 출동시키도록 하였다.

이 당시 조정의 대응 태세를 보면 조정에서 이 사건을 얼마나 심각하게 여기고 있었는지 확인할 수 있다. 기찰 명령에서 제외되었던 함경도와 강원도의 監司에게도 경계 지역으로 나아와 주둔하면서 조정의 지휘를 강화하라는 명령을 내림으로서[48] 전국에 경계 태세를 갖춘 속에서, 경기도와 경상도의 군병을 동원해 모반이 일어난 충청도와 전라도를 포

---

44) 『인조실록』 24년 4월 1일.

45) 양주 등 네 고을은 英祖代의 『續大典』에 나타난 경기 지역의 6개 영장 가운데 모두 포함되어있다.(『속대전』권4, 「兵典」'外官職') 이로 보아 이들 지역은 충주의 경우와 같이 영장을 겸임하고 있기 때문에 선정된 것으로 보인다. 조선후기의 지방군 및 營將制度에 대해서는 다음의 논저가 참조된다. 車文燮, 1973, 「朝鮮後期의 營將」『朝鮮時代軍制研究』檀大出版部 ; 徐台源, 1999, 『朝鮮後期 地方軍制研究 -營將制를 중심으로-』혜안 ; 金友哲, 2001, 『朝鮮後期 地方軍制史』경인문화사.

46) 김우철, 앞의 책, 98쪽.

47) 『인조실록』 24년 4월 1일.

48) 『승정원일기』 인조 24년 4월 2일.

위하는 전략이었다. 또 직접 파견한 지휘관의 직함도 중요하게 고려하였다. 경기 지역의 군병을 지휘할 지휘관이 총융사를 겸직하고 있던 병조판서 이시백이라는 점은 물론, 경상도의 군병을 지휘할 홍전이 띠고 있던 직함은 방어사였다. 처음에는 討捕使라는 직함으로 파견하려다가 가벼운 듯하다는 인조의 판단에 따라 방어사로 파견된 것이었다.[49] 조정에서 이들을 단순한 화적 패거리로 여기고 있지 않다는 반증이었다.

모반군의 진압에 힘을 쏟는 한편, 조정에서는 혹시 모를 사태의 확산에 대비하여 서울의 방어에도 진력하였다. 京畿監司 韓興一에게는 경기의 御營軍을 출동시켜 서울로 들어와 임금을 호위하도록 명령하는 한편,[50] 南漢山城에도 牙兵을 배속시켜 변란에 대비하도록 했다.[51] 이때는 이미 모반군의 주력이 거의 체포되거나 뿔뿔이 흩어진 뒤였다. 그렇지만 조정에서는 姜嬪 사건 이후 민심의 동향에 민감하여, 혹시 도성 안에 결탁한 세력이 있을 것을 두려워했다.[52]

4월 3일, 고변인인 이석룡·김충립을 포함하여 먼저 붙잡혔던 주모자 유탁 등에 대한 推鞫이 시작되면서,[53] 조정에서는 진압이 완료되었다고 판단하고 후속 조치들을 취하였다. 먼저 총융사 이시백이 거느리던 군대를 포함해, 남한산성을 지키던 군사와 도성을 호위하던 어영군을 해산하였다.[54] 이후 사건과 관련하여 공을 세운 고변인 이석룡과 김충립을 당상관으로 올려주고 수령에 임명하는 한편,[55] 사건에 제대로 대처하지 못한 책임을 물어 전남감사 尹鳴殷과 公淸兵使 裵時亮을 파직하였다.[56] 사

---

49) 『備邊司謄錄』 인조 24년 4월 1일.
50) 『인조실록』 24년 4월 1일.
51) 『비변사등록』 인조 24년 4월 2일.
52) 『인조실록』 24년 4월 2일.
53) 『추안급국안』 6책, 「병술 역적익신등추안」 135~154쪽.
54) 『인조실록』 24년 4월 5일.
55) 『인조실록』 24년 4월 7일.
56) 『인조실록』 24년 4월 5일 ; 『비변사등록』 인조 24년 4월 5일.

건이 마무리된 5월 1일에는 백관을 거느리고 明政殿에서 역적을 토벌한
것을 進賀하고, 전국에 大赦의 敎旨를 내렸다.[57]

고변인인 이석룡 등에 대한 포상과 명정전에서의 진하는 조정에서 이
번 사건을 얼마나 중요하게 바라보고 있는가를 보여주는 것이었다. 특히
이석룡은 뒤에 漆原縣監에 임명되고[58] 寧國功臣으로 책봉되었으며,[59]
嘉善大夫의 품계에 慶陽君의 君號까지 받았다.[60] 이석룡에 대한 이런 파
격적인 대우는 臺諫의 심한 반발을 불러일으켰지만,[61] 인조는 받아들이
지 않았고, 오히려 얼마 뒤 이석룡은 槐山郡守로 영전되었다.[62] 이 또한
대간에서 반대했지만 인조의 뜻을 꺾을 수 없었다.[63] 이렇게 고변자를
우대하는 분위기는 誣告를 불러오기도 하였다. 인조 26년(1648) 朴安亨
의 무고 사건이 대표적인 경우이다. 이석룡처럼 부귀를 얻기를 기대한[64]
박안형의 무고로 인해, 경상도의 양민 수십여 명이 고문을 받고 죽기까
지 하였던 것이다.

3) 관련 인물

이 사건의 관련 인물을 관련 정도에 따라 주모자와 가담자 및 고변자
로 구분하여 분석해보도록 하겠다. 주모자로 분류한 사람은 사건을 계
획·실행하고 발생 초기부터 주도적으로 참여한 사람으로 安益信과 柳濯
등 5명이다. 가담자는 주모자 및 다른 가담자의 권유에 따라 사건에 참

---

57) 『인조실록』 24년 5월 1일.
58) 『인조실록』 24년 5월 16일.
59) 『승정원일기』 인조 24년 6월 14일.
60) 『인조실록』 24년 8월 12일.
61) 『인조실록』 4년 9월 3일 ; 14일.
62) 『인조실록』 26년 1월 6일.
63) 『인조실록』 26년 1월 20일 ; 2월 4일.
64) 『인조실록』 26년 윤3월 10일.

여한 사람이다.

가담자는 크게 推鞫廳에 와서 심문을 받은 인물과 각 監營에서 조사하여 처분한 인물로 구분할 수 있는데, 그들을 구분하는 기준은 첫째가 신분이었으며 둘째가 가담 정도이다. 즉 죄인들 가운데 양반은 곧장 서울로 붙잡아 올리고, 그 밖의 常漢은 本道에서 심문한 뒤 처분하게 하였다.[65] 즉 양반인가 상놈인가에 따라 심문의 절차와 격식을 달리했던 것이다. 그렇지만 상놈이라 하더라도 사건에 깊숙이 개입한 경우는 추국청에서 심문을 받았는데, 유탁의 婢夫였던 私奴 男伊나 公州의 束伍軍으로 유탁과 함께 체포되었던 朴水榮·高景男 등의 경우가 그러하였다.[66]

이 글에서는 추국청에서 심문한 사람을 대상으로 분석하되, 誣告나 오해로 잘못 붙잡혀온 경우나 혐의가 확인되지 않은 인물은 제외하였다. 마지막으로 고변자는 李碩龍과 金忠立이다.

먼저 주모자로 분류될 수 있는 사람은 아래 〈표 4〉에 나타난 5명이다.

〈표 4〉 안익신 사건의 주모자

이름	나이	지역	직역	관련 내역
安益信	41	서울	免賤	金堤의 庶孽 행세. 모의 주도.
權大用	42	서울	進士	안익신과 모의.
柳濯	48	尼山	幼學	동모자 규합.
李之馣	29	連山	校生	洪榮振의 처남. 군병 모집.
洪榮振	40쯤	尼山	校生	李之馣의 매형, 柳濯의 서얼 6촌. 군병 모집.

안익신은 41세의 免賤으로, 金堤에 거주하던 安衛의 庶子라며 判事 또는 司果 행세를 했지만,[67] 실제로 김제 안위의 서자들은 모두 세상을 떠

---

65) 『승정원일기』 인조 24년 4월 4일 ; 『추안급국안』 6책, 「병술 역적익신등추안」, 269~270쪽.
66) 『추안급국안』 6책, 「병술 역적익신등추안」, 178~179쪽.
67) 같은 자료, 97쪽, 유탁의 공청감영 진술 ; 216쪽, 권대용의 전남감영 진술.

난 뒤였다.[68] 또 安應星이나 安義星·安厚星 등의 가명을 사용하기도 하였다.[69] 권대용의 진술에 따르면 안익신은 난리 후에 鎭安 땅을 떠돌다가 서울로 올라가 乾川洞에서 잠시 거처했는데, 그의 처자식은 아직도 그곳에 있다고 했으며,[70] 또 銀鑛을 몰래 찾아내 캐려고 茂朱와 龍潭 등지를 돌아다닌다고도 했다.[71] 이로 미루어볼 때, 안익신은 일정한 주거가 없이, 서울과 충청·전라 등 전국을 떠돌며 유랑하던 존재였던 것으로 보인다. 이지혐의 진술에 따르면 기운과 힘이 남보다 나아 담장을 뛰어넘을 정도였다고 하며, 실질적으로 이 모의의 대장 노릇을 하던 인물이었다.[72]

권대용은 서울의 進士로 이지혐과는 서울에서 공부를 함께 했던 인연이 있었으며,[73] 안익신과는 도망친 노비의 推刷 문제를 통해 알게 된 사이였다.[74] 안익신과 대체적인 모의의 계획을 세운 뒤, 이지혐을 통해 자신과 안익신의 구상을 지방에서 실현하려 했던 것으로 보인다. 유탁의 진술에 의하면 이미 계해년(인조 1, 1623)부터 뜻이 있었으며, 정축년(인조 15, 1637)부터 전국을 돌아다니며 인심을 살펴보았다고 한다.[75] 즉 인조반정 직후부터 모반의 계획을 가지고 있었으며, 병자호란 이후에 그것을 구체화했다고 볼 수 있다. 한편 권대용은 4월 5일에 첫 심문과 1차 刑訊을 받고, 4월 7일에 2차 형신과 壓膝刑을 받은 뒤 물고되었다.[76] 이에 推鞫廳에서는 혹시 외부의 사주에 의해 살해된 것인가 하여 義禁府의

---

68) 같은 자료, 215~216쪽, 전남감사의 보고.
69) 같은 자료, 302쪽, 이지혐의 진술 ; 204쪽, 공청감사의 보고.
70) 같은 자료, 216쪽, 권대용의 전남감영 진술.
71) 같은 자료, 225쪽, 권대용의 진술.
72) 같은 자료, 303쪽, 이지혐의 진술.
73) 같은 자료, 138쪽, 김충립의 진술.
74) 같은 자료, 225쪽, 권대용의 진술 ; 306쪽, 안익신의 진술.
75) 같은 자료, 142쪽, 유탁의 진술.
76) 같은 자료, 360쪽.

刑房書吏와 羅將 등을 조사하지만,[77] 별다른 혐의가 발견되지 않았다.

이지혐은 연산에 거주하던 校生이다. 권대용에게 들었던 모반 계획을 매형인 홍영진에게 전하고, 홍영진은 다시 이를 친척인 유탁에게 전하게 되었다.[78] 즉 서울 지역의 안익신·권대용과 이 지역 유탁·홍영진을 연결하는 매개자와 같은 존재라고 볼 수 있다. 그 밖에 실제 군병을 모집하는 역할도 담당하는데, 유탁의 아들인 柳晩昌의 진술에 의하면 30여 명을,[79] 안익신의 진술에 의하면 5~6백 명을 모집했다고 한다.[80] 안익신의 진술에 과장의 여지가 있어 정확한 수효를 믿을 수는 없지만, 이산 지역에서 군병 모집을 담당한 유탁처럼 이지혐은 연산 지역의 군병 모집을 담당했던 것이다. 유탁의 진술에 따르면 이지혐은 은진·연산·석성·이산·공주 등 고을 군병의 장수가 되기로 했다고 한다.[81] 거사가 실패로 돌아간 뒤, 안익신과 함께 달아났다가 報恩에서 안익신을 고발하고 함께 붙잡히게 되었다.[82]

유탁은 이산에 거주하던 幼學이었다. 나중에 고변하게 되는 이석룡이나 김충립의 포섭을 시도하는 등, 이산 지역의 군병을 모집하던 역할이었다.[83] 형과 아들을 포함한 많은 가족과 친지가 유탁을 통해 가담하며, 안익신에 따르면 유탁도 이지혐처럼 5~6백 명을 모집했다고 했다.[84] 안익신이 장수나 把摠을 맡기려고 했다는,[85] 이산 지역의 모반 핵심 인물이었다.

---

77) 같은 자료, 417쪽~421쪽.
78) 같은 자료, 141쪽~143쪽, 유탁의 진술.
79) 같은 자료, 239쪽, 유만창의 자백.
80) 같은 자료, 335쪽, 안익신의 자백.
81) 같은 자료, 184쪽, 유탁의 추가 진술.
82) 같은 자료, 302~303쪽, 이지혐의 진술.
83) 같은 자료, 93~96쪽, 공청감사의 보고.
84) 같은 자료, 335쪽, 안익신의 자백.
85) 같은 자료, 184쪽, 유탁의 추가 진술.

홍영진은 이지혐의 매형이며, 동시에 유탁의 서얼 6촌 형제이기도 하다. 『추안급국안』에는 유독 홍영진의 체포나 심문기록이 없는데, 처형된 사실이 연대기자료에서 확인되는 점으로 보아[86] 누락된 것으로 보인다. 유탁의 진술에 따르면 홍영진은 이산 및 인근 지역인 연산·은진·공주·석성 등을 왕래하며 군병을 모집했다고 한다.[87]

전체적으로 이들 각각이 모의에서 차지하고 있는 위치를 파악하려면 이들의 진술을 참조할 수밖에 없는데, 이들의 진술이 서로 달라 세심한 검토가 필요하다. 실제 모의에 참여하지 않았던 임경업이나 가공 인물인 崔某·鄭某가 맡았다고 하는 大將 자리를 제외하면 핵심이 되는 자리는 從事官인데, 이에 대한 진술이 서로 엇갈린다. 이석룡은 유탁이 종사관이 된다고 들었다고 했으며,[88] 김충립은 권대용이 종사관이 된다고 들었다고 했다.[89] 고변인인 두 사람이 동일 인물인 유탁에게 들었다는 진술이 일치하지 않는다. 당사자인 유탁은 권대용에게 들은 내용이라면서, 안익신과 권대용이 종사관이 된다고 들었다 했다.[90] 한편 또 다른 가담자였던 尹仲吉의 진술에 따르면, 유탁과 홍영진의 말을 들었다 전하며 홍영진과 羅克龍이 종사관이라고 했다.[91] 유탁의 아들인 유만창의 자백에서는 안익신과 이지혐이 종사관이라고 했다.[92] 나아가 이지혐은 아예 안익신이 대장이라고 진술했으며,[93] 유탁의 다른 아들인 柳晩成도 권대용의 말을 인용하며, 안익신이 대장, 권대용이 종사관이라고 했다.[94] 각

---

86) 『인조실록』 24년 5월 1일.
87) 『추안급국안』 6책, 「병술 역적익신등추안」 143쪽, 유탁의 진술.
88) 같은 자료, 135쪽, 이석룡의 진술.
89) 같은 자료, 139쪽, 김충립의 진술.
90) 같은 자료, 142쪽, 유탁의 진술.
91) 같은 자료, 177쪽, 윤중길의 공청감영 진술.
92) 같은 자료, 240쪽, 유만창의 자백.
93) 같은 자료, 303쪽, 이지혐의 진술.
94) 같은 자료, 407쪽, 유만성의 공청감영 진술.

각 자신의 처지에 따라, 그리고 전해 들었을 당시나 진술 당시의 상황에 따라 자신에게 유리한 진술을 하는 것으로 보이는데, 여러 진술을 종합하면 안익신이 가장 핵심적인 위치에 있었다고 보아도 무리가 없을 듯하다.

안익신 본인은 최후자백하는 상황에서도 권대용 등에게 책임을 미루고 있지만,[95] 그가 역모에 동참했다고 끌어들인 상당수의 인물이 혐의가 없는 것으로 밝혀진 사실과 함께 고려하면[96] 신빙성이 떨어진다. 게다가 임경업이나 최모, 정모 등을 거론했던 인물이 바로 안익신이고, 그 사실에 의혹이 생기면서 이지혐과 나극룡 등이 동요하는 점으로 보아,[97] 이 계획의 종합적인 설계자는 안익신으로 보아도 무리가 아닐 듯하다. 중요 가담자였던 공주의 나극룡도 안익신을 우두머리로 지적하고 있다.[98]

다음 〈표 5〉는 가담자인데, 수효가 많으므로 推鞫을 받은 순서대로 기재하였다.

가담자들은 대체로 위에서 소개한 주모자나 아니면 다른 가담자들과 血緣이나 地緣 등의 이유로 참여한 경우가 대부분이며, 그 人脈에 따라 몇 무리로 나누어볼 수 있다.

먼저 유탁과 관련이 있는 인물들이다. ⑰유책은 유탁의 형이고, ⑤유만창과 ㉚유만성은 아들이다. ①남이는 유탁의 婢夫이다. ②귀인복과 ③고경남, ④박수영은 모두 유탁과 함께 체포된 인물들인데, 귀인복은 홍영진의 협박을 받아서 가담했다고 하고, 박수영은 이지혐이 유탁에게 보낸 인물로 다른 주모자와도 거듭 관련되는 인물들이다. ⑨김억복은 ①남이에게 권유를 받았다. 유탁의 가족을 제외하면 모두 속오군에 편성된 사실이 확인된다는 공통점을 갖고 있다.

---

95) 같은 자료, 335~338쪽, 안익신의 자백.
96) 안익신이 자백을 하면서 진술했던 元戒淑·沈大眞·金得吉 등 많은 인물이 무고로 판명되어 석방되었다. 같은 자료, 486~487쪽.
97) 같은 자료, 260~261쪽, 이지혐의 공청감영 진술 ; 301쪽, 이지혐의 진술.
98) 같은 자료, 361쪽, 나극룡의 추가 진술.

〈표 5〉 안익신 사건의 가담자

순번	이름	나이	지역	직역	관련 내역
①	男伊	51	尼山	私奴	束伍. 柳濯의 婢夫. 龍潭으로 가다 체포.
②	貴仁福	38	尼山	私奴	束伍. 洪榮振의 이웃. 柳濯과 함께 체포.
③	高景男	51	公州	正兵	束伍. 柳濯과 함께 체포.
④	朴水榮	43	公州	騎兵	束伍. 柳濯과 함께 체포.
⑤	柳晩昌	28	尼山	幼學	柳濯의 아들. 모의에 동참.
⑥	玄順鐵	38	公州	正兵	束伍. 龍潭으로 가다 체포.
⑦	鄭貴邦	33	公州	騎兵	束伍. 龍潭으로 가다 체포.
⑧	鄭起陽	40	公州	正兵	束伍. 龍潭으로 가다 체포.
⑨	金億福	22	扶餘	私奴	砲手. 龍潭으로 가다 체포.
⑩	李天立	40	公州	正兵	束伍. 龍潭으로 가다 체포.
⑪	金禮上	42	公州	騎兵	前 束伍 旗摠. 일명 金愛上. 속오군 동원.
⑫	尹仲吉	62	尼山	校生	李後賢의 당숙. 割尾堂 참석.
⑬	李後賢	40	扶餘	幼學	尹仲吉의 당질. 割尾堂 참석.
⑭	夢上	17	尼山	私奴	尹仲吉의 奴. 割尾堂 참석.
⑮	尹榮吉	53	尼山	落講校生	尹仲吉의 再從弟. 龍溪 참석.
⑯	羅克龍	37	公州	閑良	李之䐈의 장인. 大垈 참석.
⑰	柳潢	59	尼山	進士	柳濯의 형. 모의에 참여.
⑱	李景立	77	連山	書員	모의에 참여. 아들 李華國을 龍潭으로 보냄.
⑲	金鶴	43	連山	御營軍	龍溪에 참석.
⑳	金成遠	25	?	武學	龍潭 枾峙에 참석.
㉑	金禮進	34	尼山	納粟僉知	金禮上의 아우. 巡營 假率軍官. 모의 동참.
㉒	李之䐈	25	連山	納粟參奉	李之䐈의 아우. 龍潭 枾峙에 참석.
㉓	金麗精	30	連山	校生	割尾堂 참석.
㉔	黃坦	26	咸悅	庶孽	羅克龍의 생질. 大垈 참석.
㉕	崔德明	32	全州	業武	일명 崔 神將. 모의에 동참.
㉖	鄭弘良	55	龍潭	忠順衛	일명 鄭 忠義衛. 모의에 동참.
㉗	申彦忠	51	龍潭	納粟察訪	일명 申 察訪. 모의에 동참.
㉘	申彦傅	42	龍潭	忠順衛	申彦忠의 아우. 모의에 동참.
㉙	朴以良	40	龍潭	幼學	모의에 동참.
㉚	柳晩成	20	尼山	幼學	柳濯의 아들. 모의에 동참.
㉛	鄭弘昌	35	龍潭	忠義衛	軍器監官. 모의에 동참.

이지혐과 관련이 있는 인물인 ㉒이지암은 이지혐의 아우이고, ⑱이경립과 ⑲김학, ㉓김여정도 모두 이지혐과 같은 연산 사람들이다. 고령인 이경립만 자신의 아들 李華國을 대신 보냈을 뿐, 모두 거병하기로 약속했던 龍溪 등지에 참석했던 인물들이다. 심문기록에는 나오지 않지만 연산의 아전이었던 金男도 깃발을 만들고 군병을 불러 모으는 등 모의에 깊숙이 개입하였다.[99] 고변이 일어나자 바로 달아났는데,[100] 『추안급국안』이나 연대기자료에 체포 소식이 보이지 않는다. 이경립과 김학도 모두 김남이 끌어들인 인물들이었다.

홍영진이 끌어들인 ⑫윤중길 일가도 이산의 양반들이었다. 윤중길 본인은 校生이었으며, 육촌동생인 ⑮윤영길은 落講校生이었다. 또 幼學인 ⑬이후현은 윤중길의 당질이었고, ⑭몽상은 윤중길의 사노였다. 모두 용계 割尾堂의 약속 장소에 참여했다.

다음으로 안익신과 권대용이 끌어들인 인물들이다. 권대용이 끌어들였던 ㉕최덕명은 全州, 안익신이 끌어들인 ㉖정홍량, ㉗신언충, ㉘신언부, ㉙박이량, ㉛정홍창은 용담 사람인데, 모두 양반 또는 중인 계층의 직역을 가지고 있었다. 정홍창은 軍器監官을 맡기로 되어있었으며,[101] 박이량은 천문지리에 재주가 있어서 中軍을 맡길 만하다고 했다.[102] 신언충과 신언부는 형제 사이였다.

다음으로는 주모자로 보기는 어렵지만, 상당히 깊숙이 관련된 가담자의 무리이다. 공주의 ⑪김예상은 속오군 旗摠 출신으로,[103] ⑥현순철, ⑦정귀방, ⑧정기양, ⑩이천립 등 공주의 많은 속오군이 김예상의 권유에 따라 거사에 가담하였다. 김예상은 그 지역에서 꽤 영향력이 있었던

---

99) 같은 자료, 258쪽~260쪽, 이지혐의 공청감영 진술.
100) 같은 자료, 301쪽, 이지혐의 진술.
101) 같은 자료, 493~494쪽, 공청감사의 보고.
102) 같은 자료, 300쪽, 이지혐의 진술.
103) 같은 자료, 196쪽, 김예상의 공청감영 진술.

듯, 김예상이 체포되기 전까지 공주의 인심이 안정되지 않았다고 했다.[104] ㉑김예진은 김예상의 아우이고, 무학인 ⑳김성원은 김예상의 또 다른 아우인 金禮之의 권유로 가담했다고 한다.

그 밖에 공주의 ⑯나극룡은 ㉒이지암의 장인으로, 종사관으로 거명될 정도로 모의에 깊숙이 개입하였다.[105] ㉔황탄은 나극룡의 甥姪으로, 나극룡과 함께 大垈의 거병 장소에 참석했다.

다음 〈표 6〉은 안익신 사건의 고변자이다.

〈표 6〉 안익신 사건의 고변자

이름	나이	지역	직역	관련 내역
李碩龍	41	尼山	哨官	고변인. 속오 초관. 유탁이 兵房軍官 맡아 달라 부탁.
金忠立	60	尼山	校生	고변인. 유탁이 동참 권유.

이석룡과 김충립 모두 이산 출신으로, 유탁에게 가담 권유를 받았다는 공통점이 있다. 이석룡은 속오군의 哨官을 맡고 있던 인물로, 유탁이 兵房軍官을 시켜주겠다고 유인했으며,[106] 김충립도 이산에 거주하던 교생으로, 역시 유탁이 포섭을 시도하며 가담하지 않을 경우 梟示하겠다 협박했다고 한다.[107] 결국 유탁이 가담시키려던 사람들이 각각 다른 경로를 통해 고변한 것으로 보아, 유탁의 동참 권유가 상당한 위험 부담을 감수하고 광범위하게 진행되었다고 볼 수 있다.

그렇다면 왜 유탁은 위험을 무릅쓰고 이들을 동참시키려 했을까? 그 것은 이들의 신분·직역을 통해 어느 정도 유추해 볼 수 있다. 이석룡은 속오군의 동원을 담당하는 초관이었다. 초관은 속오군의 편제 단위인 哨

---

104) 같은 자료, 197쪽, 공청감사의 보고.
105) 같은 자료, 177쪽, 공청감사의 보고.
106) 같은 자료, 135쪽, 이석룡의 진술.
107) 같은 자료, 138~139쪽, 김충립의 진술.

의 長官으로, 속오군을 지휘하는 핵심 지휘관이었다. 초관의 아래에 있는 초급 장교인 旗摠과 隊將이 속오군 가운데에서 임명되는 존재였던데 비하여, 초관은 신분적으로도 일반 속오군과 구분되는 존재였다.[108] 김충립의 직역인 교생도 일반 백성들에게 영향력을 발휘할 수 있는 우월한 존재라는 점을 고려할 때, 초관과 교생이라는 이들의 직역이 위험을 감수하고라도 동참을 권유하게 된 조건이 되었던 것이다.

4. 사건의 의미

안익신의 모반 사건은 인조대 내내 이어져왔던 모반 사건의 흐름을 계승하는 연장선상에서 발생한 사건이라는 측면과 함께, 동시에 민중의 저항이라는 새로운 흐름이 결합되어 나타나고 있었다는 점에서 주목된다. 이러한 서로 다른 흐름의 결합은 배경의 측면에서는 중앙 정치의 난맥에 대한 불만과 함께 지방 백성들의 현실적인 부담에 대한 불만이 결합되는 형태로 나타났고, 人的인 측면에서는 서울 출신과 지방 출신의 결합이라는 형태로 나타났다. 또한 이는 당시의 사회적 배경과 밀접한 연관을 맺고 진행되었다.

인조의 정통성을 문제 삼으며 계속되었던 모반의 흐름을 계승하는 측면은, 이지혐에게 했다는 다음 권대용의 언급에서 확인된다.

> 내게 계해년(1623, 인조 1)부터 뜻이 있어서, 정축년(1637, 인조 15) 이후로 팔방으로 두루 돌아다니며 인심을 살펴보았네. 나라가 인심을 잃음이 이미 지극하니, 이러한 때에 큰일을 일으킨다면, 비록 아낙네나 어린아이라도 모두 틀림없이 바라며 따를 것이네. 자네는 혈기가 한창이니 어찌 나를 따르지 않겠는가?[109]

---

108) 김우철, 앞의 책, 67쪽.
109) 『추안급국안』 제6권, 「병술 역적익신등추안」 142쪽, 유탁의 진술.

권대용이 仁祖反正 직후부터 모반의 계획을 품고 있었으며, 丙子胡亂 이후에 그것을 구체화했다는 이 기사는 인조대 계속된 중앙 정치 차원에서의 모반 흐름과 큰 차이를 보이지 않는다. 특히 당시는 姜嬪이 賜死된 직후로, 조정에서는 이것이 모반의 계기가 될까 크게 걱정하던 상황이었다.[110] 실제로 주모자들이 이러한 정치적 상황을 이용한 흔적도 보이는데, 이지혐과 홍영진이 자신을 설득할 때 했다는 유탁의 진술에서 그 점을 확인할 수 있다.

> 임경업이 죽었다는 이야기는 모두 거짓말입니다. 沈器遠이 일을 이루지 못하고 도중에 죽어버렸으니 어찌 한탄하지 않겠습니까?[111]

두 해 전에 있었던 심기원의 모반 사건을 언급하면서, 이를 계승하는 듯한 의도를 드러내고 있었던 것이다. 그러나 免賤의 신분인 안익신이나 進士에 불과한 권대용으로서는 이런 모반을 실현할 힘이 없었다. 중앙의 고위 관직을 맡고 있지도 않고, 그렇다고 지방의 관직이라도 맡아서 작은 규모의 군병이라도 동원할 수 있는 처지에 있지도 않았다. 결국은 이들은 연고가 있는 지방으로 내려가 지역에서 일정한 기반을 가지고 있는 세력과 연대를 모색했으며, 이지혐과 유탁·홍영진 등이 이러한 과정에서 결합하게 되었던 것이다.

정변을 통한 권력의 획득을 추구했던 주도층 양반들과 달리, 가담자들인 일반 농민들은 중앙 정계의 동향에 민감하지 않았고, 실제로 모반이라는 의식 없이 거사에 가담하였다.

> 이때 잡혀 오는 역적의 무리들이 줄을 이었는데, 모두가 김이나 매는 농사꾼들로서 아무것도 모르는 자들이었다. 잡혀와 추국청에서 심문을 받을 때에

---

110)『인조실록』24년 4월 2일.
111)『추안급국안』제6권,「병술 역적익신등추안」97쪽, 유탁의 공청감영 진술.

도, 혹 형벌을 받기도 전에 사실을 자백하는가 하면 스스로 말하기를 "실제로 역적의 무리를 따른 일은 없으나 임경업이 군사를 모으고 있다는 소식만은 참여해 들었다."고 하기도 하였는데, 이는 대체로 역모에 참여해 들었다는 말이 죄를 시인하는 것이 되는 줄을 몰랐기 때문이었다. 수레에 실려 나가면서도 사형장으로 가는 것인 줄을 몰라 옥졸에게 "내가 어느 지역으로 귀양 가는가?"라고 하기도 하여 듣는 자가 가엾게 여겼다.[112]

농민들이 별다른 의식 없이 거사에 가담했다는 사실은 조정에서도 인정하는 셈이었다. 이에 따라 인조는 모반 죄인의 가족들에게 緣坐를 시행하는 형률을 적용하지 않고 용서할 것을 지시했다가, 완전히 용서할 수 없다는 의견에 따라 섬에 귀양 보내는 것으로 절충했다.[113]

그렇다면 농민들이 거사에 참여한 동기를 어떻게 해석해야 할 것인가? 위에 언급된 것처럼 임경업이라는 존재는 농민들을 유인하는 중요한 요소로 작용하였다. 병자호란으로 야기된 反淸 의식과 병자호란을 계기로 더욱 추락한 조정의 권위에 대한 반감을 한데 묶기에 가장 적합한 상징적 인물이 바로 임경업이었다. 실제로 임경업은 군병의 동원에 상당한 영향을 미친 것으로 보인다. 공주의 속오군 기총 출신으로 많은 사람을 가담시켰던 김예상은 심양에서 임경업의 심복이 되었던 인물로, 임경업이 나온다는 말에 한 面을 맡아서 갖은 방법을 통해 군병들을 동원했다고 한다.[114] 다음 사료를 보면 안익신이 임경업을 거짓으로 끌어들였던 이유가 더욱 선명하게 드러난다.

> 안익신이 말하기를, "이 때에 임경업과 같은 장수가 군병을 일으켜 거사한다면, 下三道의 인심이 따를 수 있겠는가?" 하니, 황탄이 대답하기를, "따르지 않을 리가 없지요. 비록 여인네라도 따를 것입니다." 했습니다.[115]

---

112) 『인조실록』 24년 4월 4일.
113) 『인조실록』 24년 4월 13일.
114) 『추안급국안』 6책, 「병술 역적익신등추안」, 197쪽, 공청감사의 보고.

이렇게 임경업을 대장으로 내세운 이외에도 아울러 실제 결탁하지 않은 실존 인물을 거짓으로 끌어들이기도 하고, 몇 명의 가공인물을 더 등장시키기도 한다.

그 정씨 성을 가진 사람은 바로 鄭太和·鄭致和 등으로, 내통하는 대장입니다. 이는 이지혐의 말입니다.[116]

역적의 대장은 崔氏 성을 가진 사람이라고 했는데, 그 이름은 모릅니다. 다만 崔瑩의 후예로서 智異山에 거주한다고 했습니다. 한 사람은 林都督이라고 불렀습니다. …… 또 이지혐의 말을 들으니, "군병을 일으켜 올라가면, 盲人이라 일컫는 정치화 및 訓鍊都監의 砲手와 捕盜大將이 모두 안에서 호응할 것이다 ……."했는데, 이 말은 인심을 돌려 복종시키려는 뜻인 듯했습니다. 대장은 임경업이고 그 다음은 崔晃이며 또 그 다음은 密陽府使 鄭泰齊이고, 종사관은 안익신·이지혐과 沃溝의 사또인 武人 柳斗立이라고 했습니다.[117]

全南道의 장수는 최영의 8대손인 최씨 성의 사람이다. 慶尙道의 장수는 정씨 성의 사람인데, 모두 그 이름은 말하지 않더라. 지리산으로 들어가 날짜를 고를 것인데, 27~28일 무렵에 군병을 일으킨다고 한다.[118]

望德村에 거주하는 생원이라 일컫는 鄭城이 天文을 잘 아니 장수를 할 만하다.[119]

홍영진이 벌컥 성을 내면서 큰 소리로 말하기를, "난세가 막바지에 이르면 치세를 생각하고, 어지러움을 틈타 굳세게 일어난다는 옛 말이 있다. 하늘의 뜻에 부응한 眞人이 지금 이미 나왔으니, 나와 같은 사람이 가서 따르지 않을 수 있겠느냐?"했습니다.[120]

정태화 형제나 정태제, 이름도 모르는 포도대장 등을 언급한 것은, 임경업과 마찬가지로 명망에 의지하려는 시도였다. 정태화는 당시 禮曹判

---

115) 같은 자료, 255~256쪽, 이지혐의 공청감영 진술.
116) 같은 자료, 184쪽, 유탁의 추가 진술.
117) 같은 자료, 239~240쪽, 유만창의 자백.
118) 같은 자료, 258쪽, 이지혐의 공청감영 진술.
119) 같은 자료, 300쪽, 이지혐의 진술.
120) 같은 자료, 143쪽, 유탁의 진술.

書였고,[121] 정태제는 姜嬪의 친정아버지인 姜碩期의 사위였다. 한편 이름을 꼭 집어 지목하지 않고 '鄭氏'라고만 언급함으로써 폭넓은 해석의 길을 열어놓기도 하였쪽. 이는 『鄭鑑錄』과 같은 비결과 관련하여 민중들의 호응을 받아내려 한 것으로 보인다. 정감이라는 인물이 천문을 잘한다는 언급이나 진인을 핑계하는 홍영진의 언급 등이 그것이다. 또 최영의 후손인 최씨 혹은 최황이라는 가공인물을 설정한 것도 민중들의 기대에 부응하며 모반을 합리화하려는 의도로 볼 수 있다. 이렇게 거짓으로 끌어들인 인물을 찾기 위해, 지리산 일대의 정씨와 최씨에 대한 일대 수색을 벌이는 법석을 떨이기도 하였다.[122]

이렇게 조정에 의해 탄압을 받고 있는 인물, 민중들의 신망을 받고 있는 인물에 기대거나 진인이 나타났다는 이야기를 통해 주모자와 가담자들이 연결될 수 있는 계기가 마련될 수 있었다. 이렇게 가공인물들을 동원해 지방의 주모자들을 포섭하고, 이를 민중들을 동원하는데 이용할 수 있게 했던 중심에 안익신이 있었다.[123]

한편 농민들에게는 이러한 이유 이외에 좀 더 현실적인 가담 이유가 있었다. 단순 가담자 중에는 속오군 출신이 많은데, 모반 병력 동원에 속오군의 조직이 동원되었다는 것을 의미한다. 그런데 역설적으로 '속오'라는 처지가 농민들에게는 불만으로 작용하였다.

> 사내종 남이는 …… 어려서부터 이산의 속오에 들어가 군사업무를 배워서 알았으므로, 이지혐이 남이에게 말하기를, "너는 사노인데 또 속오이니 한 몸에 두 가지 신역을 어떻게 감당하는가? 내 말을 따른다면 속오에서 벗어날 수 있고 사노에서도 천인의 신분을 벗을 수 있다." 하니 남이가 이지혐을 말을 듣고 따라, 그와 함께 용담으로 갔습니다.[124]

---

121) 『인조실록』 24년 4월 4일.
122) 『추안급국안』 6책, 「병술 역적익신등추안」, 509~515쪽.
123) 같은 자료, 260~261쪽, 이지혐의 공청감영 진술 ; 301쪽 이지혐의 진술.

속오군은 임진왜란 이후 창설된 조선후기 지방군의 핵심인데, 별도의
身役으로 인정되었던 것이 아니라 본래의 신역에 兼役의 형태로 부과되
었다.[125] 이에 따라 이 당시 농민들은 계절에 관계없이 한 달에 두 차례
씩 군사훈련을 받는 등[126] 추가적인 부담을 지지 않을 수 없었다. 이러
한 부담이 농민들에게는 대거 모반에 가담하게 하는 배경이 되었다. 한
편 거주 지역을 중심으로 편성하는 속오군의 편성 원칙[127]은 속오군의
용이한 동원에 유리한 조건이 되었다.

> 유탁 등이 군병을 모을 때가 되자 임경업이 나온다는 말을 믿어 곧이듣고,
> 공주 한 面의 군병을 가장 먼저 담당하여 갖은 방법으로 달래기도 하고 으르
> 기도 하면서 찰싹 달라붙어 복종하게 하여 데리고 간 실상에 대해서 사람들
> 이 모두 이야기합니다.[128]

속오군의 기총을 지냈던 김예상이 군병을 동원하는 과정을 설명한 기
사이다. 속오군의 초급 장교를 지내 속오군들과의 인연이 깊었던 입장에
서, 거주하던 지역을 중심으로 용이하게 가담자를 동원할 수 있었던 것
이다. 그 결과 실제로 김예상이 기총을 지냈던 공주 前哨의 군병이 대거
동원되었다.[129]

이상에서 설명한 것처럼 인조대 계속되었던 모반의 흐름에 농민들의
불만이 결합되면서 거사는 준비되었지만, 告變으로 사전에 발각되면서
실패하고 말았다. 특히 지역에 기반을 둔 유탁 등의 인물이 초반에 체포
되고, 안익신 등의 주모자가 달아나면서 거사에 참여하려던 군병들은 뿔

---

124) 같은 자료, 144~145쪽, 유탁의 진술.
125) 김우철, 앞의 책, 40쪽.
126) 같은 책, 99쪽.
127) 같은 책, 49쪽.
128) 『추안급국안』 6책, 「병술 역적익신등추안」, 197쪽, 공청감사의 보고.
129) 같은 자료, 85쪽, 이석룡의 고변.

뿌리 흩어지게 되었다.

체계적인 준비의 부족으로 안익신의 모반 사건은 실패로 돌아가지만, 인조와 조정은 이 사건을 수습하면서 정권의 안정을 도모하였다. 심문과 정에서 배후로 지목된 인물들에 대한 처리 과정에서 그러한 모습을 엿볼 수 있다. 똑같이 배후로 지목되었지만, 정태화 형제는 불문에 부치고 정태제는 심문한 뒤 혐의가 없었음에도 귀양을 보냈다.[130] 강빈과 인척이었던 정태제를 이 사건을 구실로 처벌함으로써, 강빈 사건 이후 취약해질 수 있었던 명분을 보강하고 政局을 장악하려 한 것이다. 실제로 강빈 사건을 계기로 인조는 군주권의 위상을 회복한 것으로 평가되는데,[131] 안익신 사건의 처리도 이러한 왕권 강화에 이용되었다. 앞에서 살펴보았던 것처럼, 告變人이었던 이석룡에 대한 파격적인 대우와 明政殿에서의 進賀 및 大赦에 이르기까지, 조정에서는 사건을 실제 이상으로 과장하면서 그 수습을 정국 장악을 위한 계기로 삼으려 하였다.

왕권 강화의 측면과는 별도로, 안익신 사건은 국가 체제, 특히 방어 체제를 정비하는 계기로도 작용하였다. 먼저 조정에서는 수령이 겸임하고 있는 討捕使가 토포 업무와 관련하여 다른 수령들을 지휘할 수 있는 근거를 문서로 재확인해 주었다.[132] 또한 仁祖는 안익신 사건을 빌미로, 城池의 修築 등 군사시설을 확충하려는 의지도 드러내었다.

> 팔도의 城池가 날마다 점점 무너져가고 있다. 지난번 湖西의 逆變에 監司도 몸을 감출 곳이 없었으니 일이 매우 한심스럽다. 淸나라 역시 무너진 데를 수축하는 것을 어찌 그르다고 하겠는가. 청나라에 요청해서라도 형세로 보아 수축하지 않을 수 없다.[133]

---

130) 『인조실록』 24년 4월 4일.
131) 김용흠, 2006, 「조선후기 역모 사건과 변통론의 위상」 『사회와 역사』 70, 244쪽.
132) 『비변사등록』 인조 24년 4월 6일.

병자호란 이후 청나라의 감시를 받을 수밖에 없는 상황에서, 이번 사건은 군사시설의 확충에 좋은 핑계가 될 수 있었던 것이다. 한편 안익신 사건은 監營에 親兵을 두어야한다는 논의가 제기되는 계기를 마련하기도 하였다. 공청감사였던 임담은 평소 수하에 친병이 없어서 이러한 위급한 상황에 적극적으로 대처할 수 없다며[134] 감영 친병의 필요성을 우회적으로 드러내었다.

유사시에 대비한 병력으로 준비했던 속오군 조직이 오히려 모반에 동원이 되는 현실은, 조정에 지방군 체제에 대한 정비가 필요하다는 보다 근본적인 문제를 제기하였다. 인조 5년(1627)에 지방군의 강화를 위해 처음 실시되었던 專任 營將制가 인조 15년(1637)에 폐지되면서,[135] 영장은 수령이 겸임하는 상황이었다. 안익신 사건이 일어났던 인조 24년(1646)에도 이러한 상황은 계속되고 있었다. 효종 5년(1654)에 다시 三南 지역을 중심으로 전임 영장이 파견되기 시작한 것은 이러한 분위기와도 무관하지 않았다.[136]

5. 맺음말

안익신의 모반 사건은 모반 사건이 끊이지 않고 일어났던 인조대 후반 인조 24년(1646)에 발생하였다. 정통성을 문제 삼는 잦은 모반 사건과 함께, 소현세자의 사망과 강빈의 옥사가 이어졌으며, 또한 전국에서

---

133) 『인조실록』 24년 10월 3일.
134) 『추안급국안』 6책, 「병술 역적익신등추안」 289 ; 391쪽, 공청감사의 보고.
135) 김우철, 앞의 책, 98쪽.
136) 『孝宗實錄』 5년 2월 11일. "特進官 元斗杓가 아뢰기를, '사변이 항상 뜻하지 않은 데서 발생하니, 남방의 16營에 營將을 차출하여 보내 軍務를 전적으로 다스리게 하지 않을 수 없습니다. 만일 수령으로서 으레 겸직하도록 한다면 사변이 닥쳤을 때 일을 그르칠 걱정이 있을까 두렵습니다.' 하니, 임금이 이르기를, '三南에 우선적으로 차출하여 보내도록 하라.' 했다."

토적들이 빈발하던 상황이었다.

면천 신분인 안익신이 주도하고 서울과 지방의 하층 양반들이 결탁하여 준비된 거사는 고변으로 실패했지만, 지역적으로 충청도와 전라도 일원에 걸쳐 모의되었고 조정에서는 이를 대비하기 위해 전국적으로 경계를 펴는 등 부산하게 움직였다.

안익신 모반사건은 인조대 내내 이어져왔던 모반 사건의 흐름을 계승하는 연장선상에서 발생한 사건이라는 측면과 함께, 동시에 민중의 저항이라는 새로운 흐름이 결합되어 나타나고 있었다는 점에서 주목된다. 이러한 서로 다른 흐름의 결합은 배경의 측면에서는 중앙 정치의 난맥에 대한 불만과 함께 지방 백성들의 현실적인 부담에 대한 불만이 결합되는 형태로 나타났고, 人的인 측면에서는 서울 출신과 지방 출신의 결합이라는 형태로 나타났다. 또한 이는 당시의 사회적 배경과 밀접한 연관을 맺고 진행되었다.

인조의 정통성을 문제 삼으며 계속되었던 모반의 흐름을 계승하는 한편으로, 주모자들은 민중들의 신망이 높은 임경업의 이름을 끌어들이거나, 최영의 후예를 거론하기도 했으며, 『정감록』과 같은 비결을 배경으로 진인이 나타났다 둘러대기도 하였다. 이와 함께 민중들에게 고통을 안겨주던 속오군의 겸역은 가담을 촉진하는 직접적인 원인으로 작용하기도 하였다.

한편 조정은 이 사건을 수습하는 과정에서 정국을 장악하려 했다. 이러한 움직임은 사건의 실제 규모와는 무관하게 사건에 과잉 대응하는 형태로 나타나기도 했고, 이 사건을 계기로 정국 운영에 대한 부담이 되는 정적들을 제거하는 형태로 나타나기도 했다. 또한 왕권 강화의 측면과는 별도로, 안익신 사건은 국가 체제, 특히 방어 체제를 정비하는 계기로도 작용하였다. 이는 토포사의 권한 강화, 각지 성지의 수축과 함께 효종대에 전임 영장제를 복설하며 지방군을 강화하는 형태로 나타났다.

제4장
조선후기의 鄭氏 眞人 수용과 『鄭鑑錄』의 탄생

1. 머리말

조선왕조에서 성리학을 수용하고 보급하려는 노력과 함께 전개된 일종의 사상통제책으로 말미암아 전통 종교 사상들은 조선전기 사회에서 그 발전이 억압되고 있었지만, 조선후기에 이르러 새롭게 인식되고 있었다.[1] 이른바 '正學'인 성리학이 아닌 다양한 사상 체계들은 '邪學'이라 불리면서 배척되었는데, 공적인 유통 경로를 획득할 수 없었던 사상 체계들은 민중과 결합하면서 명맥을 유지해 나가는 한편, 정치·사회적 모순을 배경으로 한 변혁 사상으로 기능하기도 하였다. 전환기로 이해되는 조선후기에 들어서면서, 불교의 彌勒 신앙이나 풍수지리설, 圖讖 사상 등은 민중과 결합한 변란의 주요한 요인으로 자리 잡게 되었다.

조선후기 사상계에서 제시되었던 특이한 양상 가운데 하나로는 각종 鑑訣 사상의 성행을 들 수 있는데, 조선후기의 감결서 가운데 가장 대표적인 것으로는 『鄭鑑錄』을 들 수 있다.[2] 鄭鑑과 李沁의 대화 형식을 취하고 있는 이 책은 『鄭李問答』 등 다른 여러 명칭으로도 불리고 있는데,

---

1) 조광, 2010, 「조선후기 사상계의 전환기적 특성 – 정학·실학·사학의 대립구도 –」 『조선후기 사상계의 전환기적 특성』 경인문화사, 13쪽.
2) 같은 논문, 19쪽.

조선의 국운을 예언하며 조선왕조의 멸망과 鄭氏 眞人에 의한 易姓革命의 필연성을 제시하고 있었다. 『정감록』의 원본으로 이해되는 규장각본(奎12371)에는 「鑑訣」「東國歷代氣數本宮陰陽訣」「歷代王都本宮數」「三韓山林秘記」만이 그 범주로 포함되어 있는데, 좁은 의미로는 「감결」하나 만을 따로 떼어서 말하기도 하고 넓은 의미로는 「감결」을 비롯한 10여 종류의 秘記를 한데 묶어서 말하기도 한다.[3] 역사상 『정감록』에 관한 기록이 실록에 처음으로 등장하는 것은 1739년(영조 15) 8월로 확인되는데,[4] 이후 18~19세기에 발생한 민중저항운동 가운데 상당수의 사건들이 『정감록』의 영향 아래 일어난 것으로 이해되고 있다.[5]

『정감록』은 수백 년 동안 禁書로 되어 있으면서 은밀히 여러 사람의 손을 거쳐서 사본으로 전해 내려 왔으며, 그 전파 과정에서 轉寫者가 가졌던 목적에 따라서 본래의 내용이나 형식이 새롭게 구성되었을 것으로 추정된다.[6] 조선왕조에 등장한 각종 비결과 관련한 변란 사건을 정리하면서 『정감록』과의 관련에 주목한 견해는 이미 나와 있는데,[7] 사료적 근거가 제시되지 않은 개설적인 서술인 탓에 역사적 배경을 이해하는데 부족한 점이 있었다. 한편 기존의 연대기 사료에서는 사건의 개요만 소략하게 소개되어, 각 사건이 갖는 정보가 충분히 전달될 수 없었다. 이 논문에서는 『推案及鞫案』[8]을 중심으로 18세기 이전에 벌어진 변란 사건을

---

3) 李民樹 譯註, 2011, 「머리말」 『新譯 鄭鑑錄』 홍신문화사, 3~4쪽.
4) 『英祖實錄』 15년 8월 6일 ; 백승종, 2006, 「18세기 후반 《정감록》의 출현과 보급」 『한국의 예언 문화사』 푸른역사, 78쪽.
5) 조광, 앞의 논문, 19~20쪽.
6) 백승종, 앞의 논문, 76쪽.
7) 김탁, 2005, 「비결의 역사와 『정감록』의 등장」 『정감록 – 새 세상을 꿈꾸는 민중들의 예언서』, 살림.
8) 『推案及鞫案』은 1983년에 亞細亞文化社에서 총 30책으로 영인·간행되었다. 이하 본 논문에 인용된 『추안급국안』의 책수와 쪽수, 추안 제목은 이 영인본에 따랐다. 한편 한국학술재단의 2004년 기초학문 육성사업으로 『추안급국안』의 역주 사업이 선정되어, 현재 번역이 완료되고 출판을 위한 교정 작업이 진행 중이

분석하여, 그것이 정씨 진인설로 귀결되면서 『정감록』으로 수용되는 과
정을 밝혀보려 한다. 이를 통해 17세기에 전개된 민중저항운동의 구체적
인 실태와 함께 18세기 이후 각종 민중저항운동의 역사적·사상적 배경
을 이해할 수 있을 것이다.

2. 16세기 말~17세기 전반 변란에 등장한 진인

각종 감결 및 이를 바탕으로 한 眞人의 등장을 조선후기 변란에 나타
난 주요한 특징이라고 이해할 때, 그 연원과 관련하여 1589년(宣祖 22)에
일어난 鄭汝立의 모반 사건을 검토하지 않을 수 없다. 정여립 사건에 대
해서는 사건 자체가 誣獄이라는 견해[9]와, 역모는 사실로 인정할 수 있지
만 西人이 이 사건을 당쟁으로 이용하여 己丑獄事로 확대하였다는 견
해[10]가 있다. 擧兵 이전 단계에서 발각된 역모의 경우 그 진상을 파악하
는데 어려움이 있고, 특히 이 사건은 고변 초기 정여립이 자결함으로써
진상이 더욱 미궁에 빠진 탓에 상반되는 해석이 가능한 것으로 보인다.
필자는 역모 자체는 존재했다고 믿는 입장이지만, 이 글에서의 관심은
정여립이 과연 반역을 도모했는가에 있지 않다. 중요한 것은 사건에 등
장하는 각종 讖言과 그것이 이후에 끼친 영향이다.

다. 본 논문에서는 이 사업의 번역 초고를 참조하였다. 다만 아직 교정 작업이
진행중이므로 인용된 번역문은 모두 필자의 감수와 교정을 거쳤으며, 따라서 혹
시 오류가 발생한다면 모두 인용한 필자의 책임이다. 귀중한 원고를 제공해준
번역자들에게 고마운 마음을 표한다. 인용된 영인본 각 책별 번역자는 다음과
같다. 4책은 사건별로 두 사람이 나누어 번역하였다. 1·4책 오항녕, 4·5·6·9·10·
11책 김우철, 14·15·16책 변주승, 19책 이향배.

9) 李羲權, 1975, 「鄭汝立 謀叛事件에 대한 考察」『創作과 批評』10-3 ; 金龍德,
　　1976, 「鄭汝立研究」『韓國學報』4.

10) 禹仁秀, 1988, 「鄭汝立 謀逆事件의 眞相과 己丑獄의 性格」『歷史敎育論集』12.

　　이보다 앞서 1백여 년 전에, 민간에 '木子가 망하고 奠邑이 일어난다.'는 讖言이 있었다. 정여립이 妖僧 義衍과 모의하여 이를 玉版에 새긴 다음 지리산 석굴 안에 간직하였다. 의연이 승도인 道潛·雪淸 등과 산을 유람한다고 핑계하고 지리산에 이르러서는 '아무 방위에 寶氣가 있다.' 하고 같이 가게 하여 옥판을 찾아내어 정여립에게 돌려주니, 정여립이 같은 동아리에게 비밀히 보여주고는 그 말을 누설하지 말도록 당부하였다.

　　의연은 본래 雲峰 사람으로서 스스로 遼東에서 나왔다고 일컫고 명산을 두루 다니다가 사람을 만나면 넌지시 풍자하여 말하기를 "내가 요동에 있을 때에 조선을 바라보니 王氣가 있었는데, 조선에 와서 살펴보니 왕기가 全州 東門 밖에 있었다."라 하였다. 이로 말미암아 '전주에 왕기가 있다.'는 말이 원근에 전파되었다. 정여립이 또 말하기를 "내 아들 玉男의 등에 '王' 자의 무늬가 있는데 避忌하여 玉자로 해서 이름을 玉男이라 하였다."라 하였다. 정옥남은 눈 하나에 겹 동자였으므로 사람들이 또한 이상하게 여겼다.

　　이때 동요가 있었는데 "뽕나무에 말갈기 나자 집 주인은 왕이 되리.[桑生 馬鬣 家主爲王]"라 하였다. 정여립이 의연과 몰래 집 동산 뽕나무의 껍질을 크게 벗겨내고 말갈기를 메워 넣었다. 날짜가 오래되어 껍질이 아물어지자 짐짓 인근의 친밀한 사람으로 하여금 보게 하고는 말하지 말도록 경계하고 곧 없애버렸다.

　　국초 이래로 讖說이 있었는데 "連山縣 鷄龍山 開泰寺 터는 곧 후대에 鄭氏가 도읍할 곳이다."라 하였다. 정여립이 일찍이 중 의연의 무리와 국내의 산천을 두루 유람하다가 廢寺의 벽에 시를 쓰기를 "손이 되어 남쪽 지방 노닌지 오래인데 계룡산이 눈에 더욱 환하여라.[客遊南國久 鷄岳眼偏明] 무자·기축년에 형통한 운수 열리거니 태평 성세 이루는 것 무엇이 어려우랴.[戊己開亨運 何難致太平]"라 하였는데, 그 시가 많이 전파하였다. 또 無名子歌를 지었으니, 모두 백성이 곤궁하여 난을 일으키려는 뜻을 기술한 것인데, 사람들은 어디에서 왔는가를 알지 못하였다.

　　… (중략) …

　　수십 년 전에 天安의 私奴 吉三峯이란 자가 용맹이 뛰어나 하루에 3백~4백 리를 걸어 다녔는데 그대로 흉포한 도적이 되었다. 관군이 매양 체포하기 위해 엄습하였으나 그때마다 탈주하였으므로 이름이 국내에 자자하였다. 정여립이 池涵斗 등으로 하여금 해서 지방에 말을 퍼뜨리기를 "吉三峯·吉三山 형제가 神兵을 거느리고 지리산으로 들어가기도 하고 계룡산으로 들어가기도 한다."라 하고, 또 말하기를 "鄭八龍은 神勇한 사람으로 마땅히 왕이 되어 계룡산에 도읍을 정할 터인데 머지않아 군사를 일으킬 것이다."라 하였다. 정팔룡은 곧 정여립의 幻號인데, 실정을 모르는 자들은 다른 사람으로 알았다.[11]

『宣祖修正實錄』에 실린 위의 기사에 등장하는 하나하나의 사실이 모두 진실이라고 믿을 수는 없다. 이미 자결한 정여립에게 역모의 혐의를 덮어씌우기 위해 날조하거나, 역모의 혐의를 더욱 무겁게 하기 위해 과장되었을 가능성도 배제할 수 없다. 여기에서 근거가 되는 기사를 구분해서 살펴 볼 필요가 있다. 먼저 木子 즉 李氏가 망하고 奠邑 즉 鄭氏가 흥한다는 내용이나 계룡산에 정씨가 도읍할 것이라는 내용의 讖言은 최소 1백여 년에서 조선 건국 초까지 거슬러 올라가는 전승의 역사를 가지고 있었다. 이는 굳이 후대에 조작하거나 과장할 성질의 것은 아니라고 판단되는데, '정씨 왕조'와 '계룡산 도읍'에 관한 내용은 또한 『정감록』의 핵심에 해당하는 내용이기도 하다. 한편 全州에 王氣가 있다거나 玉男에 대한 이야기, 뽕나무에 대한 동요, 무자·기축년 및 길삼봉·정팔룡에 관한 언급 등은 당대에 유포된 이야기이다. 실제로 정여립이 만들어내었는지 아니면 정여립의 모역 사실을 확정하기 위해 조정에서 조작한 내용인지는 알 수 없다. 다만 정여립의 사건에 등장한 이러한 참언의 여러 유형이 이후 조선후기 각종 변란에서 다양한 형태로 變奏되고 또 『정감록』으로 수용되는 것은 주목할 만하다. 동요의 형태로 새로운 세력의 등장을 암시하거나 변란이 일어날 해를 전후한 干支의 언급, 특이한 외모와 능력을 지닌 인물 등은 이후에도 眞人과 관련한 변란에 자주 등장하는 유형이며, 『정감록』에서는 전주를 역적이 일어날 땅이라고 지목하고 있기까지 하다.[12] 이러한 여러 가지 요소가 정여립 사건에 아울러 나타나고

---

11) 『宣祖修正實錄』 22년 10월 1일.
12) 『鄭鑑錄』 「鑑訣」, "沁曰 賊自全州而起 與湖中津華之間 萬艘橫江 此一大患也."

있다는 사실이, 사건의 진상과는 별도로 그 영향을 살펴보아야할 이유
이다.

1601년(선조 34)에는 정여립의 인척인 蘇德裕가 연루된 吉云節의 모
반 사건이 벌어졌다.[13] 善山의 校生이었던 길운절이 소덕유와 함께 濟州
를 근거로 하여 모반을 꾀했던 이 사건에서, 길운절은 머리에 八角이 있
고 龍王이 낳았으며 힘이 남과 비교할 수 없다는 이야기를 전파하여 백
성들을 선동하였는데, 자신이 吉三峯이라고 사칭하기까지 하였다.[14] 정
여립 사건 때 거론되었지만 실체가 밝혀지지 않았던 인물인 길삼봉을 끌
어들이며 특이한 외모와 능력을 과시하는 점에서 정여립 사건의 영향을
엿볼 수 있다. 한편 '길삼봉'에서의 '三峯'이 이름이 아닌 軒號라는 언
급[15]이 있는 것을 고려하면, 같은 호를 가진 鄭道傳과의 관련성도 조심
스럽게 고려할 수 있다고 판단된다. 길삼봉에 대해서는 앞으로 더 연구
가 필요한 부분이다.

조선후기 변란에서 정여립 사건 못지않게 주목할 사건으로는 1628년
(仁祖 6)에 발생한 柳孝立 모반 사건이다. 宣祖의 아들로 仁祖에게는 숙
부가 되는 仁城君 李珙을 추대하려다가 고변으로 발각되어 실패한[16] 이
사건에서는 眞人 및 讖書와 관련하여 새로운 인물과 내용이 등장하였다.
먼저 이 사건에는 유효립 이외에 많은 鄭氏와 許氏들이 가담하였다. 형
제 및 친척 사이인 鄭沁·鄭澥·鄭泊·鄭遯 등과 許逌·許達·許挺 등이 주
요 인물로 참여하게 되는데, 특히 竹山에 거주하던 許逌는 유효립과 함
께 모반의 핵심 인물이었다. 가담자 중에 허씨와 정씨가 특히 많은 것은
같은 집안에서 함께 참여한 결과 빚어진 우연이라고 볼 수 있지만, 이후

---

13)『宣祖實錄』34년 7월 18일 ; 고성훈, 2009, 「1601년 제주도 역모 사건의 추이와
　　성격」『사학연구』96.
14)『推案及鞫案』1책, 「辛丑 推案及鞫案」, 149쪽, 吉云節의 자백.
15) 같은 자료, 22쪽.
16)『仁祖實錄』6년 1월 3일 ; 10일.

의 사건에서 다른 세력들에 의하여 의도적으로 이용되는 계기가 되기도
하였다. 무엇보다도 유효립 사건이 주목되는 것은 讖書가 등장하고 많은
참언이 소개되고 있다는 점이다.

> A1. 草溪에 潮水가 들어오면 鷄龍에 서울을 세운다. 조선 사람들이 모두 벙거
> 지를 쓰고 털옷을 입는다.[17]
> A2. 듣기로는 閔瀆와 유효립이 인성군을 옹립하려고 하는데 유효립은 밖에서
> 응원한다고 했습니다. 그리고 승려인 譽華가 雉岳山에 거주하고 있는데
> 유효립과 사이가 좋기 때문에 玉龍寺의 비석에다가 "戌·亥年에 사람이
> 상하는 화가 발생하는데 寅·卯年에는 어떻게 될지 모른다."는 등의 참설
> 을 기재한 뒤 민대가 가서 인성군을 직접 만나 약속하고 왔다고 했습니
> 다.[18]
> A3. 담화가 말하기를 "讖記에 '子·丑年에는 안정되지 않다가 寅·卯年에 패한
> 다.'라 하였고 또 '辰·巳年에 仁城을 얻는다.'라 했다. 이 때문에 원주 사
> 람들이 모두 인성군에게 마음을 붙이고 있다."고 했습니다.[19]

〈A1〉 기사는 유효립의 사촌인 柳斗立이 얻었다는 讖書에 나오는 구절
인데, 이 구절은 『정감록』의 기원을 추적한 기존 연구에서도 많이 주목
된 기사이다.[20] '草浦에 조수가 들어와 배가 다니고' 혹은 '계룡산에 나라
를 세우면'[21] 등의 표현으로 『정감록』의 여러 부분에 수용되고 있다.
〈A2〉와 〈A3〉 기사는 관련자들의 供招 내용인데, 모두 변란이 일어날 해
를 참서를 빌어 예언하는 내용이다. 〈A3〉 기사를 보면 참서에 실려 있다

---

17) 『추안급국안』 4책, 「戌辰 柳孝立獄事文書 2」, 85쪽, 尹繼倫의 진술, '草溪有潮
  則鷄龍建都 朝鮮皆着毛笠毛衣.'
18) 『인조실록』 6년 1월 3일.
19) 같은 자료.
20) 백승종, 「《정감록》의 역사적 뿌리를 찾아서」, 앞의 책, 50쪽 ; 김탁, 앞의 논문,
  119~120쪽.
21) 『정감록』 「감결」, "草浦潮生行舟" "鷄龍開國"

는 사실 자체가 권위를 지니지만, 이는 〈A2〉에서 보듯이 자신들이 조작
한 내용이었다. 또 이러한 예는 앞의 정여립 사건에서도 나타난 적이 있
었다. 〈A2〉에서 사람이 상하는 화가 발생한다는 戌·亥年은 仁祖反正이
일어난 癸亥年(1623)을, 〈A3〉에서 안정되지 않는다는 子·丑年은 李适의
난이 일어난 갑자년(1624, 인조 2)을 지칭하며, 사건이 일어난 1628년(인
조 6)은 戌辰年이니 바로 〈A3〉에서 인성군을 얻는다는 辰年에 해당한다.
이렇듯 자신들의 거사 시기에 맞추어 참서의 내용을 조작하거나 견강부
회하는 수법은 이후의 변란에서 자주 이용되었다.

같은 해에는 前 佐郎 尹雲衢 등이 역모를 했다고 고변하는 宋匡裕의
誣告 사건이 발생하는데,[22] 그 과정에서도 術書의 讖言이 중요한 계기로
등장하였다.

李氏가 누릴 나라의 복록은 3백년이라고 하는데, 지금 대략적인 숫자로
따지면 3백년이네. 또 眞人도 이미 나왔다네. 어떤 術書에 이르기를, "하늘이
사람을 내리면 그 나라는 반드시 망한다.[天雨人其國必亡]"라 했으니, 비의 뜻
을 가진 '雨'라는 글자는 내린다는 뜻을 가진 '降'이라는 글자의 뜻이지. '하늘
이 사람을 내린다'라는 뜻이네. 지난번에 昌城에 우박이 내렸는데, 사람 머리
모양이었다고 하니, 이것이 하늘이 사람을 내린 것이네.

하늘의 기운을 보고 길흉을 점치는 사람이 말하기를, "아름답구나! 南山의
기운이 울창하니, 대체로 신하가 왕성해지고 임금이 쇠약해질 징조이다!"라
했네. 비록 보통 사람의 눈으로 보더라도 남산의 소나무·잣나무가 무성한데,
더구나 許懿의 어릴 적 이름이 남산이라네. 진인이 태어났다는 말은 許 南山
이 번창하여 왕성할 것이라는 것을 이야기하는 것이지.

또 讖書에 이르기를, '巳丑許多人 午未樂堂堂'이라고 했네. '巳丑許多人'이
라는 것은, 허의가 신축년(1601, 선조 34)에 태어났으며, '多'라는 글자는 '大'
라는 글자의 뜻이니, 丑年에 태어난 許大人이 巳年에 떨치고 일어나 午·未年
에 즐거움이 대단하다는 것을 이야기하는 것이지.

---

22) 『인조실록』 6년 12월 18일.

옛적에는 절구질하는 소리에서나 도리깨질하는 소리에서나 모든 일할 때의 소리에서는, '이씨[李氏]'라고 말했는데 지금은 절구질하는 소리에서, '허야[許也]'라고 말한다고 하네. 모든 일할 때의 소리에서는 '허야라, 허야라.[許也羅 許也羅]' 한다고 하는데, '야라(也羅)'라는 말은 나라를 이야기하는 것이니, 許哥의 나라를 이야기하는 것이며. 모든 백성들이 허씨를 추대하기를 원함을 이야기하는 것이지. 이를 가지고 살펴보자면, 비록 삼척동자라도 許哥가 임금이 된다는 것을 알 수 있네.[23]

이 기사는 윤운구가 자신에게 역모에 동참을 권유하면서 언급했다고 송광유가 진술한 내용이다. 시기적으로 조선왕조가 망할 때가 되었다는 전제 아래, 讖書의 내용을 인용하며 한 지역에 우박이 내린 사건을 나라가 망할 근거로 제시하고 있다. 또 앞의 여러 사건처럼 참서를 근거로 가까운 시기의 干支를 끌어들이는 방법을 사용하고 있다. 사건이 벌어진 시기가 戊辰年 12월이었으니, 巳年이나 午·未年에 해당하는 해는 바로 이어질 이듬해부터 3년을 가리킨다. 그런데 이 표현은 뒤에 나타나는 『정감록』에서 유사한 형태로 수록되어 주목된다. '壬申年에 일어나고 壬辰年에 천도하고 午·未年에 즐거움이 대단하다.'는 구절이 「三韓山林秘記」에 수록되고 있는 것이다.[24] 이와 같이 이 사건에서도 이전 사건에서 참서를 이용했던 방식을 계승하는 한편, 이전과는 질적으로 다른 새로운 내용도 포함하고 있다.

송광유 사건에서는 모반의 추대 대상이 되는 상징적 존재로서의 眞人을 처음으로 전면적으로 내세우고 있다. 진인은 천명을 받아 천하를 통일한 황제를 이르는 말[25]로 새로 등장할 왕조의 주인공을 가리킨다. 이전 단계의 모반에서는 참서에 의존하면서도 진인의 존재를 부각시키지

---

23) 『추안급국안』 4책, 「宋匡裕獄事文書 1」, 174~175쪽, 宋匡裕의 告變書.
24) 『정감록』 「三韓山林秘記」, "壬申年起 壬辰年遷 午未樂堂堂."
25) 檀國大學校 東洋學研究所, 2007, 『漢韓大辭典』 10, 97쪽.

않았는데, 이 단계에 와서 진인의 출현을 언급하게 된 것이다. 진인에게
는 신비감과 특이한 용모가 필요했는데, 송광유는 許懿의 아들을 그러한
진인으로 묘사하였다. 허의가 天女를 만나 아들을 낳았는데 그 아이가
임금의 관상을 가지고 있다는 것이다.[26] 이러한 허씨 진인을 내세워 허
씨의 나라로의 역성혁명을 추구했다는 것이 고변의 요지였다.

송광유의 고변 자체가 무고로 판명되었으므로 이상의 참서 내용 역시
조작된 것이 분명하지만, 그 의미는 적극적으로 추구될 필요가 있다. 먼
저 송광유가 아무 근거 없이 참서의 내용을 조작했다고 보기는 어렵다.
실제로 허의의 아들이 신통하다는 소문은 잘못 전해지면서 당시에 유포
되었는데,[27] 송광유가 이를 眞人說과 결부시켜 무고에 이용한 것이다.
송광유가 진인으로 허씨를 거론한 이유도 검토할 필요가 있다. 허씨는
같은 해 발생했던 유효립 사건에서도 핵심 세력으로 가담했으며, 당시
許懿가 天女와의 사이에서 비범한 아들을 낳았다는 소문도 널리 퍼져 있
었다. 노동할 때 내는 소리로 '이씨[李氏]'와 '허야[許也]'를 거론한 것도
송광유가 창작한 것이라기보다는 당시에 일부 전해지던 이야기를 채용
한 것으로 보아야 할 것이다. 즉 민중 사이에 암암리에 유포되던 허씨
진인설을 송광유가 무고에 이용한 것으로 볼 수 있다. 송광유가 무고의
대상으로 겨냥한 것은 자신과 원한 관계에 있던 尹雲衢 등이었고, 許懿

---

26) 『추안급국안』 4책, 「송광유옥사문서 1」, 178~179쪽. "임금의 관상은 다만 세 종
　　류만이 귀하며 또한 될 수 있다고 한다. 허의의 관상은 두 눈썹의 사이에 콩 같
　　은 사마귀가 있고 등은 邊鍾과 비슷하며, 허리는 둥그렇고 배는 불룩하며, 伏犀
　　가 정수리에 솟았으니 보통의 관상이 아니며, 신하의 관상도 아니다. 허의의 외
　　삼촌 林壄의 모습도 보통사람과 다른데, 귀의 크기는 布帛尺으로 두 치[寸] 남짓
　　이니, 임기 또한 몹시 귀한 관상이다."

27) 여기서 언급된 허의의 아들은 실체 자체가 불분명하다. 허의에 따르면 자신이
　　하룻밤 관계했던 娼妓와의 사이에는 자식이 없었는데, 나중에 창기가 죽은 뒤 창
　　기는 仙女로, 낳지도 않은 아이는 신통한 아이로 부풀려져 소문이 퍼졌다고 하였
　　다. 『추안급국안』 4책, 「송광유옥사문서 2」, 369~372쪽, 許懿의 元情.

는 그저 배경으로 이용된 사실에서도 그러한 점을 확인할 수 있다. 실제로 허의는 조사를 받은 뒤 별다른 혐의가 확인되지 않아 석방되었다.[28] 이 사건은 변란에 眞人이 본격적으로 거론되는 계기가 되었는데, 첫 진인으로 거론된 대상은 許氏였다.

한편 이듬해인 1629년(인조 7) 2월에는 宋匡裕 사건의 연장선상에서 또 다른 무고 사건이 발생하였다. 前 府使 金弘遠의 첩이었던 貴致에 의해 고변된 이 사건은, 자신의 남편이 송광유 사건에 연루되었던 尹雲衢·柳仁昌 등과 함께 역모를 꾀하였다는 내용이었다.[29] 그 과정에서 이씨 왕조를 대신할 새로운 왕조의 도읍지로 連山이 언급되고 있다. "연산 땅에서는 절구질하는 소리가 공중으로 퍼져나가니 매우 기이한 일이다."[30]라 하여 새로운 도읍으로 거론된 연산의 신비함을 강조하고 있다. 연산은 계룡산이 소재하고 있는 곳으로, 정여립과 유효립 사건 때에도 각각 새로운 도읍으로 거론된 바 있었다. 같은 해 윤4월에도 任慶思 등이 반란을 모의하다가 처형되었는데, 역시 한양의 기운이 쇠하여 다시 도읍이 될 수 없으니 連山을 새로운 도읍으로 삼아야 한다고 주장하였다.[31]

貴致의 사건이 벌어졌던 같은 달인 1629년(인조 7) 2월에는 또 李忠慶의 모반 사건이 일어났다.[32] 정묘호란을 계기로 발생한 유민들을 끌어들여 반역을 꾀하다가 적발되어 실패한 이 사건은, 참여 계층이 주로 하층민에 집중되어 있었고 규모도 수십 명에 불과하였으며 실제로 행동에 옮기기 전에 모두 체포되었으므로 크게 주목되지 못하여, 당대에도 '실없는 농담'이나 '아이들의 장난'이라고 평가되기까지 했다.[33] 그러나 이들

---

28) 같은 자료, 384쪽.

29) 『인조실록』 7년 2월 6일 ; 김건우, 2011, 「1629년 말치 고변사건의 전개와 그 의미」 『역사와 실학』 44.

30) 『추안급국안』 4책, 「己巳 貴致獄事文書」, 426쪽, 貴致의 자백.

31) 『인조실록』 7년 윤4월 19일.

32) 『인조실록』 7년 2월 27일.

이 집단을 이루어 저항에 이르게 된 사회적 배경이나, 이들이 추구하고자 했던 이상 사회에 대한 염원은 그 성공 여부와 별도로 음미할 가치가 있는 것으로 평가되었다.[34] 이 글의 논지와 관련해서는 그들이 崔瑩과 南怡의 초상을 그려놓고 제사를 올렸다는 대목이 주목된다.[35] 조선왕조의 건국 과정에서 처형된 최영이나 역모를 꾀했다는 혐의를 받고 처형된 남이의 초상화를 놓고 제사 지낸다는 사실 자체가 조선왕조 정부에 대한 부정을 의미하는 것이었다. 조선이 건국한 이후 조정에서는 최영에 대해 관용적인 입장을 취하지만,[36] 민간 차원에서는 反왕조의 상징으로 언제든지 구심점이 될 수 있는 존재였다. 이미 1596년(선조 29)에는 金德齡의 역모에 崔聃齡이 연루되는데, 최영의 후손으로 勇健하다는 이유였다.[37] 이충경의 모반 이후에도 최영의 후손이 연루된 변란이 잇달아 발생하였다.

1631년(인조 9)에는 趙興賓의 고변에 의해 鄭澣의 모반 사건이 발각되었다.[38] 전국을 떠돌던 유랑 지식인과 大北 세력의 餘黨, 지역에 기반을

---

33) 『추안급국안』 4책, 「己巳 逆賊李忠慶文書 1」, 531쪽 ; 『大東野乘』「凝川日錄」 기사년(1629) 2월 30일.

34) 이 사건의 주모자인 이충경은 「改國大典」이라는 문서를 통해, 자신이 추구하는 이상사회의 모습을 소박한 형태로 구현하였다. 그 사회는 군역이나 조세 부담을 누구나 고르게 지며 특권을 부인하는 평등한 사회였다. 또 국가기구의 민인에 대한 불법적 침해나 착취를 금지하는 정의로운 사회였다. 본서 제1부 제1장 참조.

35) 『인조실록』의 기사에는 최영과 남이 두 사람의 초상을 그려놓고 제사를 지냈다고 되어있는데, 『추안급국안』에는 두 사람 이외에 '宋大'라는 인물의 초상화를 그리고 제사 지냈다는 기록이 있다. 그런데 이 송대라는 인물이 누구를 가리키는지 분명하지 않다. 아마 가공인물이거나 전달이 잘못된 것이라 『인조실록』의 편찬 과정에서는 이를 누락시킨 것으로 보인다. 『인조실록』 앞의 기사 ; 『추안급국안』 앞의 기사, 485쪽.

36) 세종대에는 최영의 자손 가운데 쓸 만한 인재를 추천하도록 하는 조치가 취해졌다. 『世宗實錄』 16년 5월 14일.

37) 『선조실록』 29년 8월 8일.

38) 『인조실록』 9년 2월 3일. 처음에 조흥빈의 고변 내용에는 '鄭澣'이 '鄭潭'이라고

둔 중인 계층 등 이질적인 세력들이 결합하여 각각 서로 다른 전망 속에 합세했던[39] 이 사건에서는 앞선 사건들에서 나타났던 구심점으로서의 상징이나 진인의 요소가 보다 구체적으로 등장하였다.

B1. 부근 마을에 사는 出身 권대진이란 자가 지난 기사년(1629, 인조 7)부터 妖僧 두 사람 및 무뢰한들과 왕래하며 회합을 가졌는데, 거동이 수상했습니다. 언젠가는 여러 사람들 앞에서 말하기를 "나의 相으로 볼 때 앞으로 아주 귀하게 될 것이며 우리 집의 터도 좋아서 午·未年 사이에 府院君이 될 것이다." 하였는데, 모두 그가 이상한 모의를 하고 있다고 의심하였으나 그 단서는 예측하지 못하였습니다.[40]

B2. 영남의 鄭씨 성을 가진 사람은 생김새가 기이하고 두 어깨에 해와 달의 모양이 있는데, 이 사람을 추대하여 임금으로 삼을 것이다. 이 사람은 伽倻山 아래에 사는데, 이름은 鄭澣이고, 나이는 임오년(1582, 선조 15) 생이다.[41]

B3. 金安國이 제게 말하기를, "오래지 않아 좋은 일이 있을 것이니, 이는 남자가 공을 세울 때이다. 嶺南에 異人이 있는데 이가 바로 정한이다."라 하고는 이어 저와 함께 정한의 집에 가서 머물러 묵었습니다. 이어 정한의 넷째 아들의 관상을 보고, 제가 詩를 지어 정한에게 주었습니다. 김안국이 정한의 뜻을 살피려고, 정한에게 말하기를, "崔瑩의 후신이 지금도 있다."라 하니, 정한이 함께 오라고 요구했습니다. 김안국이 제 이름을 楊後瑩이라고 하고 만나보러 갔는데, 정한이 제게 말하기를, "북쪽에 변란이 생기면 우리 무리가 남쪽에서 일어날 것이다. 남쪽에서 倭亂이 생겨도 또한 그렇게 할 것이다."라 했습니다.[42]

B4. "지난날 반역 사건 때의 許筥의 아들은 비범한 사람이다."라 했던 것과 讖記에 대한 이야기는 바로 문일광 등이 거짓으로 꾸며낸 말이다.[43]

되어 있었지만, 『인조실록』의 같은 기사와 『추안급국안』 등의 자료에 따르면 '鄭澣'을 오기한 것이었다.

39) 본서 제1부 제2장 참조.
40) 『인조실록』 앞의 자료.
41) 같은 자료.
42) 『추안급국안』 4책, 「辛未 鄭澣獄事文書 4」, 823쪽, 鄭澣에 대한 심문.

B5. "許哥의 아들은 비범한 사람인데 승려가 되었다. 우리들이 이 사람과 큰 일을 할 것이다."라 했는데, 이게 네가 내게 말한 내용이 아니냐?[44]

〈B1〉과 〈B2〉 기사는 『仁祖實錄』에 실린 조홍빈의 고변 내용이고, 〈B3〉 이하는 『추안급국안』에 실린 각각에 대한 심문 기록이다. 〈B1〉의 권대진은 조홍빈의 고변서에서 주모자로 지목된 인물로, 沃川의 出身이었다. 스스로 귀한 몸이 될 것이라고 예언한 午·未年은 사건이 일어난 1631년 (인조 9) 신미년을 지칭한 것이었다. 역시 자신들의 거사를 참언의 형식을 빌어 합리화하는 방식이 반복적으로 사용되고 있다.[45] 〈B2〉와 〈B3〉 기사에서는 추대 대상인 鄭瀚이 특이한 외모와 비범한 능력을 가진 異人으로 소개되고 있다.[46] 송광유 사건에서 許氏가 진인으로 내세워졌던 것과는 달리 이 사건에서는 鄭氏 성을 가진 진인으로 등장하고 있는 점이 차이라고 볼 수 있다. 또 〈B3〉 기사에서는 사건의 또 다른 주인공인 楊天植이 崔瑩의 후신으로 소개되고 있다. 조선왕조를 부정하는 상징으로서의 최영의 후신이라는 이미지는 정한에게 양천식을 만나보게 하는 강력한 유인 요소로 작용했다. 이에 따라 처음 만난 자리에서 자신의 거사계획을 주저 없이 소개했던 것이다. 또한 眞人을 찾아 떠돌아다니던 양

---

43) 같은 자료, 823쪽, 楊時泰와 楊天植의 대질심문.

44) 같은 자료, 807쪽, 文日光과 楊天植의 대질심문.

45) 이외에도 권대진의 아들 權絡은 "우리 집의 수탉이 암탉이 되었으며, 검은 말이 흰색으로 변했다. 술법을 잘하는 사람들이 모두 말하기를 '이게 바로 큰일이 이루어질 좋은 조짐이다.'라 했다."라고 과시하고 있다. 『추안급국안』 4책, 「신미정한옥사문서 3」, 704쪽, 權絡에 대한 심문.

46) 이 기사 외에도 鄭瀚의 외모를 강조하는 표현이 곳곳에 나타난다. "정한은 얼굴생김새가 매우 훌륭합니다. 왼쪽과 오른쪽 어깨에 모두 사마귀가 있는데, 하나는 검고 하나는 자줏빛입니다. 왼쪽 귀 아래에 흰 사마귀가 있는데, 여러 개가 촘촘합니다. 나이는 임오년(1582, 선조 15)생입니다. 네 아들이 있는데, 그 가운데 셋째 아들의 얼굴생김새가 여러 아들 가운데 조금 낫지만 그의 아비에는 미치지 못합니다." 같은 자료, 699쪽, 楊天植의 진술.

천식에게[47] 정한의 관상은 특별한 존재로 인정하기에 충분한 조건이었다.[48] 한편 이 사건에서는 송광유 사건 때의 허씨 진인 이야기도 다시 거론되었다. 〈B4〉와 〈B5〉 기사를 보면 허씨 진인 이야기를 이 사건의 참여자들이 조작 등의 방법으로 의도적으로 끌어들여 이용하고 있는 점이 확인된다.

1633년(인조 11)에는 정한 사건에 연루되어 처벌된 朴禧集과 연관된 李時說 등이 역모를 꾀했다고 林碩幹이 고변한 사건이 발생했는데,[49] 결국 임석간이 이시열과 함께 모의를 진행하다가 지레 고변한 것으로 드러났다. 심문 과정에서 '鄭晅을 추대하려고 한다.' '남쪽 지방의 인심이 모두 鄭晅에게 돌아갔다.' '鄭暄이 영남 賢人의 道統을 전할 수 있다.'[50]는 등의 언급이 나왔는데, 그 가운데 추대 대상으로 거론된 鄭晅은 실체가 밝혀지지 않은 가상 인물이었고, 鄭暄은 鄭夢周의 직계 8세손으로 사건과는 무관한 인물이었다. 추대 대상으로 거론된 가상 인물인 鄭晅은 비슷한 발음에 비슷한 글자를 쓰는 鄭暄의 이름을 의도적으로 차용한 것으로 보이는데,[51] 高麗의 충신이었던 정몽주의 상징성을 이용하려던 것으로 보인다.

1646년(인조 24) 3~4월에는 安益信의 모반 사건이 일어났다. 免賤 출신인 안익신이 주도하고 서울과 지방의 하층 양반들이 결탁하여 준비된 거사는 고변으로 실패했지만, 지역적으로 충청도·전라도 일원에 걸쳐 모의되었고 조정에서는 이를 대비하기 위해 전국적으로 경계를 펴는 등 부

---

47) 『추안급국안』 4책, 「신미 정한옥사문서 4」, 833쪽, 文日光의 자백.
48) 본서 제1부 제2장 37~38쪽.
49) 『인조실록』 11년 3월 2일 ; 『추안급국안』 5책, 「癸酉 逆賊林碩幹等推案」.
50) 『추안급국안』 5책, 「계유 역적임석간등추안」, 426쪽.
51) 실제로 이 사건 기록에는 두 사람의 이름이 서로 뒤섞이며 혼란을 주고 있는데, '鄭晅'이라 표기해야 할 곳에 '鄭暄'이라 표기된 곳이 다수 발견된다. 같은 자료, 426~428쪽.

산하게 움직였다.[52] 이 사건에서도 상징적 인물이나 진인과 관련된 예언 신앙을 내세우는 등 민중들의 호응을 위한 갖가지 방법이 동원되었다.

C1. 역적의 대장은 崔氏 성을 가진 사람이라고 했는데, 그 이름은 모릅니다. 다만 崔瑩의 후예로서 智異山에 거주한다고 했습니다. 한 사람은 林都督이라고 불렀습니다. … 또 이지혐의 말을 들으니, "군병을 일으켜 올라가면, 盲人이라 일컫는 鄭致和 및 訓鍊都監의 砲手와 捕盜大將이 모두 안에서 호응할 것이다…." 했는데, 이 말은 인심을 돌려 복종시키려는 뜻인 듯했습니다. 대장은 林慶業이고 그 다음은 崔晃이며 또 그 다음은 密陽府使 鄭泰齊이고, 從事官은 안익신·이지혐과 沃溝의 사또인 武人 柳斗立이라고 했습니다.[53]

C2. 全南道의 장수는 崔瑩의 8대손인 崔氏 성의 사람이다. 慶尙道의 장수는 鄭氏 성의 사람인데, 모두 그 이름은 말하지 않더라. 智異山으로 들어가 날짜를 고를 것인데, 27~28일 무렵에 군병을 일으킨다고 한다.[54]

C3. 望德村에 거주하는 生員이라 일컫는 鄭城이 天文을 잘 아니 장수를 할 만하다.[55]

C4. 洪榮振이 벌컥 성을 내면서 큰 소리로 말하기를, "난세가 막바지에 이르면 치세를 생각하고, 어지러움을 틈타 굳세게 일어난다는 옛 말이 있다. 하늘의 뜻에 부응한 眞人이 지금 이미 나왔으니, 나와 같은 사람이 가서 따르지 않을 수 있겠느냐?" 했습니다.[56]

먼저 〈C1〉에서 보듯이 사건의 주모자들은 林慶業이 대장으로 참여한다는 소문을 퍼뜨렸다. 당시 임경업은 淸나라에 붙잡혀 있다가 그해 6월이 되어서야 朝鮮에 송환되었으므로,[57] 이는 주모자들이 동조자들을 끌

---

52) 본서 제1부 제3장 참조.
53) 『추안급국안』 6책, 「丙戌 逆賊益信等推案」 239~240쪽, 柳晩昌의 자백.
54) 같은 자료, 258쪽, 李之馨의 公淸監營 진술.
55) 같은 자료, 300쪽, 李之馨의 진술.
56) 같은 자료, 143쪽, 柳濯의 진술.
57) 『인조실록』 24년 6월 3일.

어 모으기 위해 거짓으로 지어낸 말이었다. 丙子胡亂으로 야기된 反淸 의식과 병자호란을 계기로 더욱 추락한 조정의 권위에 대한 반감을 한데 묶기에 가장 적합한 상징적 인물이 바로 임경업이었으므로,[58] 주모자들 이 임경업을 거짓으로 끌어들였던 것이다. 〈C1〉과 〈C2〉에서 崔瑩의 후 예를 거론하고 있는 것도 유사한 경우이다. 앞서 李忠慶과 鄭澣의 모반 사건에서도 최영을 상징으로 삼으려 한 바 있듯이, 최영의 反왕조적 이 미지가 모반에 도움이 될 것으로 기대하였던 것이다. 〈C2〉에서 보이듯 이 최씨와 함께 鄭氏가 또 다른 중심으로 경합하고 있는데, 이 사건에서 그 동안의 정씨 진인설이 차츰 세력을 얻어가는 사실을 확인할 수 있다. 모두 근거 없는 것으로 밝혀졌지만 그 대상은 〈C1〉에서의 密陽府使 鄭 泰齊에 그치는 것이 아니라 鄭太和·鄭致和처럼 조정의 중신이 거명되기 도 하고[59] 〈C3〉의 鄭堿처럼 천문을 잘 안다는 사람이 거론되기도 하였 다. 鄭堿과 『鄭鑑錄』의 주인공 '鄭鑑'의 한글 발음이 '정감'으로 동일한 것[60]은 우연의 일치로만 보아 넘기기에는 깊은 관련성을 내포한 것으로 보인다.[61] 임경업이나 최영, 정씨 등 상징성을 가진 여러 사람들을 함께 거론한 것은 안익신 스스로 털어놓았듯이 모두 근거가 없는 것이었지 만,[62] 〈C4〉에서처럼 眞人을 기대하는 민중들의 바람에 부합하는 것이 었다.

이상에서 살펴본 것처럼 16세기 말 宣祖代부터 17세기 전반 仁祖代까 지 反왕조적 상징성을 가진 인물이나 그들의 후손을 '眞人'으로 내세운 각종 변란이 빈발하였다. 鄭氏·崔氏나 許氏 등이 진인으로 부각되었으

---

58) 본서 제1부 제3장 73쪽.
59) 『추안급국안』 6책, 「병술 역적익신등추안」, 184쪽, 柳濯의 추가 진술.
60) 정감의 한문 표기는 일치하지 않는데, 『정감록』에서도 '鑑'을 '湛'이라 부르기도 한다고 하였다. 『정감록』 「감결」.
61) 본서 제1부 제2장 43쪽.
62) 『추안급국안』 6책, 「병술 역적익신등추안」, 302쪽, 李之馦의 진술.

며, 이를 합리화하기 위해 특이한 관상이나 干支와 관련된 讖言 등이 동
원되었다.

3. 17세기 말~18세기 전반
정씨 진인의 수용과 『정감록』

反正으로 인한 정통성의 하자, 胡亂 패배 이후 민심 수습의 실패 등의
이유와 관련하여 각 지역에서 변란이 빈발했던 17세기 전반 仁祖代와는
달리, 안익신 사건 이후로 17세기 중반인 孝宗·顯宗代에는 당분간 진인
과 관련된 변란은 보이지 않는다. 그러나 드러나지 않았을 뿐 진인 출현
설은 민중들 사이에서 더욱 확대되고 있었으며, 그 진인은 점점 鄭氏로
귀결되고 있었다. 그 결과 17세기 말 이후 肅宗代에 등장하는 각종 모반
사건에서는 정씨 진인설이 더욱 확고하게 자리 잡고 나타났다.

1682년(숙종 8)에는 盧繼信의 고변 사건이 일어나는데, 함께 귀양살이
하고 있던 吳始恒이 모반을 꾀하고 있다고 誣告한 것이었다.[63] 오시항은
庚申換局 때 처형되었던 吳挺昌의 조카로서 연좌되어 順天에 정배되어
있었다.

> 갈 곳은 바로 鄭經[64]의 나라입니다. 朝鮮을 鄭哥가 대신한다는 이야기가
> 있습니다. 또 내년은 바로 癸亥年인데, 옛날 仁祖大王이 나라를 빼앗아 즉위
> 한 해입니다. 내년 4월이 바로 나라를 차지할 해입니다.[65]

---

63) 『肅宗實錄』 8년 8월 17일.
64) 鄭經은 鄭錦을 가리킨다. 정금은 중국 明末淸初의 무장인 鄭芝龍의 후손이다.
  淸나라에 대항하여 싸우다가 크게 패하자 중국 본토를 떠나 바다를 건너 臺灣으
  로 들어가서 여기에 웅거했다. '鄭錦'이 '鄭經'과 중국말로 발음이 비슷하여 혼동
  되어 쓰였다고 한다. 『顯宗實錄』 15년 8월 3일.
65) 『추안급국안』 9책, 「壬戌 盧繼信推案」, 500쪽, 盧繼信의 上變書.

이 기사는 오시항의 사내종인 李仁이 자신에게 전해주었다며 고변한 내용으로, 물론 노계신에 의해 조작된 것이었다.[66] 그런데 내용 중에 정씨 진인설과 관련된 언급이 있어서 주목된다. 경신환국으로 죄를 입어 유배된 오시항이 정국에 불만을 품고, 臺灣을 차지하고 있던 鄭錦의 나라로 亡命하여 힘을 얻은 뒤 돌아와 원수를 갚으려 한다는 내용이었다.[67] 그 과정에서 조선을 鄭哥가 대신한다는 이야기가 거론되고 있다. 仁祖反正이 일어났던 癸亥年이라는 점과 대만의 鄭錦과 같은 鄭氏라는 점이 공통적인 요소로 지적되면서, 우연을 넘어선 필연성을 강조하는 화법이었다. 인조대 이후로도 정씨 진인설이 꾸준히 유포되었음을 보여주는 사료라고 볼 수 있다.

肅宗代에 정씨 진인설이 유포되면서 讖書의 형태를 갖추어가고 있었음을 보여주는 사건으로 1687년(숙종 13) 梁禹轍의 상변 사건을 들 수 있다.[68] 본래 綾州의 進士이던 양우철은 綾州牧使 鄭載厚를 욕보인 죄로 濟州로 유배되어 있었는데, 정재후를 모함하려는 목적으로 흉서를 조작하였다. 흉서에서는 '讖書에 鄭氏가 李氏를 대신한다는 이야기가 있다.'고 전제한 뒤, '淸나라와 힘을 합해 군사를 일으켜 조선을 멸망시키고 정씨를 내세워 임금으로 만들겠다.'고 하였다.[69] 자신의 사사로운 감정을 풀기 위해 무고하는 대상이 정씨인 것을 계기로, 정씨 진인설을 이용하고 있다. 이 단계에 정씨 진인설이 더욱 널리 유포되었음을 보여주는 근거가 다음에 소개하는 讖書이다. 다소 길지만 전문을 인용해 보겠다.

D1. 新羅는 金氏 37명의 임금 뒤에 王氏에게 망하고, 왕씨는 나라를 차지한 지 5백여 년 뒤에 李氏에게 망한다. 이씨는 나라를 차지한 지 3백여 년

---

66) 같은 자료, 608~610쪽, 노계신의 結案.
67) 같은 자료, 507~508쪽, 노계신의 元情.
68) 『숙종실록』 13년 5월 2일.
69) 『추안급국안』 10책, 「丁卯 梁禹轍推案」, 10쪽, 梁禹轍의 兇書.

뒤에 鄭氏에게 망하고, 정씨는 나라를 차지한 지 2백여 년 뒤에 曹氏에게
망한다. 조씨는 나라를 차지한 지 1백 년이 못되어 魏氏에게 망한다. 이
때 나라가 넷으로 나뉘는데 하나의 도읍은 鷄林이고, 하나의 도읍은 完山
이며, 하나의 도읍은 松岳이고, 하나의 도읍은 平壤이다. 계림에서 임금
노릇할 성씨는 朴이고, 완산에서 임금 노릇할 성씨는 卓이며, 송악에서
임금 노릇할 성씨는 魏이고, 평양에서 임금 노릇할 성씨는 奇이다.

D2. 王氏의 나라가 끝날 무렵 鄭氏 성의 文人과 崔氏 성의 武人이 왕실에 충
성하여 천하에 명성이 드러나는데, 공적을 끝까지 누리지 못하고 제 명대
로 다 살지 못하고 죽는다. 李氏의 나라가 없어질 무렵 梁氏 성의 선비와
李氏 성의 무관이 朝鮮 왕조에서 공을 세워 위엄이 중국까지 떨치니, 충
성스럽고 신중함이 널리 알려져 몸과 명예를 끝까지 보존했다. 鄭氏의 나
라가 망할 때에는 이름난 신하 하나 없었고, 曹氏의 나라가 사라질 때에
는 절개를 지키려 목숨을 버리는 사람 하나 없었다. 네 나라 가운데에는
계림에 현명한 사람이 가장 많았고, 완산이 버금가며, 송악이 또 그에 버
금가고, 평양이 가장 적으니 문헌에 드러난다.

D3. 嶺南의 풍속은 온순하고 인정이 두터워 어질고 현명한 사람이 계속해서
나온다. 湖南의 풍습은 한결같지 않으니 착한 구석도 있고 악한 구석도
있다. 子·丑에 鄭氏 성이 반역을 꾀하고, 卯·辰年에 본토박이 閔氏·文
氏와 귀양 온 사람 鄭氏·洪氏가 다시 흉악한 역적질을 꾀하지만 거사하
지 못하고 스스로 멸망한다. 中條山 아래에 水姓을 가진 신통하고 비범한
사람이 나오는데, 당시는 李氏의 나라가 끝날 무렵으로 충성과 효성이 널
리 드러나고 中華와 오랑캐가 두려워서 복종한다.

D4. 耽羅의 풍속은 촌스럽고 완고하며 겉으로는 성실하고 속으로는 약삭빠르
다. 蒙古의 임금이 사신을 보내어 궁궐을 세웠는데, 오래지않아 高麗의
임금이 명령하여 공격해 없애려 하자, 항복하여 州가 되었다. 그 뒤에 성
실한 관리의 공적을 많이 얻었는데, 乙·丙年에 다스린 사람이 더욱 가장
나왔다. 이 해에 탐라를 본관으로 한 사람이 잠시 탐라에 귀양 온 뒤, 朝
鮮 왕조에 힘써 충성을 다하고 중국에 공을 세워서 諸葛亮이나 裵度처럼
나라에 소중한 몸이 된 것이 수십여 년이었다.[70]

---

70) 같은 자료, 26~27쪽, 「秘記大摠」.

이 자료는 양우철이 사사로이 기록하여 소지하고 있다가 압수된「秘記大摠」이라는 책자의 전문으로, 『推案及鞫案』에 실려 있는 내용이다. 〈D1〉에서는 신라 이래 조선에 이르기까지 왕조의 성씨를 나열한 뒤 뒤를 이을 왕조의 성씨와 존속 기간을 예언하고 있다. 조선에 이어 鄭氏-曹氏 왕조가 이어진 뒤, 나라가 鷄林・完山・松岳・平壤의 넷으로 나뉘어 각각 朴・卓・魏・奇氏에 의해 통치된다는 것이다. 鄭氏가 鷄龍山에서 8백년, 趙氏가 伽倻山에서 1천 년, 范氏가 全州에서 6백 년을 도읍한 뒤 松岳에 왕씨가 다시 일어난다는 『정감록』의 기사71)와 비교하면 구체적 성씨나 햇수 등의 차이는 있지만 그 구조가 유사함을 확인할 수 있다. 〈D2〉 이하의 기사에서는 과거 일은 실제의 역사적 사실을 기록하였고, 당대의 일은 관련자들을 언급하여 현실을 미리 예언한 듯 가장하였다. 〈D2〉에서 '왕씨의 나라가 끝날 무렵의 정씨 성의 문인과 최씨 성의 무인'은 역사적 인물로서의 鄭夢周와 崔瑩을 가리키며, '이씨의 나라가 없어질 무렵의 양씨 성의 선비와 이씨 성의 무관'은 양우철 자신과 당시 濟州牧使 李尙馣을 가리킨다. 제주목사의 힘을 빌려 정재후를 제거하려던 양우철의 의도가 들어간 표현으로 볼 수 있다. 〈D3〉에서 '子・丑年에 鄭氏 성이 반역을 꾀한다.'는 것은 鄭汝立 사건을 가리킨 것이다. 子年은 1588년(선조 21)인 무자년, 丑年은 1589년(선조 22)인 기축년을 가리키며, 정씨 성을 가진 사람은 정여립이다. '中條山 아래에 水姓을 가진 신통하고 비범한 사람'은 당대의 누구를 가리키는 듯한데 불확실하다. 중조산은 전라도 寶城과 綾州 사이에 있는 산으로 중조산 아래는 능주 지역을 가리키며, 水姓은 오행의 水에 해당하는 성씨이다. 능주 출신의 양우철 자신을 지칭하려던 듯한데, 梁氏는 木姓이니 해당하지 않는다. 어떤 의도를 가진 것인지 아니면 전사 과정에서 잘못된 것인지 확실하지

---

71) 『정감록』 「감결」.

않다. 〈D4〉에서는 제주의 역사를 개관하였는데, 말미의 '乙·丙年에 다스린 사람'은 직전인 을축년(1685, 숙종 11)과 병인년(1686, 숙종 12)을 가리키는 것이므로 제주목사 이상전을 지칭하는 것이며, '탐라를 본관으로 한 사람'은 제주를 본관으로 하는 양우철 자신을 가리킨다. 이상에서 살펴본 바를 종합하면 당시에는 이미 『정감록』의 원형이 되는 讖書가 책자의 형태로 유포되고 있었을 가능성이 있다. 그러한 책자를 바탕으로 進士로서 지식이 있었던 양우철이 자신과 관련된 정보를 가공하여 수록한 것이 「秘記大摠」이었을 것이다.

1691년(숙종 17)에는 車忠傑 사건이 발생하여 黃海道 지방의 巫覡들이 妖言犯上의 죄로 처형되었다.[72] 이 사건에서도 역시 정씨 진인설이 널리 유포되어 확산되고 있음을 보여주지만, 종래와는 다른 형태로 전개되는 점이 주목된다. 다음은 『추안급국안』에 실린 자료이다.

> E1. 하루는 차충걸이 저희 집에 왔을 때 저의 아내가 生佛의 일을 언급하니, 차충걸이 이르기를, "鄭 統制使의 부인이 임신하여 아들을 낳아서 그 아이의 나이가 겨우 7세인데 간 곳을 모른다고 합니다. 이 生佛이 바로 그 아이가 아니겠습니까?"라 하니, 저의 아내가 차충걸에게 말하기를, "이는 나라를 차지해 가질 사람입니다. 당신은 꼭 鄭氏 집에 가서 물어보십시오." 라고 했습니다.[73]
>
> E2. (차충걸이) 대답하기를, "제가 달리 했던 일은 없습니다. 漢陽이 장차 망할 것이라는 이러저러한 이야기를 들었기 때문에 당신의 집을 방문한 것입니다."라 했습니다. 그 말뜻을 살펴보니, 민간에서 이야기하는 '奠邑의 讖'을 가리키는 듯했습니다.[74]

관련자인 車忠傑과 曺以達, 조이달의 아내 愛珍 등은 모두 황해도 일

---

72) 『숙종실록』 17년 11월 25일.
73) 『추안급국안』 10책, 「辛未十一月 車忠傑推案」, 889~890쪽, 曺以達의 結案.
74) 같은 자료, 815쪽, 鄭泰昌의 告變.

대를 근거로 巫覡에 종사하던 자들이었다. ⟨E1⟩은 무당 애진이 통제사를 지낸 鄭傅賢의 아내가 나라를 차지할 生佛을 낳았으니 찾아가보라고 차충걸에게 권유하는 장면이고, ⟨E2⟩는 찾아온 차충걸과 대화를 나누던 내용을 전하는 정부현의 손자 鄭泰昌의 고변 내용이다. 나중에 정태창에 대한 추국에서의 진술에 따르면, 정부현의 아내가 53세이던 1643년(인조 21)에 腹脹症[75]을 앓았던 적이 있었는데 그 증세를 오해한 노비들에 의해 임신으로 알려지기도 했다는 것이다.[76] 약 50년 전에 있었던 이 사건이 계속 와전되어, ⟨E1⟩에서처럼 당시 7세의 아이가 있으며 이 아이가 生佛이라는 소문이 나돌아 무당들이 찾아다니기까지 하였던 것이다. 그리고 그 배경에는 정씨 진인설이 있었다. ⟨E2⟩에서 보듯이 이미 '정씨가 나라를 차지한다[鄭氏得國]'는 예언이 '奠邑의 讖'이라는 이름으로 민간에서 상당히 유포되고 있었던 상황을 확인할 수 있다. 주모자들이 자신이나 자신의 제휴자들을 진인설에 연결시키고 이를 거사의 동력으로 민간에 전파하던 종래의 사건과는 달리, 민간에서 먼저 진인설을 믿고 이에 해당하는 정씨를 적극적으로 찾아다녔던 점이 이 사건의 특이한 점이라고 할 수 있다.

정씨 진인설은 중앙 정계의 換局 과정에서도 거사의 명분으로 거론되었다. 1694년(숙종 20)의 甲戌換局 과정에서 '海島에 정씨 성의 진인이 있다.'는 이야기가 언급된 것이다.

時運이 다하여, 鄭氏 성의 眞人이 이미 海島에 나타났다. 甲・乙 두 해에 나라가 반드시 어지러울 것이니, 이때에는 眞人이 반드시 육지로 나온다. 우리들이 마땅히 맞이하러 가는 일이 있어야하는데, 반드시 무리들이 많아야하

---

75) 체내에 수분의 대사가 원활하지 못하여 몸이 붓는 증상이다. 濕邪로 인하여 脾의 기능에 장애가 생겨 장위에 水氣가 몰려서 생긴다. 물소리가 나며 배가 불러오고 숨이 차는 증상이 나타난다. 水脹 혹은 腹脹이라고도 한다.

76) 『추안급국안』 10책, 「신미 11월 차충걸추안」, 824쪽, 鄭泰昌의 元情.

고 재물이 없으면 안 된다.[77]

이 기사는 강만태가 任佺에게 들었다며 추국청에서 진술한 내용이었는데, 나중에 자신의 목숨을 건지기 위해 조작한 것이라고 자백하였다.[78] 진인의 이야기를 꺼내면 추국청에서 반갑게 들어줄 것으로 기대했다는 강만태의 진술에서, 당시 진인설이 조정에서도 관심을 갖는 소재였음을 확인할 수 있다. 또 진인의 출처로 海島가 등장하는 등 구체화되는 측면도 보인다. 甲·乙 두 해는 사건이 있었던 갑술년(1694, 숙종 20)과 그 이듬해인 을해년(1695, 숙종 21)을 가리킨다.

이렇게 정씨 진인설이 일반화·구체화되어 가는 가운데 진인으로 최씨를 언급하는 경우도 완전히 사라지지 않고 있었다. 張吉山과 관련된 거사로 주목을 받았던 1697년(숙종 23)의 李榮昌 사건[79]에서는 정씨 진인과 함께 최씨가 거론되고 있었다.

> F1. 圃隱 鄭夢周의 13세손과 崔瑩의 후손을 기운을 살펴서 찾아냈다. 鄭哥를 우리나라의 임금으로 세우고, 崔哥를 중국의 임금으로 세울 것이다.[80]
> F2. 咸鏡道에 朱柴가 있는데, 진정 기이한 선비이다. 포은 정몽주의 자손인 바다의 眞人을 江華 摩尼山 아래에서 찾았는데, 몸에 한 자[尺]쯤 되는 털이 나 있고 큰 귀가 어깨까지 드리워졌으며, 그 털은 저절로 사라졌다. 대여섯 살이 된 뒤에 開城府 德物山 아래로 옮겨가 살았다. 그 어미가 말하기를 "이 아이는 수상한 점이 많아, 어미에게 이롭지 못하다."라 하고는 곧바로 버리고 떠났다. 주비가 마침 지나가다가 보고는 기이하게 여기며 말하기를 "이는 정말로 귀한 사람이 될 관상이다. 일찍이 任佺에게 듣기를 '바다에 진인이 있다.'라 했는데, 지금 과연 그렇구나."라 하고는 이어

77) 『추안급국안』 11책, 「甲寅 咸以完金寅等推案 天」, 255쪽, 康晩泰의 진술.
78) 『추안급국안』 11책, 「金寅等推案 人」, 588쪽, 康晩泰의 結案.
79) 이 사건에 대해서는 정석종의 논저 참조. 鄭奭鍾, 1983, 『肅宗年間 僧侶勢力의 擧事計劃과 張吉山』 『朝鮮後期社會變動研究』 一潮閣.
80) 『추안급국안』 11책, 「丁丑 李榮昌等推案」, 740쪽, 兪選基의 元情.

데리고 가서 西水羅에 이르러 보살피며 길렀는데, 바로 지금 나이가 13~4세에 이르렀다고 한다.[81]

F3. 秘記에 이르기를, "辰·巳年에는 聖人이 나고, 午·未年에는 즐거움이 대단하다."라 했는데, 이것도 이 진인을 가리켜서 말한 것이다.[82]

F4. 또 讖記에 이르기를, "泰白山의 精氣가 벌레로 바뀌고 漢江에 이르러 솔잎을 죄다 먹어치운다."라 했으니, 지금의 일을 알 수 있습니다.[83]"

〈F1〉의 기사에서는 정씨와 최씨가 각각 추대 대상으로 거론되고 있는데, 각각 정몽주와 최영의 후손이라는 점이 주목된다. 고려의 후손으로 조선의 건국에 협조하지 않은 인물이라는 상징성이 이유가 된 것으로 보인다. 그런데 둘의 역할에는 약간의 차이가 있었다. 정씨는 유리나라의 임금으로, 최씨는 중국의 임금으로 추대한다는 것이다. 명분으로는 최씨도 뒤질 것이 없지만, 실질적 비중은 정씨에 기울고 있는 것으로 보인다. 정씨와 최씨 모두를 진인으로 언급하는 부분도 있지만,[84] 〈F2〉에서는 眞人으로 정씨만을 거론하고 있는 점을 보아도 알 수 있다. 이 진인은 외모도 특이하고 관상도 특별했으며, 갑술환국 과정에서 거론되었던 海島 출현설에도 부합하는 인물이었다. 〈F3〉를 보면 1628년(인조 6) 宋匡裕의 사건에서 이미 거론되었던 '午·未年에는 즐거움이 대단하다.[午未樂堂]'는 참언이 다시 반복되어 거론되고 있는데, 앞에서 언급한 바와 같이 이 구절은 『정감록』에도 똑같이 수록되었다. 〈F4〉의 내용은 蔣永祐가 승려 一如에게 들었다고 진술한 것인데, 일여는 이에 대해 『懶翁秘記』에 나온 내용인 '太白山의 精氣가 벌레로 바뀌고, 솔잎을 죄다 먹어치우면 나라가 반드시 망한다.'라는 말을 전해주었다고 진술하였다.[85] 나용은

---

81) 같은 자료, 757쪽, 李榮昌의 진술.
82) 같은 자료, 729쪽, 李梲·兪選基의 上變書.
83) 같은 자료, 766쪽, 蔣永祐의 진술.
84) 같은 자료, 726쪽, 李梲·兪選基의 上變書.
85) 같은 자료, 834~835쪽, 一如의 진술, "太白山精化爲蟲 食盡松葉國必亡."

고려 말기의 승려인 惠勤(1320~1376)의 법명으로,『나옹비기』는 나옹이
남긴 비기라는 뜻으로 보이는데, 확인되지는 않는다. 어쨌든 다양한 내
용의 讖書들이 두루 전해지고 있었던 것으로 보인다. 역시『정감록』「三
韓山林秘記」에는 '송악산 산벌레가 나뭇잎을 거의 다 갉아 먹고'라는 유
사한 구절이 보인다.[86]

肅宗代를 지나 18세기 전반 英祖代에 들어와 정씨 진인설은 더욱 전
면적으로 전개되었다. 1728년(영조 4)에 일어난 戊申亂은 이후 소론과
남인의 정치적인 입지를 급격히 축소시킨 사건으로 이해되는데,[87] 충청
도에서는 李麟佐, 경상도에서는 鄭希亮, 전라도에서는 朴弼顯, 경기도에
서는 權瑞鳳이 거병하였다. 그런데 이 사건에서도 정씨 진인설이 계기로
이용되고 있었다.

> G1. 역적은 邊山 도적인 鄭氏 성을 가진 사람입니다. …(중략)… 이른바 鄭
> 都令은 변산으로부터 와서 陽城 九萬里에 머물렀습니다. 권 생원과 모든
> 일을 상의하며 壯軍을 모집했다고 합니다. 이른바 정도령은 둔갑술을 잘
> 펼치고 부적을 잘 만든다고 합니다.[88]
>
> G2. 鄭都令이 장수가 되어 전국 8도가 모두 호응했다. 네 비록 늙은 나이지
> 만, 姜太公은 80살 나이로도 오히려 공적을 이루었으니, 너도 모름지기
> 동참하라.[89]

〈G1〉은 무신란의 가담자 李徵觀의 사내종이었던 貴金의 진술 내용이
고, 〈G2〉는 平澤의 將官으로 있던 朴泰厚[90]를 끌어들이기 위해 반란군

---

86)『정감록』「삼한산림비기」, "松岳山山虫 食葉殆盡"
87) 고수연, 2004,「英祖代 戊申亂 硏究의 現況과 課題」『湖西史學』39, 177~178
쪽.
88)『추안급국안』14책,「戊申 逆獄推案 1」, 437~438쪽, 貴金의 元情.
89)『추안급국안』15책,「무신 역옥추안 3」, 76쪽, 朴泰厚의 結案.
90)『추안급국안』14책,「무신 역옥추안 2」, 788~789쪽, 朴泰厚의 元情.

의 哨官이었던 李世彩가 권유했던 말이다. 모두 鄭都令이라는 특별한 능력을 지닌 인물이 가담의 동기가 되었음을 보여준다. 이때 거론된 정도령이 鄭希亮과 같은 구체적인 인물을 지칭하는 것인지, 아니면 가상의 인물인지는 앞으로 더 확인이 필요한 일이지만, 널리 유포되어 있던 정씨 진인설이 무신란의 참여자를 확대시키는데 이용되었음은 분명한 듯하다.

1729년(영조 5)에는 전 堤川縣監 鄭錫을 무고하는 李錫孝의 고변이 있었는데,[91] 정석의 아들이 임금의 기상을 지닌 비범한 인물이라며 사람들이 모여든다는 내용이었다.[92] 이 역시 무고임이 밝혀졌지만, 이석효는 진술 과정에서 정석이 정몽주의 후손이라는 점을 역모의 근거로 제시하였다.[93]

1733년(영조 9)에는 南原의 掛書와 관련하여 金元八 父子가 체포되어 추국을 받은 뒤 처형되었다.[94] 이 사건에서는 『南師古秘訣』과 『要覽』 등의 참서가 발견되었는데,[95] 특히 戊申亂과 관련된 내용으로 조정의 주목을 받았다.[96]

1739년(영조 15) 조정에서는 '정감의 참위한 글[鄭鑑讖緯之書]'이 서북 변방에서 널리 전파하고 있다며 그 대책이 논의되었다.

　　이때 서북 변방 사람들이 鄭鑑의 讖緯한 글을 파다히 서로 전하여 이야기하므로 朝臣이 불살라 금하기를 청하고 또 言根을 究覈하고자 하기에 이르렀

---

91) 『영조실록』 5년 8월 5일.
92) 『추안급국안』 16책, 「己酉 罪人李錫孝推案」, 851~852쪽, 李錫孝의 元情.
93) 같은 자료, 855쪽, 이석효의 진술.
94) 『영조실록』 9년 7월 29일~8월 13일(신유) ; 『추안급국안』 19책, 「癸丑 元八推案」.
95) 백승종, 2006, 「18~19세기 정치적 예언서의 내용과 그에 대한 당시대인들의 해석」 『한국의 예언 문화사』 푸른역사, 111쪽.
96) 『영조실록』 9년 8월 7일.

는데, 임금이 말하기를, "그것이 어찌 秦始皇이 서적을 지니는 것을 금한 것
과 다르겠는가? 正氣가 충실하면 邪氣는 실로 절로 사라질 것이다. 정기를 도
우려면 학문이 아니고서 어찌하겠는가?"라 하였다.[97]

『英祖實錄』에 실린 이 기사는 실록에 처음 등장하는 『정감록』 관련
기사로서 주목되었으며, 아울러 황해도, 함경도 및 평안도 지방에서 유
행하고 있다는 사실이 주목되었다.[98] 그런데 이 기사는 제한적으로 이해
해야 할 것으로 보인다. 『정감록』이라는 내용의 참서가 당시 서북 지방
에서 유행한 것은 분명한 사실이라 하더라도, 그 출현을 당시 서북 지방
으로 이해하는 것은[99] 과도한 해석으로 보인다. 지금까지 살펴본 것처럼
眞人說이나 왕조의 흥망을 예언하는 등 유사한 내용을 담은 참서는 16세
기말 이후 점점 유포되고 있었다. 그 과정에서 鄭氏 眞人이 구체화되었
고, 『정감록』과 유사한 내용을 지닌 讖言들이 유행하였다. 또 이는 각종
변란·모반이나 이를 평계하는 무고 사건의 주요한 소재가 되기도 하였
다. 17세기 이후 나타난 각종 讖書 관련 사건에서 서북 지방과의 직접적
관련성은 찾아보기 어려웠다. 또 당시 서북 지방에서 유행하였다는 '鄭
鑑讖緯之書'가 이후 전해진 『정감록』과 동일한 내용이라고 확언하기도
어렵다. 『정감록』은 자체가 수백 년 동안 禁書로 되어 있으면서 은밀히
여러 사람의 손을 거쳐서 사본으로 전해 내려 왔으며, 그 전파 과정에서
轉寫者가 가졌던 목적에 따라서 본래의 내용이나 형식이 새롭게 구성되
었을 것으로 추정되기 때문이다.[100] 1739년(영조 15)의 '鄭鑑讖緯之書'는
16세기말 鄭汝立 사건 이후 유포되던 여러 형태의 讖言이 구체화된 것이

---

97) 『영조실록』 15년 8월 6일.
98) 백승종, 2006, 「18세기 후반 《정감록》의 출현과 보급」 『한국의 예언 문화사』
    푸른역사, 78~79쪽.
99) 같은 논문, 79쪽.
100) 같은 논문, 76쪽.

며, 柳孝立 사건이나 宋匡裕 사건, 梁禹轍 사건에 등장했던 讖書가 정씨 진인설을 전면적으로 내세우는 讖書의 형태로 진화한 단계라는 의미를 둘 수 있을 것이다.

17세기말 肅宗代 이후 18세기 전반 英祖代에 이르는 과정에서 眞人說의 주인공은 점점 鄭氏로 귀결되어 갔으며, 여러 가지 형태로 표현되던 讖書는 최종적으로 『정감록』으로 수용되었다. 이전 단계에서 정씨와 함께 거론되던 최씨와 허씨는 탈락하고 정씨가 최종 주인공이 된 경위에 대해서는 앞으로 면밀한 검토가 필요하다. 다만 反왕조적 상징성이 다른 성씨에 비해 더 강했던 측면을 지적할 수 있을 것이다. 許氏의 경우 柳孝立 사건에 대거 가담하고 宋匡裕 사건에서 처음 진인으로 부각되었지만 다른 성씨에 비해 反왕조적 역사성이 부족하였다. 최씨도 崔瑩이라는 존재와 관련하여 숙종대까지도 정씨와 함께 진인의 대상으로 경합하였지만 최종적으로 선택된 것은 정씨였다. 이는 정씨가 지닌 反왕조적 상징성이 최씨보다 더 강했던 측면을 지적할 수 있을 것이다. 鄭夢周·鄭道傳의 희생은 이미 15세기부터 鄭氏를 反왕조의 중심으로 삼는 奠邑의 讖言으로 나타났고, 이에 덧붙여 鄭汝立의 사건 등이 이어지면서 증폭되었다. 이러한 역사적 경험이 각종 변란에 반영되면서 다시 새로운 형태의 참언과 참서를 만들었고, 오랜 기간의 상호 작용을 거쳐 결국 『정감록』으로 귀결된 것이다.

4. 맺음말

조선왕조의 건국 이래로 민간 차원에서는 鄭氏가 일어난다거나 鷄龍山에 도읍할 것이라는 讖言이 있어왔다. 이러한 참언은 변란과 결합하면서 한층 구체화되고 체계화되었는데, 16세기 말 鄭汝立의 사건이 한 계기가 되었다. 이후 17세기 전반 仁祖代까지 反왕조적 상징성을 가진 인물이나 그들의 후손을 '眞人'으로 내세운 각종 변란이 빈발하였다. 이러한 변란에서는 특정한 인물에 신화적인 이미지를 부가하여 진인으로 부각시키고, 干支의 조작을 통한 참언을 통해 거사를 합리화하였다. 宋匡裕의 사건에서 처음 거론된 眞人은 許氏였고, 이후 鄭氏나 崔氏 등이 진인으로 내세워졌다.

17세기말 肅宗代 이후 18세기 전반 英祖代에 이르는 과정에서 眞人說의 주인공은 점점 鄭氏로 귀결되어 갔으며, 여러 가지 형태로 표현되던 讖書는 최종적으로 『鄭鑑錄』으로 수용되었다. 정씨가 허씨와 최씨를 제치고 진인설의 최종 대상이 된 이유에 대해서는 앞으로도 면밀한 검토가 필요하지만, 反왕조적 상징성이 다른 성씨보다 강했기 때문으로 보인다. 崔瑩은 물론 林慶業이나 南怡 등 조선왕조에 핍박을 받은 여러 인물들이 변란의 정신적 구심으로 자주 등장했지만, 민중에게는 鄭夢周나 鄭道傳 등이 갖는 反왕조적 상징성이 더 크게 자리 잡았고 이는 鄭氏가 일어난다는 '奠邑의 讖言'으로 표현되었다. 鄭汝立의 사건은 정씨의 상징성을 더욱 증폭시켰고, 이후 오랜 기간의 여러 차례 변란을 거쳐 鄭氏 진인설로 수용되었다. 그 과정에서 거사 시기나 비범한 인물의 출현 등을 예언하던 참언들은 몇 가지 讖書로 구체화되었는데, 결국 정씨 진인설과 계룡산 도읍설을 주된 내용으로 하는 『정감록』으로 귀결되었다. 『정감록』은 18세기 전반에 갑자기 출현한 것이 아니라, 조선 건국 이후 특히 17세기 이래의 각종 변란을 거치는 과정에서 나타났던 여러 가지 역사적 경험이 상호 작용하면서 만들어낸 결과물이었다.

제2부

조선후기 정치 변동과 추국

제1장
1680년 柳赫然의 옥사와 경신환국

1. 머리말

숙종 6년(1680)의 庚申換局은 南人 우위의 정국을 일시에 西人 우위의 정국으로 바꾸어 놓았던 사건으로,[1] 이후 숙종대 정치사의 특징이 된 '換局'의 출발이 되었다. 경신환국은 숙종 6년 3월 28일, 국왕인 肅宗이 남인 계열의 訓鍊大將 柳赫然을 해임하고, 그 자리에 자신의 장인인 光城府院君 金萬基를 임명하면서 시작되었다.[2] 이튿날 숙종은 鐵原에 유배되었던 서인의 중진 金壽恒을 용서하고 남인인 이조판서 李元禎의 관작을 삭탈하였으며, 그 다음날 남인 정승들을 책망하는 하교를 내리면서 좌의정 閔熙와 우의정 吳始壽 등 남인 관료의 사직을 유도하였다. 이어 며칠 뒤에는 영의정 許積의 서자인 許堅이 福善君 李柟과 역모를 꾸몄다는 鄭元老와 姜萬鐵의 告變이 일어나면서 推鞫으로 이어졌고, 이 사건을 계기로 남인이 중앙 정계에서 대거 축출되고, 서인들이 재등장하는 경신

---

1) 경신환국과 관련한 근래의 대표적인 연구를 들면 다음과 같다. 이와 함께 본서 제2부 제2장 참조. 洪順敏, 1986, 「숙종초기의 정치구조와 「환국」」『韓國史論』 서울대 국사학과 ; 李銀順, 1988, 『朝鮮後期黨爭史硏究』 一潮閣 ; 李熙煥, 1995, 『朝鮮後期黨爭硏究』 國學資料院 ; 이상식, 2005, 「숙종 초기의 왕권안정책과 경신환국」『朝鮮時代史學報』 33, 朝鮮時代史學會.
2) 『肅宗實錄』 6년 3월 28일.

환국이 전개되었다.[3]

　이렇듯 경신환국은 훈련대장 유혁연의 兵權을 박탈하는 조치로 시작되어, 추국을 통한 처형 또는 유배 그리고 강제적, 반강제적 은퇴를 통해 남인계 인물들이 정계에서 물러나는 형태로 진행되었다. 경신환국이 일어나게 된 내적인 배경에 대해서는 여전히 종합적이고 다각적인 검토가 필요한 상황이지만,[4] 그와는 별도로 외적으로 드러난 경신환국의 첫 번째 단계, 즉 유혁연의 훈련대장직 해임 조치가 갖는 의미에 대해서도 충분히 주목할 필요가 있다. 종래에 경신환국을 다룬 연구에서는 유혁연의 해임을 단순히 경신환국의 한 단계로만 다루고 있을 뿐, 그다지 관심으로 두지 않아 왔다. 이는 유혁연이 무반으로서, 당시 남인·서인 대립의 정국에서 특별히 주목할 만한 정치적 역할을 담당해오지 않았던 데에서 기인하는 것으로 판단된다. 그러나 그가 맡고 있던 훈련대장이라는 직임은 물론 유혁연이라는 인물 자체도 당시 정국의 변화를 이해하는 데에 있어서 가벼이 보아 넘기기 어려운 무게를 지니고 있었다. 더구나 유혁연은 훈련대장에서의 해임에 그치지 않고, 경신환국 과정에 이어진 推鞫에 연루되어 결국 賜死되기까지 하였다. 시작에서 마무리까지 밀접하게 관련된 유혁연에 대한 검토는 그 자체로 경신환국을 이해하는 의미 있는 지점이 될 수 있을 것이다.

---

3) 洪順敏, 앞의 논문, 180쪽 ; 본서 제2부 제2장 155쪽.

4) 『燃藜室記述』 등 野史類 사료에서는 이른바 油幄 사건을 경신환국의 직접적 배경으로 설명하고 있다. (李肯翊, 『燃藜室記述』 권34, 肅宗朝 故事本末, 庚申大黜陟 許堅之獄) 한편 근래의 연구에서는 경신환국의 배경에 대해 좀 더 구조적인 접근을 시도하고 있는데, 홍순민은 탁남으로의 권력 편중을 견제하려는 숙종과 훈척의 반발에 의해 이루어진 것으로 이해하였고,(홍순민, 앞의 논문, 180쪽) 이희환은 국왕의 의지와는 상관없이 金錫胄의 계략에 의해 일어난 사건으로 파악하고 있으며,(이희환, 앞의 책, 46~47쪽) 이상식은 남인과 서인과의 당쟁, 탁남과 훈척과의 병권을 둘러싼 경쟁에 왕위를 차지하려는 역모 사건이 중첩되어 일어난 것으로 보았다.(이상식, 앞의 논문, 141쪽)

野堂 柳赫然(1616~1680)은 문반 우위의 정치 구조가 확립되어 있었던 조선후기에 무반 출신으로서는 드물게 고위 관직까지 진출했던 인물이었다. 효종 5년(1654) 격렬한 臺諫의 반대를 꺾고 무신으로는 전례가 거의 없이 承旨로 발탁된[5] 이래, 공조·형조·병조의 참판과 한성부의 우윤·좌윤을 거쳐 한성부 판윤과 공조·형조의 판서에 이르는[6] 등 문반의 요직을 두루 역임하였다. 그러나 역시 무엇보다도 유혁연의 관력을 검토할 때 우선적으로 살펴보아야 할 것은 무반으로 당연히 지니고 있었던 무반 직임이다. 인조 19년(1641) 李時白과 具仁垕 등의 啓請에 따라 司僕寺 內乘으로 관직 생활을 시작한 유혁연은 인조 22년(1644) 武科에 급제하여 關西에 부방하고 돌아온 뒤, 宣川府使와 黃海兵使, 水原府使 등의 외직을 두루 맡았다.[7] 중앙에 들어와 잠깐 승지를 맡았다가 다시 京畿水使와 忠淸兵使, 統制使 등의 閫任을 역임한 뒤, 41세이던 효종 7년(1656)에 御營大將을 맡았다. 이후 14년간 어영대장으로 있으면서 例兼職인 捕盜大將은 물론, 각조의 참판과 한성부의 좌·우윤을 겸직하기도 하였다. 현종 10년(1669)에는 李浣의 뒤를 이어 訓鍊大將이 된 뒤, 실각하던 숙종 6년까지 다시 12년간 이 직임이 있었다. 역시 훈련대장으로 재임하는 중에도 형조·공조의 판서와 한성 판윤을 겸임하였다. 조선후기의 핵심 군영이었던 훈련도감과 어영청 두 군영의 대장을 연달아 25년 이상 맡았던 인물은 유혁연이 유일하였다.[8]

유혁연의 생애 전반과 정치적 활동 및 국방 강화책에 대해서는 이미

---

5) 『孝宗實錄』 5년 12월 19일.
6) 이상 유혁연의 관력은 『朝鮮王朝實錄』과 『承政院日記』 등 연대기 자료에서 확인하였다. 전거는 일일이 들지 않는다. 이하에서도 관력의 전거는 필요한 경우에만 제시하였다.
7) 柳赫然, 『野堂遺稿』 권2, 附錄, 年紀略. 『야당유고』는 柳承宙에 의해 번역되어 간행되었는데, 본 논문에서는 이 번역본을 참조하였다. 이하 일일이 거론하지 않는다.(柳承宙 譯, 1999, 『野堂遺稿』, 大明企劃.)
8) 李裕元, 『林下筆記』 권24, 文獻指掌編, 將臣久任.

선행 연구에서 다룬 적이 있으므로[9] 본 논문에서는 경신환국과 직접적으로 관련되는 소재를 중심으로 살펴보도록 하겠다. 구체적으로는 大興山城의 축성 및 屯軍 作隊의 경위를 살펴보고, 이것이 경신환국 과정에서 유혁연의 혐의로 적용되어 추국으로 진행되는 과정을 확인해보도록 하겠다. 유혁연이라는 인물을 통해, 경신환국을 보는 새로운 視點이 제공될 수 있을 것으로 기대한다. 본 논문에서는 『朝鮮王朝實錄』과 『承政院日記』의 연대기 자료를 바탕으로, 推鞫廳의 심문 기록인 『推案及鞫案』 유혁연의 문집인 『野堂遺稿』 등을 참조하였다.

2. 대흥산성 축성과 屯軍 作隊

숙종 6년(1680) 3월 28일 柳赫然이 훈련대장에서 해임된 뒤 며칠이 지나지 않은 4월 5일, 鄭元老와 姜萬鐵은 許積의 서자 許堅이 역모를 꾸며 福善君 李柟을 추대하려 한다고 上變하였다.[10] 관련자들에 대한 추국이 막 진행되는 가운데 대사헌 李翊相 등은, 伊川의 屯軍을 단속하면서 훈련대장 유혁연이 조정의 뜻을 품의하지 않고 마음대로 事目을 만들어 군문처럼 확장했다며 유혁연을 拿問하여 처치할 것을 요청하였다.[11] 그 뒤 유혁연의 처리 과정에 대해서는 다음 장에서 후술하겠거니와, 유혁연이 허견의 獄事에 연루된 첫 번째 계기는 伊川 둔군의 단속이었다. 그렇다면 둔군의 단속 배경을 먼저 살펴볼 필요가 있다.

顯宗 11년(1670) 3월, 당시 좌의정이었던 許積이 "산골짜기에 있는 流民들이 대부분 신역이 없는 良丁이니 團束하여 作隊할 수 있다."고 건의

9) 구경남, 2007, 「17세기 후반 유혁연의 정치활동과 국방강화책」 『韓國人物史研究』 8, 한국인물사연구소.
10) 『숙종실록』 6년 4월 5일.
11) 『承政院日記』 숙종 6년 4월 8일.

하자, 병조판서 金佐明이 동의하여 유민들로 작대하는 일이 처음 시작되었다. 이에 따라 訓鍊大將이었던 유혁연이 중심이 되어 산골짜기에 널리 屯田을 설치하고 장정들을 모집하였는데, 군병으로 단속한 것이 수십 개의 둔전이었다.[12] 둔전은 원래 교통과 운송이 발달하지 못한 중세 사회에서, 국방상의 요충지에 주둔하고 있는 군사로 하여금 황무지나 陳田 등을 개간·경작하게 하여 軍需에 충당하게 하는, 이른바 '且戰且耕'의 특수지목이다.[13] 일반적인 둔전경영 형태는 각 기관의 예속 노동력을 이용한 것이지만, 兩亂 이후 流民이나 이에 상응하는 부류를 모집하여 경작하는 '募民耕墾'의 방법도 새로운 둔전 경영 방법으로 대두하고 있었다.[14] 중세사회 流民의 발생은 일반적인 현상이라고 볼 수도 있지만, 조선후기에는 농민층의 유망 현상이 전 시기에 비해 더욱 잦아지고 규모가 커지면서 심각한 사회문제로 대두하였다.[15] 정부 입장에서는 둔전의 설치는 유민의 安集을 위한 유민 대책일 뿐 아니라 군역 자원을 확보하기 위한 軍政 대책이기도 하였다.[16] 허적의 제안이 조정에서 받아들여져 유혁연에 의해 대규모로 시행될 수 있었던 배경이었다.

江原道 伊川도 유혁연이 설치한 많은 屯田 중의 하나가 설치된 지역이었다. 현종 14년(1673) 유혁연은 강원도의 군사가 품성이 지극히 굳세면서도 순박하여 가장 정예하고 좋다며 칭찬하는 가운데, 伊川에서 많은 군사를 얻었다고 보고하고 있다.[17] 이미 강원도에는 楊□와 狼川 등에 둔전을 설치했다가 폐단이 있다고 하여 폐지한 적이 있었는데, 이천과

---

12) 『顯宗改修實錄』 11년 3월 12일.
13) 宋亮燮, 2006, 『朝鮮後期 屯田 硏究』, 景仁文化社, 1쪽.
14) 송양섭, 같은 책, 56쪽.
15) 조선후기 유민 발생의 배경과 그 규모 및 실태에 대해서는 邊柱承의 논문 참조. 邊柱承, 1997, 『朝鮮後期 流民硏究』, 高麗大 博士論文.
16) 송양섭, 앞의 책, 61쪽.
17) 『승정원일기』 현종 14년 2월 3일.

橫城 등지에 다시 훈련도감의 둔전이 설치되어 많은 유민을 모입하고 있었다.[18]

한편 현종 14년 11월, 중국에서는 吳三桂 등이 일으킨 이른바 '三藩의 亂'이 일어났는데, 조선에서는 발생 4개월 만인 현종 15년(1674) 3월에야 謝恩使 金壽恒의 장계로 인하여 알려지게 되었다.[19] 이를 계기로 孝宗代에 이어 다시 北伐論이 제기되었는데 중심 인물은 재야에 있던 尹鑴였다. 윤휴는 같은 해 7월 密疏를 올려, 기회를 놓치지 말고 군대를 동원하는 결단을 내릴 것을 현종에게 촉구하였다.[20] 현종이 승하하고 肅宗이 즉위한 뒤 조정에 나온 윤휴는 같은 해 12월에도 상소하고 밀봉한 책자를 올려 復讎와 雪恥의 뜻을 다시 진달하였다.[21] 이후 조정의 논의는 윤휴의 북벌론과 그 실행 방법을 둘러싸고 치열하게 전개되었다.

숙종 1년(1675) 1월 11일, 윤휴는 武剛車라는 兵車를 만들어 사용할 것을 주장하였다. 이에 金錫冑는 평지에서 이로운 車戰을 넓은 들이 없는 우리나라에서 행하기는 어렵다면서 반대하였고, 윤휴는 외바퀴 병거인 獨輪車를 만들면 험한 길이라도 갈 수 있다며 반박하였다.[22] 무강거는 漢나라 武帝 때 衛靑이 만들어 匈奴를 제압했던 兵車였다.[23] 임진왜란 이후 조선의 군사제도를 재구성하는데 핵심이 되었던 것은 明나라의 장수 戚繼光의 『紀效新書』로서, 步兵 중심의 남방의 왜구를 막는 효과적인 전법을 담고 있었다.[24] 그런데 척계광은 북부 변방의 騎兵에 대응하는 또 다른 전법을 담은 병서 『練兵實紀』를 편찬한 바 있었다.[25] 당시

---

18) 『승정원일기』 현종 14년 3월 3일.
19) 洪鍾佖, 1977, 「三藩亂을 前後한 顯宗 肅宗年間의 北伐論 - 特히 儒林과 尹鑴를 中心으로 - 」 『史學研究』 27, 韓國史學會.
20) 『顯宗實錄』 15년 7월 1일.
21) 『숙종실록』 즉위년 12월 1일.
22) 『숙종실록』 1년 1월 11일.
23) 柳馨遠, 『磻溪隨錄』 권24, 兵制後錄攷說, 兵車.
24) 金友哲, 2001, 『朝鮮後期 地方軍制史』, 景仁文化社, 22쪽.

왜란을 겪으면서 『기효신서』를 적용하여 군사제도를 개편했던 조선에서는 이미 宣祖代부터 『연병실기』를 간행하는 등 騎兵에 대비하려 하였지만,[26] 우리나라의 지형을 이유로 병거 및 이를 이용한 車戰에는 회의적이었다.[27] 북벌론과 관련하여 병거의 제조 및 운용을 거론한 윤휴는 여러 신하들과 치열한 논쟁을 펼쳤는데, 논쟁의 중심에 섰던 인물은 유혁연이었다.

1월 24일, 지난번에 마무리 되지 못한 윤휴의 제안을 가지고 다시 토론하도록 하였다. 병거의 종류 및 그 장점에 대해서 자세히 논했던 유혁연이 병거의 단점으로 꼽았던 것은 만드는데 시간과 物力이 많이 투입된다는 것이었다. 또 평소 사용하지 않을 때 간수하기 어려운 점도 단점으로 지적되었다. 이에 윤휴는 戰馬를 먹여 기르는데 비하면 간수하기 어렵지 않으며, 나라에 이롭다면 물력을 고려할 것이 아니라고 항변하였지만, "윤휴는 일을 맡아 보지 못하였으므로 쉽게 말하는 것입니다."라는 유혁연의 핀잔을 받게 되었다. 실제 윤휴는 열흘 안에 1만 乘을 만들 수 있다고 큰소리쳤지만 물력이 많이 들 것이라는 숙종의 걱정을 잠재우지는 못하여, 결국 시험 삼아 두세 兩의 병거를 만들어보기로 하자는 許積의 제안을 따르는 것으로 일단 논의가 정리되었다.[28] 유혁연으로부터 간수하기가 어렵다는 병거의 단점을 지적 받았던 윤휴는 며칠 뒤 주강 자리에서 그 대책을 제시하였다. 한 수레에 열 사람을 써야 하므로 열 사람이 번갈아 간수하되, 지방에서는 민간에 내어주어 짐을 나르는데 쓰게 하면 간수의 문제가 없다는 것이었다.[29] 이에 유혁연은 國葬에 쓰고 남은 나무가 약간 있으니 속히 제조하게 하겠다고 하였고, 숙종은 일단 몇

---

25) 白奇寅, 1996, 『中國軍事思想史』, 國防軍史研究所, 187쪽.
26) 『宣祖實錄』 37년 12월 16일 ; 39년 9월 3일.
27) 『선조실록』 38년 11월 7일.
28) 『숙종실록』 1년 1월 24일.
29) 『숙종실록』 1년 1월 28일.

량을 만들어보고, 형세를 보아 하자고 대답하였다.[30]

　윤휴가 제안한 병거를 시험적으로 만들어보기로 한 것과 별도로, 훈련
도감에서는 火車를 만들기로 하였다. 화차는 수레 위에 다섯 층의 널빤
지를 설치하고 널빤지마다 열 개의 구멍을 뚫은 뒤 구멍마다 조총 한 자
루를 걸쳐놓아 연속하여 사격을 할 수 있도록 한 기구였다. 당시 영의정
許積은 兵車와 火車를 병용하면 전쟁에서 적을 막는데 유용할 것이라 하
였는데, 화차가 훈련대장 유혁연의 주도에 의해 만들어진 점을 고려하면
허적이 병거를 둘러싼 윤휴와 유혁연의 대립을 봉합하려 했음을 알 수
있다.[31]

　윤휴와 유혁연의 신경전은 완성된 병거를 숙종이 관람하는 문제를 놓
고 다시 이어졌다. 4월 2일, 윤휴는 숙종에게 병거를 직접 보고 팔도에
반포하도록 할 것을 요청하였는데, 유혁연은 廬次에서 볼 만한 것이 아
니라며 만류하였다. 윤휴는 불가할 것이 무엇이냐며 항변하였지만, 숙종
은 大臣이 대장과 보고 의논하도록 하라며 윤휴를 실망시켰다. 계속하여
윤휴는 팔도에 지시하여 속히 제조한다면 열흘 안에 할 수 있을 것이라
며 숙종을 재촉하였지만, 또한 어렵다는 유혁연의 반대에 부딪쳤다. 이
에 윤휴는 "이 일을 하지 않으면 오랑캐에게 복종하여 섬기는 부끄러움
을 면치 못할 것이고, 이 일을 하게 되면 저 사람들이 감히 대항하지 못
할 것입니다."라며 극언하였지만, 숙종으로부터 원하는 대답을 얻어내지
못하였다.[32] 허적은 윤휴의 兵車를 실행할 만하다며 숙종에게 진달했지
만, 숙종의 하문을 받은 우의정 權大運을 비롯한 신하들은 모두 사용할

---

30) 『승정원일기』 1년 1월 28일. 해당 기사의 『승정원일기』는 원문에 군데군데 몇
　　글자씩 缺字가 있는데, 숙종이라 추정되는 부분의 話者의 주체가 결자로 되어있
　　다. 문맥상 숙종으로 추정되어, 본문에 숙종의 대화로 처리하고, 이에 각주로 표
　　시하였다.
31) 『승정원일기』 1년 2월 21일.
32) 『숙종실록』 1년 4월 2일.

수 없다고 반대하였다. 이 자리에서 유혁연은 火車를 먼저 만들어야한다고 아뢰어, 숙종은 화차를 먼저 만들도록 지시하였다.[33]

兵車·火車를 둘러싼 윤휴와 유혁연의 대립은 결국 숙종이 유혁연의 손을 들어주는 것으로 일단 마무리되었지만, 윤휴는 기회가 될 때마다 병거로 적을 방어해야 한다는 주장을 제기하였다. 8월 13일, 다시 수레를 만들자는 주장을 꺼낸 윤휴에 대해 권대운은 반대 의사를 분명히 하였고, 허적은 大將들의 의견을 물어야 한다며 회피하였다. 그러자 윤휴는 "이 무리에게 어찌 물을 필요가 있겠습니까. 유혁연과 신여철이 비록 수레를 쓰기를 좋아하지 않는다 하나 어찌 장구히 장수가 되겠습니까. 다른 사람으로서 어찌 수레를 쓸 사람이 없겠습니까."라며 훈련대장과 어영대장을 싸잡아 비난하였다. 이에 유혁연이 목소리를 높여 爭辨하자 윤휴가 큰 소리로 질책하는 등, 숙종 앞에서 서로 다투는 민망한 상황이 연출되기도 하였다.[34] 수레 문제로 시작된 윤휴와 유혁연의 이러한 대립은 다른 사안으로까지 확대되어 이후까지 지속되었다. 이러한 대립은 어느 정도 예측할 수 있는 것이기도 하였다.

유혁연은 孝宗代에 군영대장을 맡으면서 顯宗代까지 李浣과 함께 軍務에 대한 전문성을 인정받고 있었던 인물로,[35] 현종 말년에 이완이 세상을 떠나면서부터는 군사 문제에 관한 한 독보적인 위치에 있었다.[36] 그런 유혁연의 입장에서 書生 출신 尹鑴의 주장은 현실을 모르는 탁상공론으로 치부될 수도 있는 것이었다. 은밀히 두 군문 대장을 불러놓고 청나라에 복수할 묘책을 묻는 孝宗의 하문에 李浣은 시종 완강히 반대하였

---

33) 『숙종실록』 1년 4월 10일.
34) 『숙종실록』 1년 8월 13일.
35) 일례로 비변사에서 경상도 남쪽 변경 鎭堡의 移設 문제가 논의되던 중, 이완과 유혁연이 자리에 없다는 이유로 결론을 내리지 못하고 두 사람이 함께 모인 날 다시 상의하기로 하였다. 『승정원일기』 현종 6년 10월 5일.
36) 『현종개수실록』 15년 6월 14일 ; 『숙종실록』 즉위년 11월 23일.

지만 柳赫然은 처음에는 반대하였다가 나중에 동의하였던 일화와 관련하여,[37] 유혁연이 북벌론에 적극적이었다고 해석할 수도 있지만 유혁연의 북벌론이 현실을 무시한 무모한 주장만은 아니었다. 효종이 처음 하문했을 때 유혁연의 대답이다.

> 병법에 상대방을 알고 나를 알아 승리할 것을 확신한 뒤 나아가야 한다고 하였는데, 이제 저들 적은 노릴만한 내부적인 반목이 없고 또한 明나라 遺臣들 역시 분기할 만한 호걸이 거의 없으니 어찌 반드시 성취할 수 있다고 말할 수 있겠습니까. 신들이 이름은 비록 장수이나 두 필부에 불과할 뿐입니다. 전하께서 두 필부를 거느리고 遼薊의 벌판을 잠시 치달았다고 한다면 홀로 천고의 웃음거리가 되지 않겠습니까.[38]

유혁연도 청나라와 조선의 형세에 대한 객관적인 인식을 가지고 북벌이 현 상황에서는 불가함을 인지하고 있었다. 다만 재차 하문하는 효종에 대하여 "전하께서 만약 승리할 수 있다는 확신 아래 결심하신다면, 신은 비록 이역에서 전사하여 뼈가 가루가 되더라도 보답하기를 꾀하겠습니다."라고 효종의 뜻에 부응하였던 것이다. 유혁연의 이러한 현실적 인식은 오삼계의 난으로 청나라의 상황에 변화가 생긴 뒤에도 유지되었다.

청나라의 정세 변화와 관련하여 윤휴가 북벌을 전제로 한 兵車의 사용과 같은 공격적인 대책을 제시했다면, 유혁연은 城池의 수축과 같은 방어적인 대책에 치중하였다. 숙종 즉위년(1674), 오삼계의 난과 관련하

---

37) 유혁연, 『야당유고』 권2, 行狀. 이 일화가 유혁연의 유고집에만 전해지는 것을 두고 사료의 신빙성을 의심할 수도 있다. 그러나 宋時烈과 門人인 李喜朝가 문답한 내용을 보면, 이희조가 효종대 북벌에 뜻을 두었던 무신이 누가 있었는지 묻자, 송시열은 "柳大將(柳赫然)은 일찍이 겪어보지 않았으므로 쉽게 말하였고, 李大將(李浣)은 胡亂을 겪어보았기 때문에 자못 謹愼하였다."라고 대답하고 있는 것으로 보아, 이완보다 유혁연이 효종의 북벌론에 더 적극적이었다는 이 기록은 사실로 인정할 수 있을 듯하다.(宋時烈, 『宋子大全』 附錄 권14, 語錄, 李喜朝錄)
38) 유혁연, 『야당유고』 권2, 행장.

여 청나라에서 請兵을 할 것이라는 소문이 돌자 조정에서 대책을 논의하는 가운데, 유혁연은 병자년의 치욕을 씻어야 할 이러한 기회에 파병하여 청나라를 도울 수는 없다는 주장을 앞세우면서도 유사시 駐蹕할 곳이 없으니 北漢山城을 수축하기를 청하여 숙종의 윤허를 받고, 먼저 현지에 가서 형세를 살펴보도록 하였다.[39] 유사시 피난처를 물색하던 유혁연은 거론되던 후보지 모두 단점을 지니고 있음을 보고하였다. 南漢山城의 경우, 군량이 있더라도 겨우 병자호란 때의 경험을 반복하는데 그치는 것이 단점으로 지적되었다. 江華의 경우, 섬이라는 특성 때문에 적을 마주한 뒤에 조정의 명령이 전국에 전달되기 어려운 점이 단점이었다. 처음 거론되었던 북한산성의 경우, 밖의 형세가 극히 險阻하여 우리 군병을 운용하기는 유리하지만 그 가운데가 한쪽으로 기울어 馬兵을 운용하기 곤란하고 馬草의 운송에도 불편한 점이 지적되었다.[40] 결국 세 곳 모두 駐蹕할 곳으로는 지장이 있는 것으로 판단되면서, 유혁연은 피난처로서의 城池 뿐만 아니라 시야를 넓혀 방어에 유리한 城池의 후보지를 다시 물색하게 되었다.

숙종 1년 5월 25일, 유혁연은 開城과 江華, 平山과 坡州 네 城의 지도를 올리고 그 형세를 논하였는데, 그 가운데 개성부에 築城이 필요함을 강조하였다.

> 참으로 하늘이 만든 땅입니다. 산의 형세가 담을 두른 듯하고 그 높이가 하늘에 닿은 듯하니, 백성들을 보호하고 군사를 조련하는 데는 이곳만한 곳이 없습니다. 그곳에 사는 백성들이 모두 성을 쌓기를 원하는데, 다만 糧糧米를 운반하여 오는 어려움이 염려됩니다. 그러나 朴淵瀑布 아래에 창고를 지어 곡식을 쌓아 두었다가 위급한 때에 임하여서 城中으로 실어 들이는 것이 편리하고 좋을 듯합니다.[41]

---

39) 『숙종실록』 즉위년 11월 13일.
40) 『숙종실록』 1년 1월 25일.

이에 허적은 개성에 축성을 하면 황해도와 경기도의 백성이 들어가
보전할 수 있을 것이므로 쌓지 않을 수 없다며, 유혁연의 의견에 동의하
였다. 이에 9월 6일, 유혁연은 개성의 天磨山에 축성할 것을 건의하였는
데, 윤휴의 축성 반대에도 불구하고 숙종은 영의정 허적에게 개성에 가
서 형세를 보게 하였다.[42] 윤휴가 주장했던 수레 논쟁에 이어 유혁연과
윤휴의 대립은 이제 유혁연이 주장했던 축성 논의로 이어진 셈이었다.
윤휴는 개성의 축성을 반대하는 대신에 도읍 가까이 南山에 축성할 것을
제안하였으나 받아들여지지 않았다.[43] 한편 천마산의 축성의 건의되던
자리에서 윤휴는 體府를 설치할 것을 청하였다. 청나라 사람들의 의심을
초래할 것이라는 허적의 반대가 있었지만, 숙종은 차분히 생각하고 헤아
려 행하도록 하교하였다.[44] 나중에 개성의 천마산성 즉 大興山城이 體府
의 관할이 되면서 許堅의 역모에 중요한 근거지로 제시되고 결국 유혁연
의 연루로 이어진 것을 고려하면, 역사적으로 상당히 중요한 장면인 동
시에 결과론적으로 상당히 역설적인 상황이었다. 9월 18일, 개성을 다녀
온 허적의 보고에 따라 축성이 결정되었고, 山城의 이름은 大興으로 결
정되었다.[45]

兵車 등의 문제에서 뜻을 이루지는 못하였지만, 다른 정책은 윤휴의
제안이 현실화되어 갔다. 五家統事目의 완성과 紙牌法의 시행 모두 윤휴
의 제안에 의해 시작된 것이었고,[46] 체부 설치를 지지하는 상소도 이어
져[47] 숙종은 우선 영의정 許積을 都體察使로 임명하였다.[48] 하지만 아직

41) 『숙종실록』 1년 5월 25일.
42) 『숙종실록』 1년 9월 6일.
43) 『숙종실록』 1년 9월 23일 ; 10월 11일.
44) 『숙종실록』 1년 9월 6일.
45) 『숙종실록』 1년 9월 18일.
46) 『숙종실록』 1년 9월 26일 ; 11월 8일.
47) 『숙종실록』 1년 10월 22일 ; 11월 5일.
48) 『숙종실록』 1년 11월 8일.

체부의 설치가 확정된 단계는 아니었다. 이에 윤휴는 상소하여 축성의 논의를 저지하지 못한 점, 兵車의 제도를 관철하지 못한 점 등을 자신의 죄과로 들며 사직하는 강수를 두었는데,[49] 상소에서는 축성과 병거의 논의에 자신의 견해가 받아들여지지 않은 것에 대한 서운함을 드러내었지만, 행간에는 체부의 설치가 지연되는 것에 대한 불만도 함께 담고 있었다. 이는 이튿날 숙종의 간절한 諭示에 따라 입궐한 윤휴가 체부를 속히 설치할 것을 다시 재촉한 데에서 확인할 수 있다.[50] 윤휴가 자신이 요구한 것에 거취를 연계시키자, 허적은 兩南의 감영으로 하여금 兵車를 만들게 하도록 하자고 건의하여, 숙종으로부터 힘이 되는대로 만들도록 하라는 명을 받았다.[51] 윤휴는 이어 집요하게 체부의 후속 인사를 요구하였으나, 사행이 돌아온 뒤로 미루자는 허적의 건의를 숙종이 받아들이는 형태로 보류되었다.[52] 당시 영의정 허적의 처신은 주목할 만한 점이 있다. 윤휴의 거침없는 행보에 적지 않은 불만을 지니고 있었고 실제로 윤휴를 반대하는 이의 편을 드는 형식으로 윤휴를 견제하기도 하였지만, 궁극적으로 윤휴의 제안이 받아들여질 수 있었던 것은 허적의 동의가 있기 때문이었다. 黨論의 시각에서 내린 평가라고 볼 수도 있지만, "윤휴가 패하면 남인의 세력이 외로워질 것을 염려하여 윤휴를 보존하여 서인을 막는 용도로 사용하였다."는 실록의 평가도 수긍할 만한 점이 있었다.[53]

거취까지 연계하는 초강수로 연달아 윤휴의 안이 견제 없이 통과 되자, 다른 신하들의 불만이 고조되기 시작하였다. 12월 28일 災異로 인하여 大臣과 宰臣들을 맞이한 자리에서, 신하들은 윤휴의 여러 정책에 대한 불만을 쏟아 놓았다.[54] 鄭致和는 兵車를 만들고 體府를 설치하는 일

---

49) 『숙종실록』 1년 11월 26일.
50) 『숙종실록』 1년 11월 27일.
51) 『숙종실록』 1년 12월 2일.
52) 『숙종실록』 1년 12월 7일.
53) 『숙종실록』 1년 9월 24일.

로 인심이 동요하고 있으며, 五家統과 紙牌도 폐지해야 한다고 주장하였다. 閔熙와 睦來善은 특히 體府에 대하여 반대 의견을 제시하였다. 다른 신하들도 최근에 시행하기로 한 정책 전반에 대해 비판을 쏟아내자, 허적은 일단 오가통과 지패는 결코 폐지할 수 없다고 선을 그어 숙종의 동의를 받았다. 이에 신하들의 논의는 병거 문제에 집중되었다. 수천 금을 허비하더라도 수레를 만들어 어진 선비를 잃지 말아야한다는 허적의 주장에 대하여, 金錫胄와 李宇鼎 등은 수레의 무용함을 들며 아울러 이에 진퇴를 거는 윤휴를 조롱하였다. 허적은 윤휴가 들어오지 않았음을 들어 결정을 미루기를 청하였지만, 숙종은 중국과 다른 우리나라의 지세에 병거의 운용은 무리라고 지적하며 영남에 수레를 만들지 말도록 하라며 이전의 결정을 번복하였다. 이 자리에서 許穆은 대흥산성의 役事를 정지할 것을 청하였지만, 허적은 중도에 폐지할 수 없다며 반박하였다. 兵車를 만드는 문제가 최종적으로 좌절되자, 윤휴는 며칠 뒤인 숙종 2년(1676) 1월 3일과 4일 연달아 상소를 올려 다시 사직하였다.[55] 윤휴는 이 상소에서 특히 "帥臣들은 태만하여 임금의 명령을 시행하지 않고 戚里들은 제멋대로 행동하며 공론을 두려워하지 않는다."며 비난하였는데, 여기서 거명한 태만하다는 수신은 병거를 만들지 않는 柳赫然을 지칭한 것이었고, 제멋대로 행동한다는 척리는 윤휴의 공격에도 摠戎使의 직임을 내놓지 않고 있던 金萬基를 지칭한 것이었다.[56] 이후에도 윤휴는 병거에 대한 미련을 버리지는 못했지만, 조정에서 다시 받아들여지지는 않았다.[57]

이러한 와중에 유혁연은 대흥산성의 역사를 차근차근 추진하였다. 1월 말, 축성에 앞서 城役에 소용되는 물력 및 設祭 등 각종 절차들을 숙

54) 『숙종실록』 1년 12월 28일.
55) 尹鑴, 『白湖全書』 권7, 疏箚, 辭職疏 ; 再疏.
56) 『승정원일기』 숙종 2년 1월 5일.
57) 『승정원일기』 숙종 2년 1월 21일 ; 2월 3일, 5년 9월 11일.

종과 상의하여 결정한[58] 뒤 3월 5일 역사를 시작한 착수한 유혁연은 50일 만인 4월 25일 대흥산성의 공사를 완료하였고, 이 공으로 유혁연은 內廐馬를 하사 받았다.[59] 이렇게 단기간에 신속하게 산성을 완성할 수 있었던 것은 유혁연이 訓鍊別隊 5천여 명 등 자신의 관하인 훈련도감의 인원을 동원하였기에 가능하였다. 산성에 다녀온 허적은 축성이 매우 잘 되었다고 만족감을 표시하면서, 모두 유혁연의 공이라고 칭찬하였다.[60]

대흥산성이라는 외형은 완성되었지만 그 외형을 채울 군병이나 재정의 확보 방안은 마련이 되지 않은 상태였다. 숙종 2년 2월, 윤휴의 요청에 의해 武科 出身들을 體府에 배속시키는 조치가 이루어졌는데,[61] 이는 체부 소속의 병력을 확보하려는 의도가 담긴 것이었다. 하지만 1만 4천여 명의 새로운 출신들을 모두 赴防시키면 흉년에 主客이 모두 곤궁해질 염려가 있다는 허적의 건의에 따라, 자원자에 한하여 부방을 면제하고 대신 곡식을 받아 軍需에 보충하는 방안이 마련되었다. 이에 따라 도성과 경기에서는 쌀 5섬을 京倉과 江華에 바치도록 하였고, 遠道에서는 근처의 해변 창고에 수납케 하여 江華와 大興山城으로 옮기도록 하였다. 이날 또 출신들을 체부가 아닌 다른 군문에도 배속하는 조치가 있게 되었다.[62] 이러한 조치들은 여러 모로 윤휴의 불만을 사기에 충분한 것이었다. 윤휴가 조정을 떠나 있던 시기에[63] 윤휴가 체부의 근간으로 삼으려 했던 출신들을 체부가 아닌 다른 군문으로 배속한 것도 불만이었고, 그들의 부방을 면제하고 대신 곡식을 받음으로써 출신들이 군사적 기능

---

58) 『승정원일기』숙종 2년 1월 23일.
59) 『숙종실록』2년 4월 25일.
60) 『승정원일기』숙종 2년 5월 11일.
61) 『숙종실록』2년 2월 12일.
62) 『숙종실록』2년 4월 13일.
63) 당시 윤휴는 驪州에 있으면서 사직 상소를 올리고 조정에 나아오지 않고 있던 상황이었다. 『숙종실록』2년 3월 16일.

을 하지 못하게 된 것도 불만이었다. 대홍산성의 축성이 결정된 뒤에도 계속 반대하던 윤휴로서는[64] 그 곡식들이 대홍산성의 재정 기반이 되었다는 점도 결코 유쾌할 수 없는 조치였다.

아무튼 출신들의 除防米를 이송하면서 대홍산성의 재정이 일부 확보되었으니, 이제는 군병을 확보하는 조치가 후속되어야 했다. 허적은 이를 근처의 屯田에 소속된 屯軍들을 소속시킴으로써 해결하려 했다. 이에 따라 瑞興의 管餉 屯田 4곳 가운데 2곳, 遂安의 관향 둔전 1곳, 谷山의 황해감영 둔전 2곳, 伊川·平康의 훈련도감 둔전을 체부로 이속시키도록 하였다.[65] 이로써 둔전에서 나오는 곡물로 軍餉을 삼고, 別將이 屯民을 團束하고 作隊하여 牙兵이라는 이름으로 위급할 때에 산성에 들어가 지키게 하였다. 허적의 제안에 따라 이루어진 이상의 조치 또한 군문과 아문의 둔전을 혁파하자는 입장이었던[66] 윤휴의 구상과는 거리가 있는 것이었다.

재정과 군병이 마련된 상황에서 대홍산성의 운영은 유혁연이 담당하였다. 軍器寺에 있는 鳥銃과 弓矢 등이 유혁연의 청에 따라 대홍산성으로 이송되었으며,[67] 이후에도 숙종은 대홍산성에 대해 조치할 일을 유혁연과 협의하였다.[68] 숙종 4년 9월, 대홍산성의 무사 試才를 유혁연의 병으로 훈련도감의 낭청 睦林儒가 대신 시행하는 기사가 확인되는 것으로 보아,[69] 평소 대홍산성 군병의 훈련이나 시재 등은 훈련대장이었던 유혁연이 직접 주관했던 것으로 보인다.

---

64) 『숙종실록』 2년 1월 12일.
65) 『숙종실록』 2년 10월 3일
66) 『숙종실록』 2년 1월 19일.
67) 『숙종실록』 4년 4월 2일, 『승정원일기』 숙종 4년 4월 3일.
68) 『숙종실록』 4년 4월 20일, 『승정원일기』 숙종 4년 4월 20일.
69) 『숙종실록』 4년 9월 7일, 『승정원일기』 숙종 4년 9월 7일.

3. 경신환국의 전개와 유혁연의 賜死

숙종 6년(1670) 3월 28일, 柳赫然이 급작스럽게 訓鍊大將 직임에서 해임되고 이어서 남인 관료들이 연달아 사직하던 즈음이었던 4월 5일, 許積의 서자인 許堅이 福善君 李枏을 추대하기 위해 모의했다는 鄭元老와 姜萬鐵의 告變이 일어났다.[70] 고변에 따라 당일 바로 추국청이 설치되어 고변인인 정원로·강만철부터 추국이 시작되었고,[71] 이튿날인 4월 6일부터는 관련자인 이남과 李台瑞 등의 추국이 이어졌다.[72] 그런데 4월 7일, 병조판서 金錫胄가 請對하여 伊川의 屯軍節目을 살펴보니 犒饋와 習操에 대한 내용이 있는데, 이는 군사를 동원하려는 기회로 삼으려던 것이라며 본현의 縣監을 拿問할 것을 요청하여 윤허를 받았다.[73] 또 이튿날인 4월 8일, 대사헌 李翊相 등은, 당초 體府에서는 둔군을 단속하는 뜻을 말하는 사이에 어렴풋이 언급하였던 것인데 훈련대장 유혁연이 조정의 뜻을 稟議하지 않고 제멋대로 건설하고 확대하여 엄연한 큰 군문처럼 만들었다며 유혁연을 拿問하여 처치할 것을 요청하여 윤허를 받았다.[74] 이에 허견의 옥사에 유혁연이 연루되게 되었는데, 아직 추국에서는 이천의 둔군이나 유혁연의 관련 문제가 전혀 언급되지 않고 있던 상황이었다. 허견의 옥사를 포함한 경신환국의 전반적인 과정을 김석주의 사전 음모와 계략으로 보는 시각[75]이 있음을 앞에서 언급했거니와, 유혁연의 훈련

---

70) 『숙종실록』 6년 4월 5일.
71) 「허견·이남 추안」 8책, 194~199쪽. 관련 심문 기록은 규장각에 소장된 『推案及鞫案』에 「庚申年 逆堅枏推案 (上)」과 「庚申年 逆挺昌元老等推案 (上)·(中)·(下)」라는 제목으로 남아 있으며, 1983년 총 30책으로 영인·간행된 亞細亞文化社의 영인본의 8책과 9책에 수록되었다. 이하 본 논문에 인용된 해당 추안은 「허견·이남 추안」 「오정창·정원로 추안 (상)·(중)·(하)」 등으로 略記하며, 책수와 쪽수는 영인본에 따랐다.
72) 「허견·이남 추안」 8책, 199~221쪽.
73) 『숙종실록』 6년 4월 7일.
74) 『숙종실록』 6년 4월 8일.

대장 직임 해임과 허견 옥사의 연루도 김석주가 사전에 깊이 개입하고 있었음을 알 수 있다. 5월 25일, 역모를 고변한 과정을 설명한 정원로의 상소에 다음과 같은 언급이 있었다.

> 그 뒤에 신이 또 허견과 이태서가 사사로이 의논하는 말을 들으니, '병조판서가 甲兵을 매복시켜 놓았다'는 설이었는데, 이 소문이 저들 무리 가운데 돌자 허적이 이 일을 유혁연에게 말하니, 유혁연이 팔뚝을 걷어붙이며 말하기를, "김석주가 어찌 감히 이러한 거조를 할 수 있겠는가? 소인이 살아 있는 한 김석주가 반드시 이러한 계책을 부릴 수 없을 것이며, 그가 제 스스로 목숨을 재촉하는 데 불과할 뿐이다. ……" 하는 것이었습니다. 신이 이 말을 듣는 즉시 병조판서의 內從 아우인 申範華에게 말하고, '병조판서가 훈련대장이 된 뒤에라야 국가에 근심이 없을 것'이란 뜻을 그로 하여금 전하여 아뢰게 하였습니다.[76]

병조판서 김석주측에서 이미 유혁연을 제거 대상으로 생각하고, 훈련대장 직임의 교체를 염두에 두고 있었음을 보여주는 언급이다. 결국 이 계획은 실현되었고, 경신환국은 유혁연의 해임으로 시작되었다. 훈련대장은 김석주가 아닌 金萬基가 차지하였지만, 유혁연이 주관하던 대흥산성의 관리권은 김석주에게로 이관되었다.[77]

4월 16일, 유혁연은 추국청에 잡혀와 심문을 받았다. 유혁연이 지닌 혐의는 크게 세 가지였다. 대흥산성을 담당하던 사람으로 둔군의 작대에 대해서 조정에 품의하지 않고 제멋대로 사목을 만든 점, 조정에서 모르는 상황에서 산성에서 閱試하기로 한 점, 군병들의 犒饋와 習操를 지시한 점 등이었다.[78] 이에 대해 유혁연은 조목조목 자신의 혐의에 대해 해

---

75) 이희환, 앞의 책, 46~47쪽.
76) 『숙종실록』 6년 5월 26일.
77) 『승정원일기』 숙종 6년 5월 7일.
78) 「허견·이남 추안」 8책, 367~368쪽.

명하였다.[79] 먼저 작대절목을 만든 일에 대하여 해명하였다. 자신이 책임을 맡기 전에 屯穀을 大興山城의 비용으로 사용하고 둔졸을 단속하여 작대한다는 내용으로 體府에서 이미 定奪했다며, 허적이 자신에게 알려주어 들었을 뿐이라고 하였다. 자신이 책임을 맡은 뒤에 이천의 屯監인 姜萬松이 절목을 가지고 와서 허적의 뜻이라며 題辭를 내려달라고 하기에, 둔졸의 작대는 체부와 관계되니 자신이 하는 것은 마땅하지 않다며 돌려보냈다고 하였다. 뒤에 허적을 만나니 "나는 작대절목에 익숙하지 않고, 대흥산성의 책임을 영감이 맡고 있으니 상의하여 절목에 제사를 내려주는 것이 어찌 불가하겠는가?"라고 하여 상의한 뒤 제사를 매겨주었다고 하였다. 다음으로 산성에서 閱試하기로 했다는 점에 대해 해명하였다. 앞으로 대흥산성의 무기와 창고를 점검하러 내려갈 때 함께 가서 試才하자는 허적의 제안에 대해, 대신과 훈련대장이 동시에 함께 가는 일은 중대한 일이니 임금에게 啓稟하고 해야지 멋대로 시재할 수는 없다고 대답했더니, 허적도 그 때가 되면 당연히 계품할 것이라고 말하였다고 하였다. 또 호궤와 습조에 대해서도 해명하였는데, 농사철에 해당하는 3월의 습조는 허락한 적이 없으며, 사안이 중대한 호궤를 조정에 품의하지 않고 할 수는 없다고 부인하였다.

추국청에서는 유혁연과 강만송의 진술이 서로 어긋난다며, 둘을 대질 심문하도록 하였지만 서로의 주장만을 반복하여 진위를 가리지 못하였다.[80] 이어 강만송을 壓膝하고 유혁연을 한 차례 刑訊하였지만 이전의 진술이 되풀이되었을 뿐이었다.[81] 추국청에서는 유혁연을 한 차례 더 형신할 것을 요청하였지만, 숙종의 비답을 받지 못하였다.[82] 숙종이 유혁

---

79) 같은 자료, 368~371쪽.
80) 같은 자료, 375~377쪽.
81) 같은 자료, 380~381쪽.
82) 같은 자료, 381쪽.

연에 대한 추가 형신을 허락하지 않은 것은, 이미 허견의 옥사에 유혁연
을 연루시킨 것이 무리라는 사실을 알고 있었기 때문으로 판단된다. 실
제로 유혁연의 혐의라는 것은 대흥산성의 책임자로서의 일상적인 업무
에 해당하는 것이었고, 호궤나 습조와 같은 문제는 강만송의 일방적인
주장에 따른 것이기 때문이었다.[83] 영의정 金壽恒은 유혁연을 참작해 처
리할 것을 요청하면서 다음과 같이 언급하였다.

> 柳赫然의 招辭 중에 伊川 屯軍을 團束하고 操鍊한 일을 대수롭지 않게 관
> 례를 따른 일로 돌려버리고 있지만, 그가 이에 홀로 姜萬松과 함께 稟目에 의
> 거하여 제멋대로 事目을 만들거나 조정의 뜻을 품의하지 않고 몰래 조련을
> 행한 것은 역적 許堅을 위해 兵權을 농락한 바탕으로 삼은 것에서 벗어날 수
> 없습니다. 國朝의 故事로 말하자면, 太宗朝에 沈溫이 兼判할 때 衛士를 제멋
> 대로 일으켜 太廟의 담장을 수축하였는데 태종은 오히려 이를 죄로 삼아서
> 죽였습니다. 유혁연의 일은 이를 가지고 형률을 받아도 진실로 원통할 것이
> 없지만, 역적 허견과 不軌를 논의한 것은 이미 드러난 바가 없습니다. 또 유
> 혁연은 도성의 군사를 거느린 지 20여 년이고 세 임금의 은혜를 받은 것이
> 하늘처럼 한이 없는데, 이에 보잘것없는 賤孼과 함께 凶逆을 도모했다는 것은
> 보통 사람의 마음으로 미루어보더라도 반드시 그렇다고 할 수 없습니다. 지
> 금 계속 형신을 더하면 목숨이 끊어질 염려가 있으며, 더구나 지금 변방의 근
> 심이 한창 시급한 날에 武將 중에 지위를 견줄 만한 이가 유혁연만한 이가
> 없습니다. 죄상이 드러나지 않았는데 형장을 받다가 죽는다면 中外의 무사들
> 이 뿔뿔이 흩어질 근심이 없지 않으니, 성상께서 참작하여 처리하는 것이 마
> 땅할 듯합니다.[84]

---

83) 강만송은 호궤 건에 대해서 처음에는 스스로 담당했다고 했다가, 나중에는 허견
　　이 지휘한 것이라고 말을 바꾼 적이 있었다. 또 유혁연이 산성에 가서 閱試할
　　것이라고 했다는 것도 처음 공초에서 나왔는데, 나중의 공초에서는 "유혁연의 본
　　의의 소재는 모르겠지만, 산성의 습조는 유혁연의 분부에서 나왔다."고 분명치
　　않게 대답하였다. 『숙종실록』 6년 4월 16일.
84) 『승정원일기』 숙종 6년 4월 19일.

군이 유혁연의 죄를 따지자면 멀리 태종이 무리하게 世宗의 장인 沈溫을 처형했던 고사를 끌어대야 할 만큼 궁색한 것이었고, 특히 허견의 옥사와는 관련 증거가 나오지 않았다는 사실을 인정하지 않을 수 없었다. 이에 숙종은 조정의 뜻을 품의하지 않고 제멋대로 중죄를 지은 것은 징계하지 않을 수 없다며, 減死하여 邊遠에 정배하기로 결정하고, 大靜縣에 귀양 보냈다.[85]

유혁연의 목숨을 살려주고 정배하기로 결정한 뒤로부터, 三司에서 유혁연을 처형하라는 상소가 계속되었다.[86] 이렇게 여론이 빗발치자 7월, 김수항은 자신이 경솔하게 유혁연을 너그럽게 처분하도록 요청했던 것을 자책하며, 유혁연을 圍籬安置하기를 요청하여 숙종의 윤허를 받았다.[87] 그럼에도 불구하고 유혁연의 처형을 요청하는 상소는 그치지 않았다. 이렇게 여론이 갈수록 격렬해진 데에는 5월, 許積이 賜死된[88] 것과도 무관하지는 않은 듯하다. 7월, 대사간 洪萬容이 유혁연의 처형을 요청하며, "유혁연은 허적과 조금도 차이가 없으니, 유혁연이 산다면 허적도 원통할 것입니다. 유혁연이 죽은 연후에 인심의 울분을 시원하게 할 수 있습니다."라고 언급하고 있는[89] 데에서 그러한 사정을 짐작할 수 있다. 이러한 상황은 李元成의 상변으로 다시 변화를 맞게 되었다. 8월 10일, 李元成이 지난번 옥사의 고변인인 鄭元老가 吳挺昌과 역모를 꾀했던 사실을 폭로하면서[90] 다시 옥사가 벌어졌고, 이 와중에 거론된 유혁연이 다시 配所에서 붙잡혀 와 추국을 받게 되었다.

---

85) 『승정원일기』숙종 6년 4월 22일.
86) 4월 27일 사간 李塾 등의 상소를 시작으로, 유혁연을 다시 붙잡아오기로 했던 8월까지 처형을 요청하는 상소가 계속되었다. 『승정원일기』6년 4월 27일~8월 8일.
87) 『숙종실록』6년 7월 3일.
88) 『숙종실록』6년 5월 5일.
89) 『승정원일기』숙종 6년 7월 15일.
90) 『숙종실록』6년 8월 10일.

8월 12일에 유혁연의 拿問이 결정되었지만, 위리안치되었던 大靜縣에서 순풍을 기다려 출발하느라 지체되어, 다음 달인 윤8월 7일에 국청에 들어와 추국을 받게 되었다.[91] 새로 진행된 옥사에서 鄭元老, 吳挺昌, 姜萬鐵 등의 진술에 의거한 유혁연의 혐의는 크게 네 가지였다.[92] 역적으로 처형당한 李枏과 혼인한 집안이 되어, 이남이 친하게 여겨 신임하며 "절대로 다른 뜻이 없을 것이다."라고 했다는 것이 첫 번째 혐의였고, 둔군 단속의 일에 대해 역적 허견과 편지를 주고받는 과정에 "이 일은 내가 안다."고 허견에게 답장했다는 것이 두 번째 혐의였으며, 김석주가 甲兵을 매복시켜 놓았다는 이야기를 듣고 유혁연이 팔뚝을 걷어붙이며 "김석주가 제 스스로 목숨을 재촉한다."고 했다는 것이 세 번째 혐의였고, 허견이 유혁연을 믿고 의지할 수 있다고 여겼다는 것이 네 번째 혐의였다.

유혁연은 각각의 혐의해 대한 자신의 입장을 진술하였다. 먼저 이남과의 관련성에 대해서 해명하면서 유혁연의 외손인 沈佐漢이 복선군 형제의 맏형인 福寧君 李楠[93]의 딸과 혼인한 경위를 설명하였다. 군문 대장인 몸으로 종실과 혼인하는 것이 옳지 않다고 여겨 여러 차례 거절하였으나, 복녕군 가문에서 사위 沈璿에게 압력을 가하였고 또 선왕인 현종의 遺命으로 심좌한을 복녕군의 딸과 혼인하도록 하였기 때문에 어쩔 수 없이 따랐던 것이지, 자신의 뜻은 아니었다고 해명하였다.[94] 또 이남이 친하게 여겨 신임했다는 대목에 대해서는 이른바 '紅袖의 變'[95] 때 자

---

91) 「오정창·정원로 추안 (상)」 8책, 670쪽 ; 787~788쪽 ; 「오정창·정원로 추안 (중)」 8책, 935쪽.
92) 「오정창·정원로 추안 (중)」 8책, 943~944쪽.
93) 복녕군은 이미 현종 11년(1670)에 세상을 떠난 상황이었다. 『현종실록』 11년 10월 16일.
94) 「오정창·정원로 추안 (중)」 8책, 945~946쪽.
95) 복선군 이남의 형제인 복창군 李楨과 福平君 李㮒이 궁중에 드나들며 궁녀들과 간통했다는 사건을 가리킨다. 淸風府院君 金佑明이 차자에서 폭로하고 明聖王 자

신이 앞장서서 복선군 형제들의 처벌을 주청한 사실을 증거로 들며 부인하였다. 또 이남이 자백한 진술에도 이러한 언급이 없는 점을 들었다. 이남이 친하게 여겨 신임했다는 말은 정원로의 진술에서 나온 것인데, 정원로가 당초에는 진술하지 않던 내용을 이남이 처형된 뒤에 꺼냈던 사실이 모함임을 증명한다고도 하였다.[96] 실제로 이남과 유혁연의 관련성을 언급한 여러 사람의 진술들은 그대로 혐의로 입증되기에는 부족한 점이 많았다. 정원로의 진술에서는 이남이 "유혁연은 나와 친밀하고 또 혼인한 집안이니 나의 일에 절대로 다른 뜻이 없을 것이다."라고 했다 하였고,[97] 오정창의 진술에서는 이남이 "유혁연은 늙었지만 장수의 직임에 그대로 두면 절대로 내게 해가 되는 일은 없을 것이다."라고 했다 하였다.[98] 어느 진술에서도 유혁연이 이남과 역모를 함께 했다고 볼 수 있는 증거는 없다. 다만 이남이 거사를 일으킬 경우에 유혁연이 막지는 않을 것이라는 이남의 일방적인 기대만 있을 뿐이고, 이나마도 이남이 처형된 뒤이기 때문에 확인할 수도 없는 진술이었다.

팔뚝을 걷어붙이며 큰소리 쳤다는 혐의는 허견이 이남에게 하는 말을 듣고 정원로가 진술한 내용에 근거한 것이었다.[99] 이에 대해서, 유혁연은 정원로와 강만철이 곤경에서 벗어나기 위해 꾸며낸 거짓말이라고 일축하면서, 허견이 처형되기 전에는 이 문제가 추국에서 거론되지 않았던 것을 그 근거로 삼았다.[100] 또 허견의 뇌물 수수 문제나 허견이 사전에 정보를 취득하여 은화를 동전으로 바꾼 일, 사사로이 군기시를 이용하여 개인의 鏡臺를 만들도록 한 일 등으로 許堅과는 물론 그의 아비인 許積

后까지 나서면서 복창군과 복평군은 유배되었다. 이희환, 앞의 책, 39~40쪽.
96) 「오정창·정원로 추안 (중)」 8책, 946~948쪽.
97) 「오정창·정원로 추안 (상)」 8책, 667쪽.
98) 「오정창·정원로 추안 (중)」 8책, 840쪽.
99) 「오정창·정원로 추안 (상)」 8책, 667쪽.
100) 「오정창·정원로 추안 (중)」 8책, 948~949쪽.

과도 불편한 관계였고 따라서 허견과는 편지를 주고받을 사이가 아니었
다고 해명하면서, 허견에게 답장했다는 혐의도 정원로가 꾸며낸 말이라
고 하였다.[101] 이렇게 나머지 혐의에 대해서도 유혁연은 나름대로의 근
거를 제시하며 해명하였다.

유혁연을 이남·허견의 옥사에 다시 연루시키기에는 관련성이 부족하
였다. 이남 등이 유혁연에게 기대했던 일방적인 희망 이외에, 유혁연이
가담했다는 근거는 나오지 않았다. 오히려 유혁연이 역모에 장애가 되고
있음을 보여주는 자료도 있다.

> 屯軍이 體府에 한번에 5백 명이 立番하니, 번을 교대할 때에는 1천 명이
> 된다. 이 병력이 있으면 힘을 얻을 수 있다. 이 일은 이미 대감에게 허락을
> 얻었으나, 柳大將이 鄕兵들이 입번하는 일을 질질 끌며 미루고 있다.[102]

이 기사는 허견이 자신에게 언급했다는 강만철의 진술 내용이다. 여
기에서 대감은 허견의 아버지인 영의정 허적이며, 柳大將은 훈련대장 유
혁연을 가리킨다. 서로 모의를 함께 한 사이에서 나올 수 있는 진술이
아님은 물론, 최소한 허견이 '믿고 의지하는' 모습을 확인하기에도 부족
하다는 사실을 알 수 있다. 이렇게 유혁연의 죄를 입증하기 어려워지자,
추국청에서는 유혁연의 처리 방향을 놓고 혼선을 빚게 되었다. 윤8월 9
일 추국청의 대신 이하 관료들이 請對한 자리에서, 처음에 金壽恒은 더
형신해야 기대할 것이 없으니 이미 드러난 '흉적들이 의지하고 중시했다'
는 빈약한 근거를 가지고 속히 유혁연을 처형하고 사건을 마무리 지으려
하였다. 여러 신하들이 동의하였지만 閔維重은 推鞫의 원칙을 거론하며
자백을 받지 않았으니 형신하여 실정을 알아내야 한다고 이의를 제기하

---

101) 같은 자료, 949~952쪽.
102) 「오정창·정원로 추안 (하)」 9책, 30쪽.

였고, 숙종도 '명백하게 서로 응낙한 자취가 없다'면서 망설이자, 김수항은 충분히 더 심문하자고 한발 물러나게 되었다.[103] 이에 유혁연에 대한 재조사가 이루어지게 되었다.

재조사는 강만철의 진술을 근거로 하여, 伊川 屯軍의 작대 경위와 의도에 대한 혐의에 집중되었다. 먼저 유혁연이 大興山城을 담당하는 사람으로 이천 둔군을 처음부터 끝까지 주관했는데, 허적이 조정에 품의하지 않고 유혁연과 함께 의논하여 절목을 만든 의도가 무엇인지를 물었다. 다음으로 산성에 소속된 여러 둔전 가운데 伊川과 文山의 두 둔전만 작대한 의도를 물었다. 또 둔군을 단속한 것은 許堅의 內亂을 막는 방책에서 나온 것으로 유혁연에게 주도하게 하였는데, 내란을 막는다는 것이 무슨 방책인지 물었다. 마지막으로 강만철의 진술에 '4월에 영의정과 함께 직접 산성에 가서 조련한다'고 했다는 것과 정원로의 진술에 '4월에 큰 변고가 있을 것이니 반드시 그전까지 단속하라'고 했다는 것이 서로 맞아떨어지니, 4월에 직접 산성에 가려고 했던 것이 무슨 의도인지 물었다.[104]

유혁연은 먼저 이천 둔군의 작대 경위에 대해 해명하였다. 이천 둔군을 작대하려는 계획은 오래된 것으로 이미 선왕인 현종 때에 결정된 것이라고 설명하고, 작대절목의 작성 경위에 대해서는 도체찰사였던 허적이 이미 계품하여 작대했다고 하기에 의심하지 않고 題辭를 매겨주었던 것이라고 해명하였다.[105] 이천·문산의 둔전만 따로 작대한 일의 경우, 다른 의도가 없었고 文山 別將의 보고에 따라 이천 둔군을 작대한 뒤 문산을 작대하여 산성을 지키는 내용으로 제사를 내려달라고 허적이 요청하였던 것이며, 이 또한 허적이 명백하게 定奪된 내용이라고 하기에 제

---

103) 『숙종실록』 6년 윤8월 9일.
104) 「오정창·정원로 추안 (하)」 9책, 36~37쪽.
105) 같은 자료, 37~39쪽.

사를 내려준 것이라고 해명하였다.[106] 허견이 내란을 막는다고 했던 것은 허견이 반역할 마음을 품고 李台瑞와 의논했던 일로, 자신은 알지 못했던 일이라고 하였다.[107] 직접 산성에 가려 했다는 일에 대해서는, 허적이 함께 가자고 부탁하였지만 대신과 대장이 함께 가는 것은 중대한 일이니 임금의 허락을 받아야 한다고 거절하였을 뿐이며 날짜가 맞아 떨어졌다는 대목은 자신이 전혀 알 수 없는 일이었다고 하면서, 이상의 내용은 모두 문서가 비변사에 있으니 확인할 수 있을 것이라면서 그들의 음모를 자신은 알지 못했다고 해명하였다.[108] 덧붙여 大興山城을 축성할 때 尹鑴의 반대에도 불구하고 2개월 안에 성을 쌓느라고 겨를이 없었던 일을 상기시키며, 허견과 내통하여 모의하고 허적과 산성에서 모임을 가졌다는 전혀 사실이 아님을 강조하였다. 아울러 자신이 허적과 함께 산성에 갔다면, 자신이 거느리는 훈련도감의 6천 명의 군사를 모두 병조판서 金錫胄에게 맡기고 떠났을 텐데, 이천 둔군 1司의 병력으로 산성에 모여서 무엇을 할 수 있었겠는지 반문하였다.[109]

유혁연에 대한 재조사에서도 유혁연의 자백을 받아내지 못하고 혐의를 입증하지 못한 추국청에서는 다시 형신하여 실정을 알아낼 것을 청하였지만, 숙종은 비답을 내리지 않았다.[110] 윤8월 11일, 숙종은 筵席에서 大臣에게 收議하여 유혁연을 賜死하도록 결정했다가, "다시 생각해보니 그의 진술만으로는 서로 내통하며 모의했다는 자취가 명백하지 않다."라며 이전의 配所에 圍籬安置하도록 하였다.[111] 이러한 숙종의 조치에 대해 三公을 포함한 모든 신하가 총동원되어 유혁연의 사사를 요청하였다.

---

106) 같은 자료, 39~40쪽.
107) 같은 자료, 40쪽.
108) 같은 자료, 41~42쪽.
109) 같은 자료, 42~43쪽.
110) 같은 자료, 44쪽.
111) 『숙종실록』 6년 윤8월 11일.

대사간 洪萬容은 "설령 유혁연이 실제로 내통하며 참여해 알았던 자취가 없다고 하더라도, 예로부터 신하가 어찌 이러한 죄명을 지고 그 죽음을 면할 리가 있겠습니까?"라고 하면서 유혁연의 처형을 요청하였다.[112] 이미 명백한 자취는 없지만 혐의가 있었으니 이러한 죄명을 지고 죽음을 면할 수는 없다는 논리였다. 이후 兩司에서는 계속하여 유혁연의 사사를 요청하였고,[113] 결국 9월 5일 유혁연을 사사하였다. 유혁연의 賜死 傳旨에서는 그동안 추국을 진행하면서 問目에 담았던 혐의가 그대로 담겨있었다. 福善君 李柟이 친하게 여겨 신임했다는 혐의, 허견이 믿고 의지했다는 혐의, 둔군을 단속하여 조정에 품의하지 않았다는 혐의 등을 거론하며, 최종적으로 다음과 같이 전교하였다.

> 유혁연은 대장인 몸으로 여러 임금의 은혜를 받았으므로, 당시의 세상이 위태롭고 의심스러운 때를 당하여 마땅히 한마음으로 막아 지켜서 나라가 의지하고 중시할 수 있도록 했어야 했다. 그러나 가까운 종실과 혼인을 맺고 역적 허적에게 들러붙어서 흉악한 무리들이 듬직하게 믿고는 핑계를 대어 일을 꾸며서, 변란이 가까운 곳에서 발생하여 종묘사직을 위태롭게 만들었으니, 이것은 바로 신하의 극심한 죄이다. 나라의 법에 있어서 죽여도 용서할 수 없지만 특별히 賜死하라.[114]

궁극적으로 유혁연의 죄목은 '가까운 종실과 혼인하였다'는 것과 '둔군을 단속하였다'는 것이었는데, 이 모두 유혁연에 의해 충분히 해명된 일이었다.[115] 그러나 당시의 정치적 상황은 유혁연의 죽음을 막을 수 없

---

112) 『승정원일기』 숙종 6년 윤8월 12일.
113) 『승정원일기』 숙종 6년 윤8월 16일~9월 4일.
114) 『승정원일기』 숙종 6년 9월 6일 ; 「오정창·정원로 추안 (하)」 9책, 123~125쪽.
115) 앞의 2절에서 살펴본 것처럼 유민 작대는 허적뿐 아니라 당시 西人계열의 戚臣이었던 병조판서 김좌명의 적극적인 동의 속에서 진행되었다. 『현종개수실록』 11년 3월 12일.

었다. 정치적으로 결정된 사건은 이후 정국의 변동에 따라 정치적으로 번복되었다.

숙종 15년(1689) 己巳換局으로 정국이 다시 남인에게 넘어가면서, 유혁연의 옥사에 대한 재검토 지시가 내리고,[116] 결국 숙종은 "내가 일찍이 살리려고 하였으나 대신과 대간이 누차 말하여 마침내 죽이기에 이르렀으니, 특별히 그의 관작을 회복하라."는 명을 내려 유혁연의 관작을 회복시키고 致祭하도록 하였으며,[117] 領議政을 贈職하였다.[118] 그러나 甲戌換局으로 정국이 바뀐 숙종 20년(1694)에는 다시 관작이 追奪되었다.[119] 한참 세월이 지나 당시의 주역들이 모두 세상을 떠난 숙종 38년(1712)에 유혁연의 아들 柳星明의 요청에 따라 이 사건이 다시 검토되게 되었다.[120] 경신환국 당시 조정에 있었던 사람은 숙종 밖에 없었고, 나머지 신하들은 문서를 가지고 검토하는 수밖에 없었다. 이를 논의하는 과정에서 숙종은 다음과 같이 언급하였다.

> 鞫獄의 죄인은 조금이라도 逆節을 범한 것이 있다면 진실로 논할 만한 단서가 없는 법이지만, 유혁연의 당초 죄명은 단지 종실과 혼인을 맺고 둔군을 단속한 두 대목뿐이었으니, 몸가짐을 삼가지 않았다고 말한다면 옳겠지만, 어찌 반드시 이를 逆이라 의심하겠는가?[121]

결국 논의 끝에 유혁연의 관작을 회복하는 것으로 매듭지어 지지만,[122] 復官을 반대하는 상소도 해를 넘기도록 끊이지 않았다.[123] 이에

---

116) 『승정원일기』 숙종 15년 2월 25일.
117) 『숙종실록』 15년 3월 3일.
118) 『숙종실록』 15년 11월 1일.
119) 『숙종실록』 20년 8월 19일.
120) 『승정원일기』 숙종 38년 5월 30일 ; 7월 9일 ; 『숙종실록』 38년 7월 8일.
121) 『승정원일기』 숙종 38년 5월 30일.
122) 『숙종실록』 38년 7월 8일 ; 『승정원일기』 숙종 38년 7월 9일.
123) 복관 직후인 숙종 38년 7월부터 시작된 복관을 환수하라는 論啓는 해를 넘겨

숙종은 다시 다음과 같이 전교하였다.

> 작년에 柳赫然과 李元禎을 復官하라는 명은 유혁연 등에게 私情을 둔 것
> 이 아니고, 내가 그들의 억울함을 명백히 알기 때문에 이런 명이 있었던 것이
> 다. 그후 한 대신과 金鎭圭가 힘써 환수하라고 논하여 비록 의금부로 하여금
> 文案을 考出하라는 전교가 있었으나, 경신년의 獄案은 고출하기를 기다리지
> 않고도 내가 잘 아는 바이다.[124]

숙종은 유혁연이 경신환국에 억울하게 연관되었음을 자신이 가장 잘
알고 있으니, 더 이상 언급하지 말 것을 지시하고 있는 것이다. 유혁연이
경신환국에 별다른 혐의가 없었음은 이 시기 비슷하게 희생당했던 吳始
壽와 비교해면 쉽게 확인할 수 있다. 오시수 또한 許堅의 옥사와는 직접
관련이 없어서 연루되지 않았으나, '신하가 강하다'는 말을 하여 선왕을
무함하고 복선군 이남의 말을 실현하려 했다는 죄목으로 희생되었다. 오
시수의 賜死는 집권 西人 내에서도 지나치다는 동정론이 일어나, 결국
老論·少論 분열의 한 계기로 작용하기까지 하였다.[125] 오시수 역시 기사
환국 때 복관되고 치제되었다가 갑술환국 때 다시 추탈되지만,[126] 오시
수는 유혁연처럼 숙종대에 복관되지 않고 한참 후인 正祖 8년(1784)에
겨우 복관되었다가 그나마도 다시 번복되었다.[127] 이렇게 유혁연이 정치
적으로 억울하게 희생되었다는 인식은 후대인들의 평가에도 이어졌다.
丁若鏞은 경신환국 때 유혁연의 희생을 선조 22년(1589)의 기축옥사에
비견하기도 하였다.

숙종 39년(1713) 12월 停啓될 때까지 계속되었다. 『승정원일기』숙종 38년 7월
14일 ; 39년 12월 1일.
124) 『숙종실록』 39년 7월 22일.
125) 본서 제2부 제2장 참조.
126) 『숙종실록』 15년 2월 10일 ; 3월 3일 ; 20년 5월 13일.
127) 『正祖實錄』 8년 8월 9일 ; 29일.

鄭汝立이 역적이 아닌 것이 아니나 사람들이 己丑獄事를 冤獄이라 하는 것은 崔永慶·鄭彦信 등 죄 없이 죽은 이가 많기 때문이고, 許堅이 역적이 아닌 것이 아니나 庚申獄事를 원옥이라 하는 것은 李元禎·柳赫然 등 죄 없이 죽은 이가 많기 때문이다. 그렇다면 비록 역적과 관련된 사람을 다스리는 옥사라 할지라도 억울하게 죄를 받은 사람이 있으면 士禍인 것이다.[128]

4. 맺음말

顯宗代에 유민들을 안집시키고 군역 자원을 확보하기 위하여 許積의 제안에 따라 流民 作隊가 시작되었다. 이에 따라 柳赫然은 산골짜기를 중심으로 수십 개의 둔전을 설치하고 장정을 모집하였다. 강원도 伊川에도 유혁연이 설치한 훈련도감의 둔전이 있었다. 肅宗代에 들어와 중국에서의 정세 변화에 따라 尹鑴를 중심으로 北伐論이 제기되었고, 윤휴와 유혁연은 兵車의 사용 여부와 大興山城의 축성 문제를 놓고 대립하였다. 결국 병거는 사용하지 않기로 하였고, 개성의 天磨山에 대흥산성의 축성이 결정되었다. 대흥산성은 유혁연과 허적의 협력에 의해 축성되고 운영되었다. 유혁연은 축성과 관리를 전담하였으며, 허적은 재정 운용 방안 및 소속 군병과 관련된 제도를 마련하였다.

유혁연의 대흥산성 경영은 현종대부터 시작된 유민 안집책과 북벌론의 과정에서 제기된 축성론이 결합하여 이루어진 것이지만, 이는 경신환국 과정에서 유혁연이 희생되는 빌미로 작용하였다. 金錫胄의 사전 개입에 따라 경신환국은 유혁연을 訓鍊大將 직임에서 해임하는 것으로 시작되었고, 유혁연은 결국 許堅의 옥사에 연루되어 사사되었다. 유혁연은 처음에 李柟·許堅과 깊이 내통한 혐의를 받았지만, 추국청은 그 혐의를 입증하지 못하였다. 결국 '가까운 종실과 혼인'하고 '둔군을 단속'하였다

---

128) 丁若鏞, 『茶山詩文集』 권15, 茯菴 李基讓 墓誌銘.

는 혐의로 유혁연은 사사되었지만, 이 역시 역모와의 관련성이 밝혀지지 않았거나 유혁연의 정상적인 업무 수행과정에서 일어난 일로 혐의로 삼기 어려운 것이었다. 이는 숙종도 충분히 인지하고 있었다. 여러 차례의 환국 과정에서 유혁연의 復官이 반복되다가, 결국 숙종대에 다시 복관되면서 혐의를 '공식적으로' 벗을 수 있었다.

제2장
1680년 吳始壽의 옥사와 노론·소론의 분당

1. 머리말

　조선후기 肅宗代의 정치사는 '換局'으로 불리는 정국의 급격한 변화가 반복되었다는 특징을 지니고 있다.[1] 顯宗代 말기의 禮訟으로 南人이 집권한 이후[2] 숙종 6년(1680)의 庚申換局으로 西人이 다시 집권하였으며, 숙종 15년(1689)의 己巳換局으로 다시 남인이, 숙종 20년(1694)의 甲戌換局으로 다시 서인이 집권하는 양상이 되풀이되었다. 숙종대 정치사에서 최종적으로 승리한 정치 세력은 서인이었는데, 환국을 거치는 과정에서 서인은 다시 老論과 少論으로 分黨하면서 이후 정치사의 새로운 대립 구도를 형성하게 되었다. 잦은 환국과 老·少論의 분당은 숙종대 정치사의 특징적 요소로 이해할 수 있을 것이다.

　본 논문에서 분석할 吳始壽의 獄事는 위에 언급한 숙종대 정치사의

---

1) 숙종대 환국과 관련한 연구는 본서 제2부 제1장 각주 1) 참조.
2) 현종 15년(1674) 7월 仁宣王后의 장례 직후부터 시작되어 이듬해인 숙종 1년 (1675) 7월까지 서인과 남인 사이에 이루어진 제2차 복제 논쟁의 결과 서인이 퇴조하고 남인이 정국을 주도하게 되었다. 이를 甲寅換局이라 하여, 仁祖反正 이후 서인 주도 아래 남인이 견제하며 유지되어 오던 붕당정치의 균형을 깬 첫 번째 환국으로 평가하기도 한다. 洪順敏, 1998, 「붕당정치의 동요와 환국의 빈발」 『한국사 30』 국사편찬위원회, 153~155쪽.

두 가지 요소와 밀접하게 관련된 사건이었다. 숙종 6년 경신환국의 마무리 과정에서 일어나 이듬해까지 이어졌던 이 옥사 결과 오시수는 賜死되었고, 이 옥사의 처리를 놓고 서인 가운데 뒷날 노론과 소론으로 나뉘는 세력의 대립이 일어나게 되었다. 그런데 종래의 경신환국을 다룬 연구에서도 노·소론의 분당을 다룬 연구에서도 이 사건은 별달리 주목을 받지 못했다. 그 원인으로는 몇 가지가 지적될 수 있을 것이다. 먼저 오시수의 옥사가 경신환국을 마무리하는 과정에서 발생하여, 許堅의 謀逆이나 許積의 失脚과 같은 경신환국의 굵직한 사건에 비해 상대적으로 사소하게 취급되었다. 또 오시수의 옥사 자체가 지닌 복잡성과 모호성을 들 수 있다. 이 옥사는 구체적인 물증이 없이 관련자들의 진술만을 근거로 진행되었으며, 그 당시의 판단이나 이후의 전개 양상도 여러 차례의 환국과 관련한 정치적 상황에 따라 크게 바뀌었다. 이에 따라 사건의 실체적 진실은 밝혀지지 않은 채 정치적 공방만이 남게 되었다. 마지막으로 자료의 문제를 들 수 있다. 『肅宗實錄』은 老論 주도로 편찬되었고 『肅宗實錄補闕正誤』의 편찬에는 少論이 참여하여, 옥사와 관련된 기사의 취사·선택이나 史論의 평가 등에 있어서 결과적으로 南人들에게는 불리하지 않을 수 없었다. 후대에 편찬된 실록과는 달리 당대에 기록된 『承政院日記』는 상대적으로 객관적일 수 있겠지만, 英祖 20년(1744)에 昌德宮의 화재로 숙종대의 『승정원일기』가 불타버려서 개수한 탓에[3] 당시 『승정원일기』의 내용을 지금 확인할 수 없다. 연대기 자료의 이러한 한계도 이 사건의 실상을 이해하는데 장애가 되었다. 이상의 여러 가지 이유로 사건의 실상이 제대로 전달되지 못한 결과 노·소론 분당의 배경 등 이 옥사가 지닌 정치적 의미도 제대로 주목되지 못했다고 판단된다.

이 논문에서는 당시 推鞫廳의 심문 기록인 『推案及鞫案』을 중심으로[4]

---

3) 吳恒寧, 2006, 「조선후기 《承政院日記》改修 연구」 『泰東古典研究』 22, 翰林大 泰東古典研究所.

『숙종실록』과『승정원일기』등 연대기 자료 및 각종 문집 등의 사료를 참조하여 우선 옥사의 실체적 진실을 추구해보려 하였다. 특히 오시수의 문집인『水村集』의 부록인「隕涕錄」을 함께 참조하였다.[5] 「운체록」은 순조 8년(1808)에 오시수의 증손인 吳錫溟이 오시수의 억울한 죽음을 해명하기 위해 지은 기록이다. 오시수를 옹호하는 입장에서 지어진 기록이라 사료 비판이 필요하지만, 여러 가지 정황 및 다른 자료와 비교하면 인용한 사실 자체가 오류라고 보기는 어려우며 오히려 반대로 유일한 사료적 가치를 갖는 부분도 있다. 「운체록」이 근거로 한 자료는『수촌집』에 함께 수록된 숙종 6년(1680) 오시수 어미 尹氏의 上言 및 숙종 15년(1689) 오시수의 아들 吳尙游와 이후 후손들의 擊錚 내용인데, 거기에서는 숙종 1년의『승정원일기』를 구체적인 날짜를 적시하며 인용하고 있다. 국왕을 무함하였다는 죄목에 대하여 미세한 사실 관계를 다투는 상황에서 당대에 쉽게 확인할 수 있었던 조정의 자료를 거짓으로 왜곡하여 인용하였다고 볼 수는 없기 때문이다. 앞에 언급한 것처럼 이때의『승정원일기』가 지금 남아있지 않고 개수한 것만 전해지지만, 그것이 오히려「운체록」을 포함한『수촌집』의 사료적 가치를 역설적으로 증명해준다고 볼 수 있다. 물론 쌍방 모두 자신의 입장에서의 일방적인 진술만이 남아있는 사건에서, 남아있는 기록만 가지고 당시에도 밝혀지지 않은 실체적 진실을 밝힌다는 것은 불가능에 가까운 일이다. 그러나 당시 자료를 차분히 교차 검토하는 과정에서 일방적 진술의 모순된 측면이나 정치적 목적을 가진 推鞫의 운영 의도 등을 드러낼 수 있다면, 실체적 진실의 전체상까지는 아니더라도 그 윤곽은 확인하는 계기가 될 수 있을 것이다. 또

---

4) 규장각에 소장된『推案及鞫案』에「庚申年 吳始壽推案」이라는 제목으로 남아 있으며, 1983년 총 30책으로 영인·간행된 亞細亞文化社의 영인본의 9책에 수록되었다. 이하 본 논문에 인용된 해당 추안은「오시수 추안」으로 略記하며, 쪽수는 영인본에 따랐다.

5) 吳始壽,『水村集 附錄』권2,「隕涕錄」.

이후 옥사에 대한 정치 세력들의 서로 다른 평가와 대립 과정을 살펴보는 과정에서, 오시수 옥사에 또 다른 정치사적 의미가 부여될 수 있을 것으로 기대한다.

2. 옥사의 배경

吳始壽의 獄事는 肅宗 6년(1680) 9월 유배 중이던 오시수를 붙잡아 오는 것으로 시작하여 20일 남짓 推鞫을 진행한 뒤 이듬해 賜死하는 傳旨를 내리고 사사하는 것으로 마무리되기까지[6] 모두 아홉 달 가까이 진행이 되는데, 그 배경을 알아보기 위해서는 앞서 顯宗 11년(1670)~12년(1671)과 숙종 1년(1675)에 있었던 일을 살펴볼 필요가 있다.

현종 11년에 冬至使로 北京에 갔던 正使 福善君 李栴과 副使 鄭楷 일행이 돌아오던 길에 12년 2월, 山海關에 이르러 馳啓하였는데, 그 가운데 다음과 같은 언급이 있었다.

> 청나라 황제가 또 말하기를 "너희 나라 백성이 빈궁하여 살아갈 길이 없어서 다 굶어 죽게 되었는데 이것은 신하가 강한 소치라고 한다. 돌아가서 이 말을 국왕에게 전하라." 하기에, 신들이 대답하기를 "…(중략)… 어찌 신하가 강하여 백성의 빈궁을 가져오는 일이 있겠습니까." 하였습니다. 황제가 곧 빙그레 웃고 시랑 중 한 사람을 돌아보며 말하고 또 말을 전하기를 "正使가 국왕의 가까운 친척이므로 말한 것이다." 하였습니다.[7]

당시 정사였던 복선군 이남은 仁祖의 三男이었던 麟坪大君의 아들로, 형인 福昌君 李楨, 아우인 福平君 李楻과 함께 三福 형제로 불렸다. 삼복 형제는 갓 즉위한 어린 肅宗에게는 모두 당숙이 되는데, 父王인 顯宗에

---

6) 『肅宗實錄』 6년 9월 10일 ; 7년 6월 12일.
7) 『顯宗實錄』 12년 2월 20일.

게 다른 형제가 없었던 관계로 가장 가까운 종친이기도 하였다. 현종은 예사롭지 않은 이 치계를 접하고 대신 등을 引見하여 논의하게 되는데, 현종은 '신하가 강하다[臣强]'는 언급이 혹시 뒷날의 근심이 되지 않을까 우려하였다.[8] 이에 대한 신하들의 의견은 당색에 따라 확연히 구분되었는데, 南人이던 좌의정 許積은 우대하는 뜻에서 나온 것으로 근심할 것이 없다고 하였고, 西人이자 戚臣이었던 병조판서 金佐明은 '臣强'이라는 표현에 우려를 나타내었다. 당시 현종의 妃였던 明聖王后는 金佑明의 딸 淸風 金氏였고, 김좌명은 김우명의 형이었다. 한편 남인인 무신 柳赫然은, 이전에 勅使가 왔을 때에도 '주상은 어질고 슬기로운데 신하는 불량하다.[主上仁聖而臣下不良]'는 말이 있었듯 臣强說의 유래가 오래되었다며 대수롭지 않게 반응하였다. 臣强의 표현에 대해서 남인은 수긍하거나 자명한 사실로 인정하였고 서인은 민감하게 반응하였던 것이다. 이렇게 당색에 따라 상이한 반응을 보였던 까닭은 '신하가 강하다'는 표현에서의 '강한 신하[强臣]'가 다름 아닌 서인의 영수였던 宋時烈 등을 지칭하는 것으로 이해되었기 때문이었다.[9] 서인들은 이를 남인들이 송시열을 위시한 서인을 얽어맬 구실로 만들어낸 것으로 받아들였는데, 몇 해 뒤 오시수에 의해 다시 언급되면서 서인들의 위기의식을 더욱 증폭시켰다.

현종이 세상을 떠나고 숙종이 즉위한 이듬해인 숙종 1년 3월 청나라에서 조선에 칙사를 보내왔는데, 이는 先王인 현종을 위해 致祭하기 위함이었다. 그런데 일반적으로 한 차례 치제하던 것과는 달리 이때에는 두 차례 치제하기로 하였다. 당시 칙사를 맞이하여 함께 서울로 돌아왔던 遠接使 오시수가 請對하여 그 이유를 보고하였다.

또 신이 譯官들을 시켜 두 번 致祭하는 까닭을 알아보니, 龍川에 이르러

---

8) 『현종실록』 12년 2월 21일.
9) 『숙종실록』 1년 5월 24일.

張孝禮가 말하기를, "황제가 先王이 여러 해 동안 병을 앓는 중에 강한 신하
에게 견제 받아 일마다 자유로이 하지 못하다가, 갑자기 승하하였다 하여 갑
절이나 가엾고 불쌍하게 여겼는데, 이번에 두 번 치제하는 것은 특별한 은혜
일뿐이다." 하였는데, 이것은 신하로서 차마 들을 수도 없고 말할 수도 없는
말이므로, 감히 狀啓 안에 언급하지 못하였습니다. 金川에 이르러 黃海監司
尹堦의 말을 들으니, 장효례가 윤계에게 대답할 때에도 이런 말에 언급하였다
합니다.[10]

두 차례 치제 이유를 역관과 윤계에게 전해준 청나라의 大通官 張孝禮
는 조선 출신으로 청나라의 통역관이 된 인물인데,[11] 어렸을 때 靑坡驛
에 살면서 윤계와 친하게 지냈던 인연으로 윤계를 찾아와 조선의 사정을
이리저리 탐문하기도 하였다.[12] 이 소식이 알려지자 다시 조정은 술렁거
리기 시작하였다. 반응은 세상을 떠난 현종의 비였던 명성왕후로부터 먼
저 나왔다. 祭文에도 없는 내용이고 勅使도 언급하지 않은 내용이 중간
에서 나와 선왕이 망극한 무함을 당했으니, 사신을 보내어 卞誣하라고
명성왕후는 분부하였다.[13] 이에 숙종은 영의정 許積에게 사실을 확인할
것을 지시하였고, 허적은 館伴 등과 함께 館所로 장효례를 찾아가 전말
을 물어보고 돌아와 숙종에게 보고하였다.

臣이 장효례를 만나보고 묻기를, "올 때 신하가 강하다는 이야기가 있었는
가 없었는가?" 하니 장효례가 갑자기 얼굴이 붉어졌습니다. 이어 譯官 安日
新·金起門 등을 장효례의 앞에 앉히고 묻기를, "용천에 이르러 통관이 한 말
이 있는가?" 하니 역관들이 말하기를, "그렇습니다. 통관이 저희들에게 말하
기를 '신하가 강하다는 이야기가 있었으므로 이렇게 두 차례 치제하는 일이

---

10) 『숙종실록』 1년 3월 3일.
11) 현종 11년(1670)에는 장효례가 조선에 와서, 그의 어미가 경기 지역에 살고 있다
　　며 가서 뵙기를 청한 적도 있었다. 『顯宗改修實錄』 11년 2월 9일.
12) 『숙종실록』 1년 3월 2일.
13) 『숙종실록』 1년 5월 24일.

있었다'했습니다."하니, 장효례가 말하기를, "짐작으로 한 말이 우연히 이와 같았다."하였습니다. 신이 말하기를, "내가 황제에게 奏聞하여 卞白하려 한 다."하니 장효례가 놀라서 얼굴빛이 바뀌며 말하기를, "어찌 이렇게까지 하 시오?"하였습니다. 제가 말하기를, "내가 실로 先朝의 대신인데 내가 어찌 강 한 신하가 되겠오?"하니, 장효례가 말하기를, "하려면 하시오. 좋지 않은 일 이 있을 것이오."하였습니다.[14]

역관과 동석한 자리에서 장효례는 臣强說에 대해 '짐작으로 한 말'이 라고 얼버무리며, 허적에게 황제에의 卞誣를 말도록 요구했다는 것이었 다. 정황상으로 보아 장효례가 중간에서 말을 만들었을 가능성이 다분한 상황이었다. 이튿날 변무 여부를 논의하기 위해 허적이 여러 신하들을 만나 咨文을 보내어 장효례의 죄를 다스리려 한다고 하자, 좌의정 金壽 恒, 우의정 權大運, 판부사 鄭知和, 병조판서 金錫胄 등은 모두 "장효례 가 이미 짐작으로 한 근거 없는 이야기라 했으니 변무할 필요 없다."라 하였다. 결정적으로 조정에서의 변무 논의를 중지시킨 것은 영부사 鄭致 和의 언급이었다.

> 신이 일찍이 瀋陽에 1년을 있어서 저쪽의 물정을 잘 아는데, 실언한 사람
> 은 법에 반드시 죽게 되어 있습니다. 지금 奏聞하여 죄를 다스린다면 한때 통
> 쾌할지라도, 그가 이미 그릇된 말을 하고 지금 황공하다 하였으니 그가 반드
> 시 죽을 것을 안다면 우리나라의 사신이 들어가기 전에 그가 먼저 들어가 먼
> 저 제압할 계책을 내어 그것을 자기가 말한 바가 아니라 한다면 어려울 것입
> 니다. 또 그가 짐작으로 한 근거 없는 말이라고 이미 실토했으니 전에 운운한
> 것은 모두 얼음 녹듯 풀렸습니다. 그대로 두고 따지지 않는 것이 환란을 염려
> 하는 도리에 합당합니다.[15]

---

14) 『수촌집 부록』 권2, 「운체록」.
15) 같은 자료.

남인인 권대운은 물론이고, 서인의 여러 대신들도 모두 변무를 반대하였던 것이다. 당시로서는 '臣强'이 황제가 한 말이 아닌 장효례가 지어낸 말로 귀결되면서, 통역관인 장효례 하나를 치죄하기 위해 변무하기에는 필요성이나 실효성이 모두 없는 것으로 판단되었기 때문이었다.

조정에서 臣强說의 진위에 대해 확인하지 않기로 결정한 상황에서, 사건의 중요한 관련자로 등장했던 尹墀가 상소하여 자신의 관련성을 부인하였다.[16] 자신과 장효례의 어릴 적 인연 때문에 어쩔 수 없이 平山에서 만나게 되었던 경위를 해명하고, 장효례가 언급한 두 차례 치제 이유를 전하였다.

> (장효례가) 이어 말하기를 "황제께서는 선왕이 돌아가셨다는 소식을 듣고 몹시 놀라면서 슬퍼하셨소. 또 선왕께서 여러 해 동안 고질병을 앓으셔서 시행할 수 있는 일도 없었는데 갑자기 세상을 떠난 것을 슬피 여기셨기 때문에, 이번에 이렇게 弔問하면서 특별히 두 차례의 제사를 베풀도록 하셨소." 했습니다.[17]

현종이 여러 해 동안 고질병을 앓느라 '시행할 수 있는 일도 없었는데[不能有所施爲]' 갑자기 세상을 떠났으므로 황제가 특별히 두 차례 치제하도록 하였다고 하였지, '臣强'이라는 말은 전혀 거론되지 않았다고 하였다. 당시 황해감사로서 황주에 있던 윤계는 오시수가 용천에서 臣强說을 들었다는 소식은 들었지만, 金川에서 오시수를 만났을 때는 신강설이 거론되지 않았다고 하였다. 결국 윤계는 사사로이 장효례를 만났던 잘못은 인정하면서도 자신이 신강설을 들었다는 사실은 부인한 것이다.

이에 오시수는 4월 17일 대응하는 상소를 올려, 윤계의 상소 내용을

---

16) 『숙종실록』 1년 3월 28일. 「오시수 추안」에는 4월 3일에 상소한 것으로 되어 있는데, 내용은 대체로 같지만 「오시수 추안」이 조금 더 상세하다.
17) 「오시수 추안」 152쪽.

조목조목 반박하였다.[18] 자신이 금천에 이르러 만났을 때 윤계에게서 평산에서 장효례와의 회동 내용을 들었으며, 자신이 조정에 돌아가 復命하는 과정에서 그 내용을 언급하겠다고 하니 윤계가 곤란해 했다고 하였다. 그 뒤 伴送使로서 청나라 사신과 다시 올라가던 과정에서 여러 차례 마주쳤는데 윤계에게 상당히 머뭇거리는 모습이 있었으며, 鳳山에서는 '臣強'의 두 글자를 빠뜨리고 언급하지 않아서 의심스러웠다고 하였다. 마침내 황주에 도착하여 봉산에서의 불분명한 언급을 추궁하였다고 하였다.[19] 오시수는 윤계와의 대화 내용을 소개하면서, 윤계가 '臣強'의 말을 하고도 말을 바꾸어 얼버무렸다고 하였다. 또 자신이 조정에 보고하려면 역관이 전해주었던 내용으로도 충분한데, 굳이 자신이 윤계의 말에 권위를 기댈 필요는 없다며 왜곡 가능성을 부인하였다.

이후에도 윤계와 오시수는 서로 잇달아 상소하여 상대의 상소 내용을 반박하며 자신의 입장을 해명하였다. 그 과정에서 신강설이 나오게 된 배경에 대한 공방이 시작되었다.

> 臣強說은 멀리 근원이 있습니다. 몇 해 전에 福昌君 李楨이 燕京에서 돌아와 처음으로 이 이야기를 선왕께 아뢰었고, 이번에는 오시수가 義州에서 돌아와 또 이 이야기를 榻前에서 아뢰었으니, 앞뒤의 말뜻이 대체로 마찬가지입니다. 임금님의 명령을 받들었던 使臣이나 칙사를 접대하기 위해 왕래한 신하를 이루 다 손꼽을 수 없지만, 모두 이러한 이야기를 듣지 못했는데 오시수 일가만이 홀로 들어 알 수 있었습니다.[20]

---

18) 「오시수 추안」 155~158쪽. 윤계의 앞의 상소 내용이 거의 원문 그대로 『숙종실록』에 실려 있는 것과는 달리, 오시수의 이 상소는 뒤에 다시 윤계가 상소했다는 사실을 전하는 과정에서 상소했던 사실만 간략히 언급되고 그 내용은 언급되지 않고 있다.(『숙종실록』 1년 4월 25일) 『숙종실록』에서 두 사람의 상소를 다루는 방식이 이렇게 불균형한 이유는 실록 편찬 과정에서의 정치적 고려 때문으로 판단되지만, 별도로 탐구해야 할 주제로 본 논문의 논지와는 거리가 있기 때문에 더 이상 언급하지 않겠다.
19) 「오시수 추안」 157쪽.

위 기사는 윤계의 4월 25일 상소에서 언급된 내용인데, 현종 12년에 있었던 신강설과 이번의 신강설이 공교롭게도 모두 오시수의 집안에서 나왔다는 점에 주목하였다. 윤계가 예전에 사신으로 갔다고 했던 '福昌君 李楨'은 '福善君 李柟'의 오류이지만,[21] 아무튼 三福 형제의 母가 오시수의 고모였으니 三福 형제는 오시수와 內·外從 형제 사이였다.[22] 이에 오시수는 윤계가 자신의 집안에 재앙을 떠넘기려는 의도를 가지고 말을 잡아떼고 있다며 반발하였다.[23] 구체적인 사실 여부를 다투던 두 사람의 논쟁에서 서로 말을 바꾼 의도를 가지고 다투는 상황으로 바뀐 것이다. 윤계를 비롯한 서인들은 신강설에 결국은 宋時烈의 죄를 얽기 위한 의도가 있는 것으로 의심하고 반발하였고,[24] 오시수는 윤계가 말을 바꾼 것에 자기 집안에 죄를 넘겨씌우려는 의도가 있는 것으로 의심하고 반발하였던 것이다.

두 사람을 화해시키려던 숙종의 노력에도 불구하고[25] 맞대응하는 상소는 계속되었고, 이때의 논쟁은 일단 윤계의 패배로 귀결되어 윤계는 결국 鏡城으로 유배되었다.[26] 이러한 결론은 당시로서는 자연스러운 것이었다. 윤계는 자신이 법을 어기고 임의대로 청나라의 통역을 만난 사실, 중대한 이야기를 빠뜨리고 조정에 보고하지 않은 사실, 그리고 무엇

---

20) 「오시수 추안」 163쪽.
21) 오시수도 이 오류를 지적하며 윤계의 말이 신빙성이 없음을 증명하려 하였는데, (「오시수 추안」 169쪽) 이는 당시에 三福 형제가 번갈아 사신으로 다녀오면서 생긴 혼동으로 보아야 할 것 같다. 실제로 현종 12년(1671)에는 복선군 이남이 동지사로 다녀왔고, 이해인 숙종 1년(1675)에는 복창군 이정이 동지사로 다녀왔다. 허적도 현종 12년의 동지사를 복창군으로 착각하고 있었다.(『承政院日記』 숙종 1년 3월 7일.)
22) 『현종개수실록』 12년 2월 20일.
23) 「오시수 추안」 169쪽.
24) 『숙종실록』 1년 5월 24일.
25) 『숙종실록』 1년 4월 25일.
26) 『숙종실록』 1년 5월 24일.

보다도 서인의 영수였던 송시열에게까지 화가 미칠 수 있는 사안이라는
사실 때문에 여러 차례 상소하여 자신의 무관함을 해명하지 않을 수 없
었지만, 이미 臣强說이 장효례의 소행으로 조정에서 이해되던 상황에서
윤계가 그 이야기를 들었는가 하는 문제는 부차적인 것이었다. 게다가
당시는 남인 정권이었고, 그 중에서도 오시수는 숙종의 총애를 받던 인
물이었다.[27] 한편 서인들이 걱정했던 것처럼 신강설을 빌미로 한 정치적
공격이 전개되지는 않았다. 그렇다고 서인에 대한 남인의 정치적 공세가
멈춘 것도 아니었다. 오히려 그 반대였다. 당시 신강보다 더 근본적인
논쟁점은 禮論이었고, 이 예론으로 서인들을 끊임없이 궁지로 몰아넣었
다.[28] 귀양 가 있는 송시열을 극형에 처할 것을 요청하는 朴瀗의 상소가
나와[29] 파문을 일으키던 중에, 숙종의 母后였던 명성왕후의 친정아버지
인 金佑明이 세상을 떠났다.[30] 이에 명성왕후는 곡기를 끊고 언문 편지
를 내렸는데, 선왕에게 차마 들을 수 없는 욕이 돌아간 것을 자책하며
自盡하겠다고 다짐하는 내용이었다.[31] '차마 들을 수 없는 욕'을 행한 자
에 대한 당색 간의 해석도 달랐다. 허적은 직전에 상소했던 박헌으로 한

---

27) 『숙종실록』에는 오시수의 容態가 아리따워 숙종이 총애하였다거나, 오시수의 뜻
   과 어긋난 정책을 숙종이 시행하지 않았다거나, 오시수가 숙종 앞에서 방자하게
   행동하였다는 등의 기사가 많이 보인다. 『숙종실록』의 편찬에 노론이 중심이 되
   었던 점을 고려하더라도, 남인 중에서도 특히 오시수가 숙종으로부터 특별한 대
   접을 받았던 점은 부정할 수 없을 듯하다. 오시수도 뒤에 추국 과정에서, 인사
   문제나 정책 결정 과정에서의 숙종의 특별한 은혜에 대해 진술하고 있다. 『숙종
   실록』 1년 5월 24일 ; 6월 1일 ; 9월 10일 ; 2년 9월 11일 ; 「오시수 추안」
   299~300쪽.
28) '臣强'의 이야기가 나오기 이전인 숙종 즉위년(1674)에 禮論을 이유로 이미 송시
   열을 파직하여 德源에 유배하였으며, 이후 숙종 5년(1670)에는 송시열을 巨濟에
   위리안치한 뒤 그가 예론을 그르친 사실을 宗廟에 고하였다. 李熙煥, 1995, 『朝
   鮮後期黨爭研究』 國學資料院, 23~26쪽.
29) 『숙종실록』 1년 6월 14일.
30) 『숙종실록』 1년 6월 18일.
31) 『숙종실록』 1년 6월 21일.

정하여 이해한 반면, 『숙종실록』의 撰者는 박헌은 물론 오시수까지 싸잡아 지칭한 것으로 이해하였다.[32] 서인의 입장에서 볼 때, 박헌이 송시열을 극형에 처하도록 요청할 수 있게 된 배경에는 '강한 신하에게 견제를 받았다'는 오시수의 무함이 있었다고 여겼던 것이다. 戚臣으로 서인들의 든든한 버팀목이 되었던 김우명이 세상을 떠나고, 영수였던 송시열의 생명을 위협받고 있던 위기 상황에서, 서인들을 대표하여 金壽恒이 臣强說을 통박하는 상소를 올렸다.

> 설령 송시열에게 진실로 나랏일을 제멋대로 처단한 죄가 있다고 한다면, 처음부터 끝까지 그에게 맡기고 총애한 이는 孝廟와 선왕이 아니겠습니까? …… 한갓 송시열을 죄주기에 급급하여 그 말이 君父를 침범하였음을 돌아보지 않은 것이니, 어찌 王尊의 죄인이 되지 않겠습니까? 전번에 臣强說이 북쪽 통역의 입에서 나왔을 적에 君臣·上下가 모두 분개하고 절박하여 장차 辨誣하려는 거조가 있었습니다. 이것이 어찌 신하를 위하여 그러하였겠습니까? 진실로 이미 '신하가 강하다'고 말하였으면, 임금이 약한 것은 스스로 그 가운데 있기 때문입니다.[33]

漢나라 成帝 때 王尊의 고사를 인용하면서 '신하가 강하다'는 것을 곧 '임금이 약하다[主弱]'는 것으로 換置하여, 신강설을 주장한 남인들을 선왕을 무함한 죄인이라고 비판하였다. 이는 이후 서인들이 신강설에 대처하는 주된 전략으로 자리 잡게 되는데, 김수항의 이 차자는 명성왕후와 송시열을 구원하는데 중요한 역할을 수행한 것으로 평가되었다.[34] 김수항이 당파를 비호하려한다는 엄한 비답을 받은 뒤 原州에 付處되고 박헌이 定配되는[35] 것으로 이때의 논란은 일단 마무리되지만, 정권의 향배에

---

32) 같은 자료.
33) 金壽恒, 『文谷集』 권12, 「應旨進言箚」.
34) 『숙종실록』 1년 7월 12일.
35) 『숙종실록』 1년 7월 16일 ; 8월 13일.

따라 언제든지 재개될 수 있는 폭발성 강한 논란의 소지를 담고 있었다. 결국 庚申換局과 함께 이 사건은 다시 재조사의 대상이 되었고, 오시수의 운명도 이와 함께 하게 되었다.

3. 옥사의 전개

숙종 초반 정국을 주도하던 남인 정권은 숙종 6년(1680)에 들어와 위기를 맞았다. 3월 28일, 숙종은 남인 계열의 훈련대장 柳赫然을 해임하고, 그 후임으로 자신의 장인인 光城府院君 金萬基를 임명하였다.[36] 김만기는 송시열의 스승이었던 金長生의 증손으로, 척신이면서도 서인의 중요 인물이었다. 이튿날에는 鐵原에 유배되었던 김수항을 용서한 반면 남인인 이조판서 李元禎의 관작을 삭탈하고 門外黜送하였다.[37] 3월 30일, 숙종은 남인 정승들을 책망하는 하교를 내리고, 아울러 숙종 1년(1675) 김수항의 차자에 대한 당시의 처분이 잘못되었음을 논하였다.[38] 이에 많은 남인 관료들이 사직하였는데, 좌의정 閔熙와 함께 우의정 吳始壽도 사직하여 체차되었다. 4월 5일에는 鄭元老·姜萬鐵 등의 上變이 있었는데, 福善君 李栴과 許積의 서자 許堅이 역모를 꾸몄다는 내용이었다.[39] 이 사건을 계기로 남인이 중앙 정계에서 대거 축출되고, 서인들이 재등장하는 庚申換局이 전개되었다.[40]

경신환국 과정에서 오시수는 관직에서 물러났지만, 허견의 옥사와는 관련이 없어서 신변에는 별 이상이 없을 것으로 보였다. 그러나 오시수

---

36) 『숙종실록』 6년 3월 28일.
37) 『숙종실록』 6년 3월 29일.
38) 『숙종실록』 6년 3월 30일.
39) 『숙종실록』 6년 4월 5일.
40) 洪順敏, 1986, 「숙종초기의 정치구조와 「환국」『韓國史論』 서울대 국사학과, 180쪽.

가 일시적으로 화를 면했다고 해도, 남인들에 대한 대대적인 공세에서
벗어날 수는 없었다. 곧바로 次玉의 옥사[41]에 대한 재조사가 이루어지면
서 허적은 賜死되고 오시수는 遠配되었다.[42] 오시수를 귀양 보내기로 결
정한 이튿날인 5월 6일, 修撰 朴泰遜이 상소하여 흉악한 말을 명확히 분
별하여 나라의 무함을 씻어버릴 것을 요청하였다.

> 접때 '강한 신하에게 견제를 받았다'는 이야기가 역적 李柟이 使命을 받들
> 었던 날 처음 나오고 이남의 족속이 칙사를 접대할 때에 이어서 꺼내었습니
> 다. 전한 사람이 없고 同行이 듣지도 못했는데 망측한 말이 유독 이남의 일가
> 에서 나왔으니 온 나라의 신민으로 누군들 분통하고 의혹을 가지지 않았겠습
> 니까? …… 역적 이남은 죽었지만 이어서 꺼내었던 자가 여전히 남아있고 동
> 행했던 신하들도 증인으로 조사할 수 있으니, 삼가 바라건대 속히 의금부에
> 명하시어 분명히 조사하도록 하시어, 나라의 무궁한 무함을 씻고 하늘에 계신
> 선왕의 영령을 위로하소서.[43]

숙종 1년 尹塲가 처음 거론했던, 이남과 오시수가 일족이라는 논리가
숙종 6년에 박태손에 의해서 다시 전개되고 있다. 숙종은 박태손의 건의
를 채택하여, 우선 청나라에 보낼 陳奏使 沈益顯을 통해 말의 근원을 탐
문하도록 하였다.[44] 또 이와는 별도로, 6월 7일 賓廳에서는 두 차례 신강
설에 관련된 사신과 역관들을 다시 조사하여 숙종에게 보고했다.[45] 빈청
의 조사에서 현종 11년(1670) 정사 이남과 동행했던 副使 鄭楷은 이남과
함께 北京의 太和殿에 들어갔을 때, 황제가 이남과 몇 마디 나누는 것을

---

41) 次玉은 허견이 부녀자 차옥을 납치하여 겁탈한 사건이다. 숙종 5년(1679) 南九
萬의 상소로 조사가 시작되었는데, 判義禁府事였던 오시수가 사건을 무마하였
다. 이희환, 앞의 책, 35쪽.
42) 『숙종실록』 6년 5월 5일.
43) 『승정원일기』 숙종 6년 5월 6일.
44) 『숙종실록』 6년 5월 6일.
45) 「오시수 추안」 172~174쪽 ; 『숙종실록』 6년 6월 7일.

들었지만 말소리가 낮아서 알아듣지 못했다고 하였다. 밖에 나와서야 이
남을 통해 '臣强'의 이야기가 있었다고 전해 들었을 뿐이라고 하였다. 숙
종 1년 칙사 행차 때의 역관들에 대한 조사도 동시에 이루어졌는데, 당시
원접사 오시수의 差備譯官이었던 朴廷藎은 臣强說을 듣지 못하였다고
부인하였다.[46] 칙사의 차비역관이었던 安日新·卞爾輔·金起門 등도 신강
의 이야기를 듣지 못하였다고 하였다. 또 숙종 1년 신강설을 변무하는
일로 허적이 관소로 장효례를 찾아갔던 일에 대해서도 조사가 진행되었
다. 안일신은 그때 무슨 이야기가 있었는지 자세히는 모르지만, 잠깐 사
이에 허적과 장효례 사이에 밀담이 있었다고 진술하였다.

> 허적이 장효례와 서로 만난 뒤, 여러 역관이 中門 밖까지 나와 전송했는
> 데, 저 혼자 그 곁에 있었습니다. 허적이 먼저 화로를 담장 밑으로 옮겨 두도
> 록 시키더니, 저에게 담배를 가지고 화로가 있는 곳으로 가서 불을 붙여 오라
> 고 했습니다. 멀리서 바라보니, 허적이 장효례와 머리를 맞대고 은밀히 이야
> 기하다가, 제가 불을 붙여 갔더니 허적이 말하기를 "그 일은 본래 대단할 일
> 이 아닙니다."라 했는데, 그 사이에 어떤 내용의 이야기가 있었는지는 모릅니
> 다.[47]

빈청에 모인 신하들은 이상의 조사를 마친 뒤 현종 11년의 신강설은
사실 여부가 불분명한 것으로, 숙종 1년의 신강설은 터무니없는 것으로
일단 판단하고, 사신의 행차를 통해 잘 주선하여 탐문할 것을 숙종에게
요청하여 윤허를 받았다.

같은 해 윤8월, 북경에 사신으로 갔던 심익현 일행이 돌아와 別單을
바쳤다.[48] 李柟의 역변을 청나라에 보고한 경위, 현종 11년과 숙종 1년

---

46) 「오시수 추안」 172~173쪽.
47) 「오시수 추안」 174쪽.
48) 「오시수 추안」에는 윤8월 7일, 『숙종실록』에는 윤8월 20일의 기사로 나오는데,
   7일은 山海關에서 별단을 보낸 날짜, 20일은 일행이 서울에 도착한 날짜로 보인

신강설이 전해진 경위 등에 대한 탐문 내용이 담겨 있었다. 먼저 관소로 찾아온 청나라의 大通官 李日善에게 조선의 首譯 안일신 등을 시켜 현종 11년 이남의 장계에 나오는 신강설에 대해 탐문했던 내용은 다음과 같다.

> 이일선이 말하기를 "그때 내가 앞에 있으면서 말을 전했는데, 황제가 이남에게 말하기를 '너희 나라의 신하가 於透應於虛하여 백성들을 못살게 굴어서 편안히 살 수 없도록 한다고 하더라.' 했소." 했는데, 청나라 말로 '於透應於虛'라는 것은 强惡한 것을 가리킨다고 했습니다.[49]

역관들을 통해 이러한 대답을 전해들은 심익현 등은 이일선을 직접 만나 다시 대답을 들으려 했는데, 이일선이 만남을 거부하고 즉시 나가서 여의치 않았다고 하였다. 결국 사신들은 청나라 역관을 직접 만나지 못하고, 조선의 역관을 통해 간접적으로 탐문하는데 그쳤다. 또 그 내용도 과거 이남이 보고했던 내용과 별 차이가 없었다. 이남이 '臣强'의 '强'이라는 漢字語가 내용상 큰 차이 없는 '於透應於虛'라는 女眞語로 바뀐 것이 다른 점이라면 다른 점이었다.

별단에서는 다음으로 숙종 1년 오시수와 관련한 탐문 내용에 대해 보고하였다. 이번에는 청나라의 대통관 안일신을 사신들의 숙소로 불러, 오시수가 보고했던 내용의 사실 여부를 탐문하였다. 이에 대해 장효례는 祭文에 없는 말은 한 마디도 하지 않았다며, 중간에서 이야기를 전한 사람이 자기 말이라고 핑계하고 전했을 것이라고 발뺌하였다. 또 '강한 신하의 견제를 받았다[受制强臣]'는 말도 하지 않았으며, 다만 조선의 양반이 '콧대가 세다[鼻强]'는 말만 했을 뿐이라고 하였다. 또 이에 대해서는

다. 『숙종실록』 6년 윤8월 20일 ; 「오시수 추안」 174~177쪽.
49) 「오시수 추안」 174~175쪽.

자신이 조선에 나가게 되면 다시 자세히 말해주겠다고 하였다. 한편 당시 허적이 자신에게 탐문했던 일에 대해서 묻자, 허적이 "우리들을 강하다고 일컫고 백성들이 근심하고 원망한다고 했으니 원통하다."라고만 하면서, 오시수가 아뢰었던 말에 대해서는 한 마디도 질문하지 않았다고 대답하였다.

사신의 별단을 접한 이튿날인 윤8월 21일, 숙종은 영의정 김수항과 우의정 閔鼎重을 인견하여, 오시수가 거짓말을 꾸며냈으며 허적도 장효례에게 묻지도 않고 거짓 보고했다고 결론 내리고 오시수와 당시 오시수의 차비역관이던 박정신을 먼저 推鞫하기로 결정하였다.[50] 이후 9월 30일까지 한 달 남짓한 기간 동안 安日新 등 다른 역관 및 관련된 증인들에 대한 조사 및 오시수 등에 대한 재조사가 길게 이어졌다. 번거로운 조사 과정을 일일이 소개할 여유가 없으므로, 사건의 쟁점을 중심으로 간략히 옥사의 전개 내용을 살펴보도록 하겠다.

오시수의 옥사에서 가장 쟁점이 되었던 것은 역관들에게 오시수가 '臣强'의 언급을 과연 들었는가에 있었다. 당초 오시수는 숙종 1년 칙사를 맞이하고 돌아와 숙종을 만난 자리에서, 장효례가 역관들에게 '강한 신하에게 견제 받아 일마다 자유로이 하지 못하다가' 승하한 현종을 불쌍히 여겨 두 차례 致祭를 하게 된 것이라고 언급하였다고 보고한 적이 있었다.[51] 그런데 경신환국 이후 6월에 있었던 빈청의 조사에서 오시수의 차비역관이었던 박정신은, 장효례가 '신하가 강하다'는 언급은 하지 않았고 다만 '양반이 착하지 않다[兩班不善]'는 말은 하였지만 이것도 두 차례 치제 이유와는 무관한 것이었다고 부인하였다.[52] 이후 박정신은 추국 과정에서도 이 진술을 반복하였다.[53] 이에 대해 오시수는 우리나라의 역관

---

50) 『숙종실록』 6년 윤8월 21일.
51) 『숙종실록』 1년 3월 3일.
52) 「오시수 추안」 172~173쪽.

들과 청나라의 통관들이 말을 바꾼 것이라고 주장하였다.[54] 오시수는 장효례에게 직접 들은 것이 아니고 역관들이 전하는 말을 들은 것이었으므로, 오시수 입장에서는 역관들이 말을 바꾸면 꼼짝없이 없는 말을 지어낸 셈이 되는 것이었다. 따라서 직접적인 증거를 제시할 수 없었던 오시수는 당시의 관례나 정황 등을 들며 역관들이 말을 바꾸었음을 입증하려 애썼다. 먼저 빈청에서 추궁할 때 역관들이 말을 바꾸었으며, 그 말을 바꾼 역관들을 청나라에 보내어 통관에게 탐문하도록 했으니 통관이 당연히 말을 바꾸어 대답한 것이라 하였다. 이번 사행에 首譯으로 참여한 인물이 빈청에서 말을 바꾸었던 安日新·金時徵 등이었음을 지적하면서, 평소에 청나라의 通官과 밀접하게 결탁한 이들이 이번에 빈청에서 말을 바꾼 실상이 장효례에 의해 드러날 것이 두려워 충분히 주선하였을 것이라고 추측하였다. 또 윤계도 이미 장효례를 허황된 인물이라 평가했던 사실을 지적하면서, 이미 장효례가 숙종 1년에 卜誣 논의가 있을 때 같은 방법으로 은폐하려 애썼음을 상기시키며 사실대로 대답했을 리가 없다고 하였다. 또 오시수는 자신이 귀양 가기 전에 동대문 밖으로 박정신이 자신을 찾아온 사실을 털어 놓으며, 이것도 역관들이 말을 바꾸었다는 근거로 들었다. 조정에서 신강설을 조사한다는 소식이 있으니 여러 역관들이 말을 바꿀 낌새가 있다고 박정신이 전했다며, 그 자리에 참여했던 金鳳至·權守經 등을 증인으로 거명하였다. 또 역관 金起門도 오시수의 아우 吳始大를 찾아와, 신강설을 듣고 오시수에게 알렸음을 시인하였다고 하였다. 또 신강설을 자신이 혼자 들은 것이 아니라, 당시 평안감사였던 申晸도 역관들에게 들었으며 館伴이었던 閔熙도 역관에게 들었다며 확인을 요청하였다.

오시수의 이러한 진술에 따라 추국청에서는 거론된 역관들과 증인들

---

53)「오시수 추안」179~182쪽.
54)「오시수 추안」188~198쪽.

을 불러다 조사하였다. 역관들이 말을 바꾸려한다고 오시수에게 전했던 박정신은, 역관들이 바꾸려했던 말은 '臣强'의 이야기가 아니라 장효례가 말했던 '오래도록 장수를 누리지 못했다[享年不永]'는 말이 혹시 '신하가 강하여 견제를 받았다[臣强受制]'는 이야기와 관계되는 일이 있을까 의심하여, 그 '享年不永'이라는 말도 싸잡아 감추려고 했기 때문에 그러한 언급을 하였다고 진술하였다.[55] 박정신의 이러한 진술에 대해서는 추국청에서도 의문을 제기하였다. '享年不永'은 중요하게 관련된 것이 아닌데 이것을 가지고 말을 바꾸었다고 할 수 없다는 이유였다.[56] 오시수도 이를 박정신이 말을 바꾸어 거짓 진술을 하고 있다는 근거로 들었다.[57] 박정신이 동대문 밖으로 찾아왔을 때 그 자리에 있었던 인물들에 대한 조사도 병행되었다. 金鳳至와 權守經은 역관들이 말을 바꾸려한다는 이야기를 들었다고 진술했다.[58] 박정신이 오시수를 찾아와 '역관들이 말을 바꿀 낌새가 있다'고 전했다는 사실은 역관들의 진술에 의존할 수밖에 없었던 사건의 특성상 중요한 단서가 될 수 있는 부분이었다. 그러나 말을 바꿀 낌새가 있다는 말을 들었다고 증언한 사람들이 오시수와 일가라는 이유로 증거로 받아들여지지 못했다.[59]

申晸과 閔熙를 증인으로 부르는 문제에 대해서 숙종은 소극적이었지만,[60] 결국 조사가 이루어졌다. 민희는 허적과 館所에 있을 때 있었던 대화 대용에 대해 분명하게 대답하지 않았다. 허적이 역관들에게 박정신이 전한 말을 들었느냐고 물으니 역관들이 들었다고 대답하였지만, 자신

---

55) 「오시수 추안」 204~205쪽.
56) 「오시수 추안」 235쪽.
57) 「오시수 추안」 320쪽.
58) 「오시수 추안」 225~227쪽.
59) 김봉지는 오시수의 매부였고, 권수경은 오시수의 처남이었다. 『숙종실록』 6년 9월 12일.
60) 「오시수 추안」 238쪽 ; 323쪽.

은 그 구체적인 내용에 대해서는 알지 못한다고 회피하였다.[61] 오시수는 민회가 들었다는 말이 신강설이 분명한데도 모호한 표현으로 빠져나가려 한다며 개탄하였다.[62]

한편 신정은 앞서 숙종 1년 오시수와 윤계의 논쟁에서도 중요한 증인으로 거명된 적이 있었다. 당시 윤계의 상소에서 '오시수가 龍川에서 신강설을 들었으면 왜 監司에게 언급하지 않았는가?'라고 반문한[63] 데 대하여, 오시수가 '역관들이 먼저 제게 전하고 다음으로 감사에게 전했으니, 저와 감사는 동시에 함께 들었다.'라고 대응한[64] 적이 있었다. 오시수가 흉악한 말을 들었다면 어찌하여 즉시 해당 지역인 평안감사에게 알리지 않았느냐는 것이 황해감사였던 윤계의 질문이었고, 평안감사도 알고 있었다는 것이 오시수의 대답이었다. 그렇다면 당연히 당시 평안감사였던 신정의 해명이 필요한 상황이었는데, 당시 신정은 아무런 대응을 하지 않았었다. 그런데 숙종 6년 추국이 벌어지기 직전 이 사건과 관련하여 청나라에 다녀왔던 陳奏使 사행에 신정이 副使로 참여하였다. 신정은 사행에 앞서 숙종을 만난 자리에서 당시 상황을 해명하였다.

> 오시수가 원접사가 되었을 때에 신이 평안감사로 義州에서 만났는데, 오시수가 서울의 소식을 듣고 불평하는 기색으로 말하기를, "尹㻶의 상소가 자기 말과 같지 않으니, 매우 괴이하다." 하고, 또 신에게 "서울로 올라간 뒤에 상소해야 할 것인데, 영감과 장효례의 말을 모두 거론하지 않을 수 없소. 역관들이 틀림없이 영감에게 전할 것입니다." 하기에 신이 즉시 역관들을 불러 물어보니, 다투어가며 그들이 이야기를 전한 것이 없다고 말했습니다. 그 당시의 실상은 이러했을 뿐인데, 이제 廟堂의 신하들의 말을 들어보니, 오시수의 상소에서 신을 거론하여 증거를 삼았다고 했습니다. 신은 오래도록 죄로

---

61) 「오시수 추안」, 271~272쪽.
62) 「오시수 추안」, 280~282쪽.
63) 「오시수 추안」, 161쪽.
64) 「오시수 추안」, 168쪽.

廢錮되어 있었으므로 아뢴 글을 보지 못했기 때문에, 그 당시에는 시비를 분별하여 의혹을 깨뜨리지 못했었습니다.[65]

신정은 숙종 1년에 논쟁이 벌어졌을 때 침묵했던 이유를 당시 두 사람의 상소 내용을 알지 못하여 해명하지 못하였다고 변명한 것이다. 이는 추국청의 진술에서도 되풀이되었다.[66] 이에 대해 오시수는 몇 가지 이유를 들어 반박하였다. 다른 도의 감사인 윤계가 들어 알고 있던 신강설을 해당 도의 감사가 칙사가 돌아갈 때가 되어서야 처음 들었다는 것이 말이 안 되며, 이는 또 역관들이 원접사와 감사에게 전해야하는 규례에 어긋난다고 하였다. 또 자신에게 말을 전한 역관들이 감사에게 가는 것을 자신이 직접 목격했다고도 하였다. 또 신정이 듣지 못했다면 당시 자신이 신정에게 거명하겠다는 말을 할 이유가 없으며, 온 나라가 떠들썩하게 윤계와 논쟁하던 사이에 말 한마디 않고 6년을 지내다가, 이제 와서 몰랐다고 하는 것도 이치에 맞지 않는다는 내용이었다.[67] 그러나 숙종은 신정의 진술을 받아들이고 오시수의 항변은 무시하였다.[68]

역관들이 말을 바꾸었는지 여부와 관련하여 중요한 대목은 두 차례 치제 이유를 조선의 역관들이 청나라의 통관 장효례에게 탐문해 알게 되었던 장소가 어디인지의 문제였다. 탐문 장소는 숙종 1년 오시수가 숙종에게 서울로 돌아와 보고한 이래[69] 죽 龍川으로 알려져 왔다. 박정신도 두 차례 치제 이유를 金石山에서 물어보았지만 장효례가 대답하지 않았고, 용천에 이르러서야 비로소 답변하여 알게 되었다고 빈청과 추국청의 조사에서 일관되게 진술하였다.[70] 그런데 安日新·卞爾輔·金起門·金時徵

---

65) 『숙종실록』 6년 6월 10일.
66) 「오시수 추안」 326~329쪽.
67) 「오시수 추안」 285~286쪽, 339~340쪽.
68) 「오시수 추안」 360쪽.
69) 『숙종실록』 1년 3월 3일.
70) 「오시수 추안」 172~173쪽, 181~182쪽.

등 다른 역관들은 줄곧 장효례에게 두 차례 치제 이유를 들은 곳이 금석산이라고 진술하였다.[71] 金石山은 義州에서 柵門 사이에 있는 압록강 건너 청나라 영역의 지명으로, 九連城에서 35리 지점에 있었다.[72] 추국청에서는 어긋난 진술의 진위를 살펴보기 위해 숙종 1년의 『승정원일기』를 가져다 보았는데, 안일신 등의 진술이 거짓임을 확인하였다.[73] 영의정 김수항도 마침 칙행을 따라 서울에 와 있던 장효례에게 찾아가 이 사실을 탐문하였는데, 사냥을 나갔다가 저녁에 도착하여 바쁘고 부산했으므로 금석산에서는 이 일에 대해 문답할 여유가 없었으며, 용천에서 대답했는지 義州에서 대답했는지는 기억이 나지 않는다는 장효례의 대답을 받았다.[74] 어긋난 진술에 대해 안일신 등 역관들에게 다시 심문했지만, 금석산에서 들은 것이 분명하며 용천에서는 문답한 일이 없다고 똑같이 진술하였다.[75] 다른 역관과 말이 다른 것에 대해 박정신은 그들이 말을 바꾼 것이며, 용천에 도착하여 듣고 알았다고 진술하였다.[76]

역관들이 오시수에게 치제 이유에 대해 전한 시점도 당사자들의 진술이 어긋난 대목이었다. 빈청의 조사에서 안일신 등 역관들은, 용천에 도착한 이튿날 아침에 오시수가 역관들을 불러서 지난밤에 차비역관 박정신이 전했다는 '신하가 강하여 견제를 받았다'는 말을 거론하며 꾸짖었다고 진술하였다.[77] 그러나 오시수는 臣強說을 용천에 도착한 날 저녁에 역관들이 모두 함께 있던 자리에서 들었는데, 이제 와서 박정신 홀로 말을 전한 것처럼 다른 역관들이 말을 바꾸고 있다고 주장하였다.[78] 양쪽

---

71) 「오시수 추안」, 209~210쪽, 216~217쪽, 253~254쪽 ; 264쪽.
72) 『薊山紀程』 권5, 附錄, 山川 ; 『湛軒書』 外集 권10, 燕記, 路程.
73) 「오시수 추안」, 302쪽.
74) 『숙종실록』 6년 9월 25일 ; 「오시수 추안」, 311쪽.
75) 「오시수 추안」, 305~307쪽.
76) 「오시수 추안」, 349쪽.
77) 「오시수 추안」, 173쪽.
78) 「오시수 추안」, 231~232쪽.

의 진술이 다른 상황에서 그 이유를 캐묻자, 박정신은 자신도 이튿날 아침에 오시수를 만났으며 안일신 등은 그 자리에 뒤에 들어왔다고 하면서 역관들과 말을 맞춘 일이 없다고 변명하였다.[79] 치제 이유를 전한 시점에 대해서 오시수는 당일 저녁이라고 역관들은 이튿날 아침이라고 각각 달리 진술하였고, 박정신이 오시수를 만난 시점에 대해서는 박정신이 안일신 등 다른 역관들과 서로 다르게 진술하였다. 이를 오시수는 다른 역관들이 박정신에게 책임을 떠넘기려는 의도로 해석하였다. 거듭된 조사에서도 역관들은 모두 저녁에 만났다는 오시수의 진술이 거짓이라는 주장을 굽히지 않았으며,[80] 오시수는 아침 일찍 출발하는 칙행의 규례를 들어가며 아침에는 문안을 할 수 없는 형편임을 증명하려 하였다.[81] 또 이튿날 아침이건 당일 저녁이건 장효례의 말과는 큰 관련이 없는데 자신이 굳이 당일 저녁이라고 거짓말을 할 필요가 없다고도 하였다.

　두 차례 치제 이유를 들은 장소가 금석산이 아니라는 점은 숙종 1년의 기록이나 장효례의 진술로 분명히 확인되는 사실이었는데, 오시수의 차비역관이었던 박정신을 제외한 역관들이 입을 맞추어 금석산이라고 주장하는 것은 충분히 혐의를 둘 수 있는 대목이었다. 또한 그 시점에 대해서 오시수는 물론 박정신과 다른 역관들의 진술이 어긋나는 점도 '말을 바꾸었다'는 오시수의 진술에 개연성을 부여할 수 있는 지점이었다. 그러나 조정에서는 안일신 등이 바른대로 진술하지 않았다는 점을 인정하면서도 徒配에 처했을 뿐,[82] 계속하여 캐묻거나 刑訊을 가하여 진상을 확인하려는 노력을 하지는 않았다. 오시수와 박정신과의 대질심문을 끝으로[83] 추국은 서둘러 마무리되었다. 대질심문에서도 오시수는 박정신

---

79) 「오시수 추안」 241~242쪽.
80) 「오시수 추안」 245~246쪽, 255~256쪽.
81) 「오시수 추안」 283쪽.
82) 「오시수 추안」 363~364쪽.
83) 「오시수 추안」 346~355쪽.

이 말을 바꾼 사실을 집요하게 지적하였지만, 추국청에서는 오시수가 명백한 근거를 제시하지 못했다고 결론지었다.[84] 9월 30일 숙종은 추국청의 대신 등을 인견하여 의견을 들은 뒤, 오시수가 선왕을 무함하고 이남의 臣强說을 실현하려 했다고 결론짓고 오시수를 賜死하도록 하교하였다.

> 오시수는 여러 왕조의 두터운 은혜를 받고서도 은혜에 보답하려고 정성을 다할 생각은 하지 않고, 두 차례 제사 지내는 일을 계기로 차마 들을 수도 없고 차마 말할 수도 없는 이야기를 꾸며내어, 한편으로는 선왕을 무함하여 욕보이고, 한편으로는 역적 李枏의 臣强說을 실현하려고 했다. 지금 심문할 때에 이르러 감히 이치에 가깝지도 않고 이야기도 되지 않는 말을 가지고 말을 꾸며 진술을 바쳤으니, 그 정상이 더욱 분통이 터져서 반드시 엄히 매질하여 기어이 실정을 알아내려고 했던 것이다. 대신과 여러 신하들의 의견에, 이미 드러난 죄를 가지고 참작하여 처치하려는 것 또한 일의 마땅한 이치에 부합한다. 오시수를 특별히 賜死하라.[85]

아울러 '兩班不善'의 이야기를 오시수에게 전하여 오시수가 말을 만드는 계기를 마련했다는 이유로 박정신을 遠配하도록 결정하였다.[86] 오시수의 自服을 받지 않은 상태에서 賜死를 지시한 숙종의 결정은 두 방향에서 반대에 부딪혔다. 오시수를 더 국문하여 실정을 알아낸 뒤 正刑해야 한다는 權是經 등의 반대가 하나였고,[87] 역관은 유배에 그치면서 오시수를 사사하는 것은 지나치며, 또 대신의 반열에 있었던 자를 刑訊할 수도 없다는 趙持謙 등의 반대가 다른 하나였다.[88] 전자는 자백하지 않은 죄인의 사사는 失刑에 해당하니 자백할 때까지 형신을 가해야한다는

---

84) 「오시수 추안」 355쪽.
85) 「오시수 추안」 363쪽.
86) 「오시수 추안」 364~365쪽.
87) 『숙종실록』 6년 10월 1일.
88) 『肅宗實錄補闕正誤』 6년 10월 12일.

원칙적이며 강경한 입장이었고, 후자는 확실하게 오시수의 혐의를 단정할 수 없는 상태에서 대신을 사사하거나 형신할 수 없다는 동정적이며 온건한 입장이었다. 11월 11일, 숙종은 大妃의 명을 받드는 형식으로 오시수를 減死하여 圍籬安置하도록 하는 備忘記를 내렸다.[89] 이후 오시수의 처리 문제는 해를 넘겨 이듬해인 숙종 7년(1681)까지 조정의 중요 현안의 하나가 되었다. 오시수의 처리를 둘러싼 조정의 이견에 대해서는 다음 장에서 자세히 서술하기로 하겠지만, 결국 6월 12일 숙종은 오시수를 賜死하도록 하였다.[90]

換局의 과정에서 사사된 오시수에 대한 조정의 입장은 이후 환국이 재개될 때마다 바뀌었다. 숙종 15년(1689) 己巳換局으로 남인이 재집권하면서 오시수는 復官되었지만,[91] 숙종 20년(1694) 甲戌換局으로 서인이 돌아오면서 관직이 追奪되었다.[92] 정조 8년(1784) 오시수의 관작은 잠깐 회복되지만 며칠 뒤 다시 정지되는 등[93] 세월이 한참 지난 뒤에도 오시수에 대한 처분은 정치적 논리에서 자유롭지 못했다.

4. 옥사의 의미

吳始壽의 옥사가 賜死로 마무리되고 난 지 다섯 해 뒤인 숙종 12년(1686), 청나라에서 전해진 한 통의 咨文 내용이 조정을 발칵 뒤집어 놓았다. 당시 犯越 문제와 관련하여 청나라로 갔던 陳奏使 鄭載嵩이 국왕에게 아뢰지 않고 呈文을 바친 것에 대하여, 청나라 禮部에서 그 절차의 잘못을 지적하며 정재숭을 치죄하도록 하고 이를 자문으로 조선에 통보

---

89) 『승정원일기』 숙종 6년 11월 11일.
90) 『숙종실록』 7년 6월 11일 ; 12일.
91) 『숙종실록』 15년 2월 10일.
92) 『숙종실록』 20년 5월 13일.
93) 『正祖實錄』 8년 8월 9일 ; 29일.

하도록 하였다.[94] 그런데 보내온 자문의 내용 중에 예민한 구절이 있어서 조정을 술렁이게 하였다.

> 무릇 저 나라가 작다 하더라도, 임금과 신하의 分義가 어찌 유독 없겠습니까? 설령 억울한 일이 있으면 해당 국왕은 본래 싸臣이니 응당 章奏를 올려 스스로 해명하고 애걸하며 간청해야지, 어찌 하찮은 낮은 관직에 있는 자가 자기 임금에게 아뢰지도 않고 가벼이 붓끝을 놀려 함부로 재앙의 단서를 열 수 있습니까? 이것은 모두 그 나라가 임금은 약하고 신하가 강한 데에서 비롯한 것이니 이미 하루 이틀의 일이 아닙니다. 우리 조정에서 여러 차례 보호하고 지켜주지 않았다면 몇 번이나 찬탈을 당했을지 모를 일입니다.[95]

'임금은 약하고 신하가 강하다[主弱臣强]'는 표현 자체가 조선으로서는 견디기 힘든 내용이었던 데다가, 이 자문을 계기로 오시수의 옥사에 대해 의문을 제기하는 여론이 일어나기 시작한 것도 간단하지 않은 문제였다. 당시 좌의정이었던 南九萬이 사람들의 의혹을 당연시하는 언급을 하니 김수항이 낯빛을 변하며 대꾸하지 못했다는 등[96] 조정에서까지 옥사에 대한 불리한 여론이 조성될 조짐을 보이자, 이를 잠재울 대책이 필요하게 되었다.

> 자문 말단의 臣强主弱說은 신하가 차마 들을 수 없는 점이 있지만, 형세에 구애되어 변명하지 못하니 그저 원통할 뿐입니다. 이 이야기가 전파된 뒤로 일종의 논의에서 더러 오시수의 죄가 이제 말끔히 벗겨질 수 있을 것이라고 합니다. 오시수의 죄상은 성상께서 이미 통촉하여 참작해 처리하신 바가 있으니 지금 굳이 다시 아뢰지 않겠지만, 오시수의 일은 臣强主弱說을 그 스스로 처음 지어냈다는 것이 죄가 된 것이 아닙니다. 이른바 臣强說은 그 전부터 저쪽에서 행해진 지 이미 오래되었는데 이 또한 어찌 저쪽 사람이 짐작으로

---

94) 『숙종실록』 12년 윤4월 29일
95) 『同文彙考』 권51, 「犯越」 3, 我國人, '禮部知會呈文陪臣免嚴拿發與該國治罪咨'.
96) 『수촌집 부록』 권2, 「운체록」.

추측하여 꾸며낸 것이겠습니까? 그 사이에 필시 곡절이 있었으니, 신해년 (1671, 현종12) 무렵 역적 李㮒이 전했던 말을 가지고 미루어보면 또한 알 수 있습니다. …… 오시수는 역관들이 전한 '兩班不善'의 말을 '臣强'의 두 글자로 꾸며서 '한 차례 치제는 선왕이 평상시 강한 신하에게 견제 받았기 때문에 별도로 위로하여 제사지내게 된 것이다 …….'라 하면서 조정을 기망하고 선왕을 무함하고 욕보여 전날의 신강설을 실현하려고 했으니, 그 죄상은 실로 천지도 용납할 수 없고 나라사람이 함께 분노할 바입니다.[97]

이는 숙종이 신하들을 인견한 자리에서 영의정 김수항이 한 말이다. 이에 숙종은 김수항의 주장과 논리를 그대로 받아들이며, 앞으로 오시수의 죄가 없다며 구원하려는 자들을 엄중히 다스리겠다고 화답하였다. 이 자리에서 드러난 숙종과 김수항의 입장이 옥사의 성격을 이해하는데 중요한 대목이 된다. 그동안 오시수의 공식적인 죄목은 두 가지였다. 하나는 '강한 신하에게 견제 받았다'는 말을 꾸며 내어 선왕을 무함하여 욕보였다는 것이었고, 다른 하나는 李㮒의 신강설을 실현하려 했다는 것이었다. 그런데 청나라에서 온 자문에 '臣强'의 언급이 분명하게 명기되고 이를 계기로 오시수에게 동정적인 여론이 조성되자, 옥사에 대한 입장을 다시 정리할 필요가 생기게 되었다. 당초에는 청나라 쪽에서 신강설이 나왔다는 사실을 알면서도 공식적으로 인정하기 어려우니 암묵적으로 덮고 넘어갔던 것이 조선 조정의 입장이었다. 현종 12년 李㮒의 장계로 처음 신강설이 전해졌을 때 수긍했던 남인과 달리 서인들은 예민하게 반응하였지만 더 이상의 조치는 없었고,[98] 숙종 1년 오시수의 보고로 다시 거론되었을 때에는 '짐작으로 한 말'이라는 장효례의 해명으로 卞誣 논의가 중지되기도 하였다.[99] 그러나 庚申換局으로 정국이 바뀌게 되자 臣强

---

97) 『승정원일기』 숙종 12년 7월 13일.
98) 『현종실록』 12년 2월 21일.
99) 『수촌집 부록』 권2, 「운체록」.

說에 대한 서인들의 입장은 보다 공격적으로 바뀌었다. 朴泰遜의 상소에
서는 '신강'의 언급 자체가 청나라에 없었던 것인데 이남·오시수 일가에
서 만들어낸 것으로 규정하였고,[100] 조정에서는 뒤이어 옥사를 일으키게
되었다. 이남의 장계에 나오는 신강설을 조사하기 위해 청나라에 파견되
었던 사신 일행은 신강설을 완전히 뒤집는 증거를 받아오지 못하고, '於
透應於虛'라는 女眞語를 대신하여 들고 나왔다.[101] 실제로 '强惡'이라는
의미를 갖는 '於透應於虛'는 오히려 신강설을 뒷받침해주는 내용이었지
만, 조정에서는 번역 과정에서 오해되는 표현이 나온 것이라 애써 외면
하면서[102] 더 이상 문제 삼지 않았다. 한편 오시수의 신강설의 경우, 남
인 집권기에 거론되었던 논의를 완전히 뒤집고 청나라와 조선의 역관들
의 바뀐 진술에 의존하여 오시수가 말을 만들어낸 것으로 결론지었다.
그 과정에서 김수항은 '청나라에 없었던 말이니 장효례가 감히 했을 리
가 없다'는 논리를 펴면서[103] 신강설을 오시수가 만들어낸 것으로 규정
하기도 하였다. 그러나 청나라의 자문을 통해 청나라에서 신강설이 있었
다는 것이 명백해지자, 이제는 처음 지어낸 것이 죄가 아니라면서도 처
음 지목했던 '선왕을 무함하고' '이남의 말을 실현하려 했다'는 오시수의
죄목을 그대로 유지하는 궁색한 논리를 펼 수밖에 없었다. 이미 숙종 1
년에 장효례가 '짐작으로 한 말'이라고 허적 앞에서 진술했던 것을 경신
환국 이후 뒤집고 부인한 마당에, 그리고 이를 근거로 오시수를 사사한
상황에서 청나라에서 신강설의 증거가 나왔지만 그럼에도 불구하고 오
시수의 죄목을 그대로 유지하려다 보니, '청나라에 없었던 말이니 장효
례가 했을 리가 없다'고 했던 김수항이 '청나라에 오랫동안 행해진 말을

---

100) 『승정원일기』 숙종 6년 5월 6일.
101) 「오시수 추안」 174~175쪽.
102) 「오시수 추안」 360~361쪽.
103) 「오시수 추안」 361쪽.

청나라 사람이 짐작으로 꾸며냈을 리가 없다'고 정반대의 언급을 하며 장효례의 개입 가능성을 차단하고 나선 것이다. 이는 옥사의 성격이 처음부터 오시수를 겨냥하고 있었음을 보여주는 것으로, 그 과정에서 중요한 역할을 담당했던 인물이 숙종과 김수항이었다.

경신환국 이후 박태손의 상소를 계기로 청나라에 陳奏使 沈益顯을 보내어 말의 근원을 탐문하게 하는 과정에서, 탐문 방법에 관한 주목할 만한 논의가 진행되었다.

> 상이 이르기를, "…… 이번에 사신이 들어갈 때에 戶曹에서 銀貨를 주어 보내 저들 속에 가서 탐문하여 그 사실 여부를 알아보는 것이 마땅하겠다." 하니, 김수항이 아뢰기를, "……(신강설은) 저들 가운데서 나온 말이 아니고 중간에서 반드시 만들어 낸 자가 있을 것입니다. 그런데 동행한 역관의 무리들은 항상 저 사람들에게 미루어서 증거를 대어 물을 데가 없기 때문에 가볍게 발설하기가 어렵습니다. 만약 돈을 가지고 가서 정탐한다면 저 사람들도 반드시 숨기지 못할 것입니다. ……"라 하였다.[104]
>
> 신들이 대신의 말을 들으니, 저들 통역관 중 李一善과 張孝禮 같은 무리들은 성질이 자못 불순하여, 만약 사람들이 모인 가운데서 갑자기 묻는다면 사실을 캐기가 쉽지 않을 뿐만 아니라, 또한 노여움을 사게 할 우려도 없지 않다고 하니, 반드시 그와 평소에 친밀히 지내던 역관을 시켜 먼저 그의 처소에 가서 조용히 그 전말을 말한 뒤에 불러다 묻는 것이 좋은 계책일 것 같습니다.[105]

앞의 기사는 진주사 일행에게 銀貨를 주어 보내어 사실을 탐문하도록 하자는 숙종과 김수항의 대화 내용이고, 뒤의 기사는 진주사 심익현이 탐문할 방법을 강구하여 보고한 내용이었다. 현안의 원만한 처리를 위해 뇌물을 사용하는 것은 청나라와의 불평등한 외교 관계에서 흔히 행해졌

---

104) 『숙종실록』 6년 6월 6일.
105) 『숙종실록』 6년 6월 10일.

던 하나의 관행이었다. 하지만 다른 근거가 전혀 없이 통역들의 입에만 의존해야하는 몇 년 전 사건의 진상을 규명하기 위해 처음부터 뇌물을 쓰겠다고 의도하는 것은 원하는 대답을 얻어내기 위한 요식적 절차라는 혐의를 벗기 어려웠다. 숙종 1년 신강설이 나왔을 때 이미 청나라의 통관 장효례가 말을 지어냈을 가능성이 대두된 적이 있었지만, 鄭致和를 비롯한 신하들이 卞誣를 반대하였던 것은 실상을 파악하기 어렵다는 것이 이유였다. 위의 대화에서도 '저들 가운데서 나온 말이 아니고 중간에서 만들어 낸' 것으로, 즉 장효례가 아닌 오시수가 만들어낸 것으로 미리 단정하고 있는 상황이었다. 조선의 국내 정치적 상황이 바뀐 뒤 뇌물을 써서 얻어낸 청나라 통역의 대답이, 자신들이 희생을 감수하면서까지 조선 정부의 기대에서 벗어날 리는 전혀 없었다. 또 심익현의 보고 내용의 골자는, 청나라 통역관들에 대한 공개적인 조사는 역효과가 날 가능성이 있으니 '조용히 그 전말을 말한 뒤' 불러다 묻겠다는 것이었다. 결국 청나라 조정을 상대로 한 공개적인 卞誣 또는 질의가 아니라, 당시 역관들에게 은밀히 금품을 주며 조선의 사정을 이해시키며 협조를 구하겠다는 것이 조선 조정의 입장이었다. 게다가 진주사행의 구성도 진상의 규명과는 거리가 있는 것이었다. 앞에서도 언급했듯이 副使 申晸은 당초 오시수가 원접사로 있을 때 평안감사였으며, 황해감사였던 윤계와 오시수 사이에 논쟁이 벌어졌을 때 침묵하던 인물이었다. 게다가 탐문 대상은 청나라의 통관 장효례였고 조선의 역관은 안일신 등으로 모두 숙종 1년에 깊이 관련된 인물들이었다. 또 안일신 등은 빈청에서 이미 신강설을 부인했던 인물들이었다. 장효례의 한마디 말에 따라 실상이 드러날 상황이었으므로, 평소 통관과 역관은 인정과 의리가 매우 친밀하니 틀림없이 사전에 주선했을 것이라며 탐문 결과를 불신했던 오시수의 항변도 일리가 있는 것이었다.[106]

중간에 역관을 통해 들었던 臣强說을 전했던 오시수로서는, 역관들이 말을 바꾸면서 말을 지어낸 죄를 꼼짝없이 뒤집어 쓸 수밖에 없었다. 그러나 신강설을 통해 선왕을 무함하려 했다는 오시수의 죄목은, 청나라에서 '主弱臣强'을 명기한 咨文을 보내면서 설득력을 얻기 힘들게 되었다. 그럼에도 조정에서는 '李柟의 말을 실현하려 했다'는 또 하나의 죄목을 거론하면서 오시수의 유죄를 확증하려 애썼다. 그러나 신강설을 제기한 이남과 오시수가 일족이라는 이유로 의혹을 제기하는 논리는, 첫째 신강설이 근거 없이 꾸며 만들어낸 이야기라는 점에서 출발하는 것이고, 둘째 이남과 오시수가 정치적 의도를 같이 했다는 전제에서 가능한 것이었다. 신강설이 꾸며 만든 이야기가 아니라는 점은 이미 청나라의 자문에서 증명되었으니, 오시수와 이남이 같은 정치적 의도를 가지고 있었는지를 확인할 필요가 있다.

許堅이 李柟을 추대하려다 발각된 사건을 계기로 많은 남인들이 推鞫을 당하고 처형되었지만, 오시수는 그 사건에 직접적으로 관련되지 않아 목숨을 부지할 수 있었다. 이는 이남과 오시수가 정치적 운명을 함께하는 관계가 아니었음을 의미한다. 실제로 오시수는 이남의 外從이었지만, 이남을 견제하고 兵權을 멀리하여 이남의 불만을 사고 있었다.

> 정원로가 자리에 있다가 묻기를, "우의정(오시수)께서 나리(김석주)를 천거한 까닭은 무엇입니까?" 하니, 허견이 말하기를, "우의정께서는 늘 말하기를, '내게 써서는 안 되는 족속[107]이 있다. 병권은 반드시 다른 사람에게 돌아가도록 할 것이다. ……' 했다." 했습니다. 정원로가 이남에게 묻기를, "우의정께서 군이 병권을 멀리하는 것은 어째서입니까?" 하니, 이남이 말하기를 "우의정은 바로 나의 사촌이나 이것은 바로 그가 사리에 어둡고 용렬하기 때문이다. ……" 했습니다.[108]

---

106) 「오시수 추안」 195~196쪽.
107) 『추안급국안』에는 '써서는 안 되는 족속[不可用之族屬]'이라고 되어 있는데, 『숙종실록』에는 '나쁜 족속[惡族]'이라 되어있다.
108) 『추안급국안』 8책, 「庚申年 逆堅柟推案 上」 297쪽.

위 기사는 허견 옥사의 推鞫 과정에서 강만철이 진술한 내용이다. 숙종 5년(1679) 11월, 都體察使府를 復設하고 副體察使를 차출하는 과정에서 金錫冑와 尹鑴·李元禎이 추천되었는데 숙종은 김석주를 임명하였다.[109] 당시 영의정 허적이 당연직으로 겸임하게 되어있던 도체찰사 자리에 이어 윤휴가 副體察使를 차지하여 남인들이 병권을 장악하려 한다는 혐의가 있어 서인들의 의심을 사고 있었는데,[110] 실제로 김석주를 부체찰사에 임명하는 자리에서 윤휴가 이견을 제기하다가 숙종의 책망을 받은 점을 보면[111] 서인들의 이러한 경계가 지나친 것은 아니었던 듯하다. 이남을 '써서는 안 되는 족속'으로 견제하고 윤휴 대신 김석주를 천거했던[112] 오시수의 처신은, 이남과의 혈연에도 불구하고 허견의 옥사에서 오시수를 지켜준 알리바이가 되었다.

숙종 즉위를 전후한 제2차 禮訟으로 정권을 장악한 남인은 다시 淸南과 濁南으로 분열하였는데, 청남과 탁남의 분류가 절대적인 것은 아니었다. 『숙종실록』에는 청남으로 許穆·尹鑴를 중심으로 吳挺昌·吳挺緯·吳始壽·李袤·趙嗣基 등을 거론하며 이들이 福善君 李柟을 받들었다고 하였고, 탁남으로 許積·權大運을 중심으로 閔熙·睦來善·吳始復 등을 거론하며 柳命天 형제가 젊은 나이에 領袖가 되었다고 하였다.[113] 그런데 『燃藜室記述』에서는 권대운·허목·오정위 등을 청남으로, 허적·민희·오정창·오시수·오시복 등을 탁남으로 분류하였다.[114] 『숙종실록』에서 청남으로 분류했던 오정창·오시수를 『연려실기술』에서는 탁남으로, 『숙종실

---

109) 『숙종실록』 5년 11월 3일.
110) 『숙종실록』 1년 9월 23일 ; 11월 5일.
111) 『숙종실록』 5년 11월 3일.
112) 『숙종실록』의 해당 기사에는 나타나 있지 않지만, 『추안급국안』에는 부체찰사로 천거된 세 사람 중에 김석주가 가장 낮다고 오시수가 천거하는 내용이 나온다. 「경신년 역견남추안 상」 297쪽.
113) 『숙종실록』 1년 6월 4일.
114) 『燃藜室記述』 권33, 「許穆攻許積」.

록』에서 탁남으로 분류했던 권대운을 『연려실기술』에서는 청남으로 분류하고 있다. 『숙종실록』에서는 오시수를 청남으로 분류하면서도, 탁남의 중심인물이었던 허적과 가까웠던 현실을 들어 "속임수가 심하여 때때로 은밀히 정성을 표시하여 스스로 허적 등에게 잘 보이려 하였다."[115]라고 설명하고 있다. 이는 오시수를 청남이나 탁남처럼 남인 안의 특정한 당색으로 분류하기 어려움을 보여주는 것이기도 하다. 이남을 견제하며 거리를 유지하여 이남으로부터 불만을 사고 있었고, 이남을 추대하려 했던 허견의 역모에 관련되지도 않았으며, 사료에 따라서는 이남과 다른 당색으로 표현되기도 했던 오시수가 '이남의 말을 실현하려고' 신강설을 꾸며냈다는 것은 그저 일족이라는 점에만 주목하여 전개된, 개연성이 많이 떨어지는 논리였다.

> 만약 터무니없는 일을 꾸며 조정의 관료를 모함하는데 뜻이 있어서 그랬다고 한다면, 역시 크게 그렇지 않은 점이 있습니다. 이른바 臣强說이 세상에서 돌아다닌 지 이미 오래되었으니, 이미 중요한 자리에 있는 사람들에게 해를 끼칠 수 없습니다. 을묘년(1675, 숙종 1) 이후로 한쪽 편의 사람들이 꺾이고 패배하여 다시는 남은 희망도 없었으니 신강설은 눈 위에 서리가 되기에도 부족한데, 무슨 이익이 있다고 터무니없는 말을 날조하여 스스로 너무나 형편없는 지경으로 돌아가겠습니까?[116]

위는 오시수가 추국청의 재조사에서 행한 진술 내용이다. 서인들은 '강한 신하'가 宋時烈을 지목하는 것으로 의심하고 끊임없이 반발하였으며, 경신환국 이후로는 이를 빌미로 하여 오시수의 옥사를 빚어내었다. 오시수는 신강설을 정치적으로 이용할 필요도, 이용한 사실도 없었음을 들며 서인들의 입장을 반박하였다. 실제로 현종 12년이나 숙종 1년 신강

---

115) 『숙종실록』 1년 6월 4일.
116) 「오시수 추안」 288쪽.

설이 제기된 이후, 이를 계기로 서인에 대한 정치적 공세가 제기된 적은 없었다.

결국 '신강설'은 경신환국 이후 남인들을 숙청하는 과정에서 살아남았던 오시수를 제거하기 위한 구실로 이용된 측면이 컸다.[117] 그 과정에서 숙종과 김수항은 오시수의 죄목을 확정하기 위하여 갖은 방법으로 노력하였다. 숙종 1년의 신강설에 깊숙하게 관련되었던 역관들을 청나라에 보내어 탐문하도록 한 사실이라든가, 뇌물을 써서 원하는 대답을 얻기 위해 시도한 사실, 역관이나 통관들이 말을 바꾸었을 가능성을 원천적으로 배제한 채 推鞫을 진행한 사실 등을 보면 애초에 오시수의 옥사가 미리 정해진 결론을 향한 요식적인 절차로 거행되었다는 점을 확인할 수 있다. 그 과정에서 오시수에 유리한 증언이나 정황 증거는 채택하지 않았고, 서로 어긋난 역관들의 진술은 추궁하지 않았으며, 숙종 1년에 허적이 장효례에게 탐문했던 사실도 무시하였다. 장효례가 신강설을 처음 언급하고 이를 역관들이 전했을 가능성이 다분했음에도, 정국의 변화에 따라 말을 바꾼 양국 통역의 말만을 신뢰하고 오시수의 항변은 받아들이지 않았다.

오시수의 옥사가 이렇게 편파적으로 진행되면서, 집권 西人 내에서도 오시수에 동정적인 여론이 조성되기 시작하였다. 숙종 6년(1680) 9월 30일, 숙종의 오시수에 대한 賜死 지시가 나온 뒤, 引見한 자리에서 趙持謙은 조심스럽게 옥사의 향방에 대해 이견을 제시하였다.

> 오시수가 처음 尹鑴와 다투어 변론할 때 여러 차례 올린 상소에서 모두 역관에게 들었다고 말하였는데, 그 당시 역관들은 들려주지 않았다고 말하는

---

117) 숙종 7년 오시수의 賜死 기사에 대한 史論에서는 "李楨·李柟·許積은 모두 伏誅되었으나, 吳始壽만 홀로 면하였으니, 그 죽음이 또한 늦은 것이다."라고 언급하고 있는데, 당시 노론의 시각을 엿볼 수 있다. 『숙종실록』 7년 6월 12일.

자가 없었으니, 한통속이 되지 않았을 리가 절대로 없습니다. 그런데 이번에 오시수는 賜死하면서 역관들은 유배에만 그쳤는데, 이는 옥사의 격식에 있어서 매우 그릇된 것이니 역관들을 중하게 다스리지 않을 수 없습니다. 또 오시수가 아무리 간악하고 형편없다고 하더라도 자백하기도 전에 지레 먼저 사사하는 것은 온당치 않습니다. 또 일찍이 대신의 반열에 있었는데, 급급하게 刑訊을 가하는 것도 몹시 어려울 듯합니다.[118]

자백도 하지 않은 오시수를 사사할 수 없고 대신이었던 자에게 형신을 가해서는 안 된다면서, 말을 바꾼 혐의가 있는 역관들을 엄중히 다스릴 것을 요청하는 내용이었다. 표현은 조심스러웠지만, 사건의 핵심에 역관이 있다는 사실을 명확히 지적하고 있다. 실제로 조지겸은 서인이었지만 옥사가 발생한 초기부터 김수항을 만나 오시수를 구원하려 했을 정도로[119] 옥사에 의혹을 가지고 있던 인물이었다. 조지겸과 같은 자리에서 역시 서인인 鄭載禧도 '말을 바꾼 역관을 다스리지 않고 그 말을 전한 사대부만 다스리는' 문제점을 지적하였다.[120] 인견하는 자리에 함께 했던 宋時烈은 조지겸의 이견에 대해 "말단에 있는 관원이 마음에 있는 것을 다 말할 수 있으니, 진실로 아름다운 일입니다."라면서 짐짓 태연해하였지만, 정재희의 간언에 대해서 숙종은 침묵으로써 불편한 심정을 드러내었다.

오시수를 減死하여 위리안치하도록 한 뒤, 이듬해인 숙종 7년(1681)까지 오시수의 처리 문제는 조정의 중요 현안이 되었다. 오시수의 사사에 반대하던 李玄錫 등 남인 관료들이 外職으로 좌천된 뒤로, 일각의 서인 관료들도 오시수의 사사에 반대하였는데 그 대표적인 인물이 大司諫 尹趾完이었다. 兩司에서 오시수를 鞫問해야 한다는 주장이 다시 제기된 4

---

118) 『숙종실록보궐정오』 6년 10월 12일.
119) 『숙종실록』 11년 7월 19일.
120) 『숙종실록보궐정오』 6년 10월 12일.

월, 윤지완은 이에 반대하여, 말의 출처가 외국인이고 증인도 역관이니
훗날 시비의 단서가 될 수 있다며 오시수의 목숨을 살리고 그대로 위리
안치하자고 주장하며 引避하였다.[121] 이러한 서인 일각의 이견은 오시수
의 사사가 확정될 때까지 지속되었다. 오시수를 옹호했다는 죄목으로 윤
지완과 조지겸 등은 파직되었고,[122] 朴泰輔는 오시수보다 역관을 먼저
추국할 것을 주장하다가 체차되었다.[123] 박태보가 체차된 며칠 뒤 결국
오시수는 사사되었다.[124]

경신환국을 계기로 오시수를 사사하기에 이른 오시수의 옥사는 숙종
과 김수항 등 서인 주류의 주도로 이루어졌다. 臣强說을 만들어내어 선
왕을 무함하고, 복선군 이남의 말을 실현하려했다는 것이 죄목이었는데,
시세에 따라 말을 바꾼 조선과 청나라 통역들의 진술에 전적으로 의존한
그 죄목은 논리적으로 입증되지 못한 것이었다. 무리한 옥사의 전개는
남인 뿐 아니라 같은 서인들 일각도 설득하지 못하였다. 오시수 생전에
조지겸과 윤지완·박태보 등은 사사를 반대하면서 옥사의 일방적인 진행
을 저지하려 하였고, 오시수 사후에 청나라 자문의 내용이 전해진 뒤 남
구만은 옥사에 의혹을 제기하였다. 오시수의 옥사에 의혹을 제기하며 동
정론을 편 남구만·윤지완·조지겸·박태보 등은 공교롭게도 모두 뒤에 少
論으로 분류되는 인사들이었다. 종래 老論과 少論의 分黨을 다룬 전통적
인 연구에서는 宋時烈과 尹拯의 갈등에서 그 원인을 찾거나, 이를 발전
시켜 양자의 정론이나 학문적·사상적 대립에서 그 배경을 구하였지
만,[125] 후속된 연구에서는 숙종 8년(1682)의 임술고변에 대한 처리를 둘
러싸고 이미 노·소론의 분열이 시작되었고 송시열과 윤증의 대립은 그

---

121) 『숙종실록』 7년 4월 21일 ; 『숙종실록보궐정오』 7년 4월 21일.
122) 『숙종실록』 7년 4월 25일 ; 『승정원일기』 숙종 7년 4월 28일.
123) 『승정원일기』 숙종 7년 6월 6일.
124) 『숙종실록』 7년 6월 11일 ; 6월 12일.
125) 李銀順, 1988, 『朝鮮後期黨爭史硏究』, 一潮閣, 3~15쪽.

분열을 확대 촉진시킨 것이라고 보기도 하였다.[126] 그런데 지금까지 살펴본 것처럼 노·소론의 분당으로 표현되는 서인의 분열은 이미 숙종 6~7년의 오시수의 옥사가 전개되는 과정에서 시작되었다고 보아도 무방하다. 숙종 15년(1689) 己巳換局으로 오시수가 復官되던 과정에서 주달한 右議政 金德遠의 언급에서 이런 이해의 근거를 확인할 수 있다.

> 청나라 사람의 말을 빌려 우리나라 대신의 죄를 꾸며 죽였으니, 이는 오로지 시기하고 의심하여 죽이려는 계책에서 나온 것으로, 그것이 훗날의 무궁한 폐단을 열게 될 줄 스스로 깨닫지 못한 것입니다. 그때 대사간 윤지완의 피혐은 이 때문에 일어난 것이니, 논의가 두 갈래로 나누어져 비로소 老論과 少論의 분당의 조짐이 생기게 되었습니다.[127]

오시수의 옥사가 노·소론의 분당과 관련성이 있다는·점은『숙종실록』과『숙종실록보궐정오』에서 해당 사건을 다루는 태도를 보면 쉽게 확인할 수 있다. 노론이 편찬했던『숙종실록』와 비교하면, 소론이 편찬했던『숙종실록보궐정오』에서는 오시수의 옥사를 다루는 태도가 상대적으로 온정적이며, 옥사에 관련된 소론들의 입장을 적극적으로 대변하고 있다. 오시수의 사사와 刑訊을 반대했던 조지겸의 간언 내용을 소개하고,[128] 오시수의 사사를 반대하며 인피한 윤지완의 입장을 史論으로 해명하거나,[129] 김수항의 卒記에서 오시수의 옥사를 '크게 공평성을 잃은[大失平反]' 처사로 비판하는[130] 등『숙종실록보궐정오』는『숙종실록』에 누락된 기사를 보충하거나 사론을 통해 의견을 표현하는 형식으로 이 사건에 대한 소론의 분명한 입장을 나타내고 있다.

---

126) 이희환, 앞의 책, 48~68쪽.
127)『승정원일기』숙종 15년 2월 10일.
128)『숙종실록보궐정오』6년 10월 12일.
129)『숙종실록보궐정오』7년 4월 21일.
130)『숙종실록보궐정오』15년 윤3월 28일.

역사적 사건의 배경이나 원인을 어느 한 가지 사건이나 시점을 기준으로 단정하는 것은 자칫 위험할 수도 있고 또한 무의미할 수도 있는 일이다. 다만 오시수의 옥사를 검토하는 과정에서, 서인 사이에 의미 있는 견해의 차이가 시작되고 있었고 이것이 노·소론 분당의 시원적 배경이 될 수 있음을 충분히 확인할 수 있었다. 노론과 소론의 분열은 이 사건에 대한 입장의 차이를 시작으로, 임술고변의 처리를 둘러싸고 구체화되어 이후 송시열과 윤증의 대립을 계기로 확정된다고 볼 수 있을 것이다.

5. 맺음말

庚申換局이 마무리되는 과정에서 吳始壽에 대한 獄事가 벌어졌는데, 이는 肅宗과 金壽恒 등 西人 주류의 주도로 진행되었다. 숙종 1년(1675)에 '신하가 강하다'는 이야기를 만들어내어 선왕을 무함하고, 현종 11년(1670)에 있었던 福善君 李㮒의 말을 실현하려했다는 것이 죄목이었는데, 臣强說은 경신환국 이후 南人들을 숙청하는 과정에서 살아남았던 오시수를 제거하는 구실로 이용되었다. 推鞫에 앞서 진상을 규명하기 위해 진행되었던 탐문 과정은 뇌물을 동원하여 원하는 대답을 얻기 위한 요식적 절차로 진행되었고, 청나라와 조선 양국의 통역들이 중간에서 말을 바꾼 혐의가 깊었지만 추국 과정에서 이들에 대한 추궁은 없었으며, 또 오시수에게 유리한 증언이나 정황 증거도 채택되지 않았다. 결국 오시수는 賜死되었다.

숙종 12년(1686) 청나라에서 보내온 咨文 내용은 신강설이 이남이나 오시수가 만들어낸 것이 아니라 청나라에서 본래 있었던 이야기임을 확인해주었다. 또 이남과 오시수가 일족이기는 했지만 정치적 운명을 함께 하는 사이는 아니었다. '신강설을 만들어 냈다'거나 '이남의 말을 실현하려 했다'는 오시수의 죄목은 개연성이 희박한 논리였다. 무리한 옥사의 전개는 남인 뿐 아니라 일각의 서인들도 설득하지 못하였다. 오시수의 옥사에 의혹을 제기하며 동정론을 편 南九萬·尹趾完·趙持謙·朴泰輔 등은 모두 뒤에 少論으로 분류된 인사들이었다. 노론과 소론의 분당으로 표현되는 서인들의 분열은 이미 숙종 6년 오시수의 옥사가 전개되는 과정에서 시작되고 있었다.

경신환국을 마무리하는 과정에서 일어난 옥사는 결국 오시수의 사사로 귀결되었고, 그 과정에서 노론과 소론이 분당되는 계기가 마련되었다. 총애하던 오시수를 왜 숙종이 사사할 수 밖에 없었는지는 경신환국의 성격과 관련하여 앞으로 더 충분한 검토가 필요한 부분이다. 아울러 노·소론의 분당 원인에 대해서도 지금까지 제기되었던 여러 가지 논점을 아우르는 시각에서의 좀 더 다각적이고 종합적인 검토가 계속될 필요가 있다.

제3장
1844년 懷平君 李元慶 모반 사건

1. 머리말

'세도정치기'로 통칭되는 純祖~哲宗 연간의 정치사 연구는 전반적으로 부진한 것으로 평가된다. 연구의 수도 적을 뿐만 아니라, 수준도 개설적이거나 문제 제기에 그치는 것이 상당수라는 지적이었다.[1] 19세기 초·중반의 정치사 연구가 이렇게 부진했던 이유로 여러 가지가 거론되는 가운데, 정치사의 기본 사료가 되는 『實錄』의 내용이 지나치게 소략하다는 점이 들어지기도 하였다.[2] 실제로 순조~철종대의 실록은 『正祖實錄』에 비해, 그 기사량이 1/3~1/10에 불과할 정도로 현격하게 줄어들고 있다.[3] 이에 따라 19세기 역사의 종합적인 이해를 위해서는 『承政院日記』나 『日省錄』과 같은 관찬 사료를 종합적으로 비교·검토할 필요성이 제기되기도 하였는데,[4] 정작 『승정원일기』나 『일성록』에는 중요한

---

1) 윤정애, 1990, 「정치사 연구의 동향과 과제」 『조선정치사 1800~1863』 상, 청년사, 36~37쪽. 19세기 정치사에 대한 구체적인 연구 동향은 위의 글 참조.
2) 洪順敏, 1992, 「19세기 왕위의 승계과정과 정통성」 『國史館論叢』 40, 국사편찬위원회, 26쪽.
3) 오항녕, 2004, 「조선후기 국사체계의 변동에 관한 시론」 『역사와 현실』 52, 한국역사연구회, 278쪽.
4) 李泰鎭·洪順敏, 1989, 「《日省錄》刀削의 실상과 경위」 『韓國文化』 10, 서울대 한국문화연구소, 61쪽.

정치적 사건에 관련된 기사에 刀削된 부분이 많아서 시대상의 온전한 이해에 어려움을 주고 있다.

正祖代 『일성록』의 도삭을 검토한 논문에 따르면,[5] 도삭은 철종이 즉위한 뒤 純元王后의 명에 의해서 행해졌다. 철종의 조부인 恩彦君이 역적으로 규정되어 있던 상태를 그대로 놓아둘 수는 없는 노릇이었으므로, 은언군 가문과 관련한 일체의 문서를 '洗草'하도록 명령을 내렸던 것이다.[6] 이러한 도삭은 정조대의 기록 뿐 아니라 순조~헌종대의 관련 기사에도 적용되어, 『승정원일기』나 『일성록』에는 은언군 가문에 대한 불리한 기록이 삭제된 채로 전해지고 있다. 그 결과 철종으로의 왕위 계승과 직·간접적으로 연관되는 사건에 대해서도 연대기 사료에서는 확인이 불가능한 형편이다.

본 논문에서 살펴볼 懷平君의 모반 사건도 연대기 사료에는 나타나지 않는다. 본명이 李元慶인 懷平君 李明(1827~1844)은 全溪大院君의 장남으로, 哲宗에게는 이복 형이 되는 인물이다. 이원경은 18세이던 헌종 10년(1844)에 모반 사건에 연루되어 賜死되는데, 철종 9년(1858)에 철종의 명에 의해 회평군으로 追封된다.[7] 『승정원일기』나 『일성록』에 회평군이 관련된 부분은 모두 도삭되어 있으며, 『憲宗實錄』의 관련 기사에도 회평군의 연관 사실은 전혀 언급되지 않고 있다.[8] 따라서 연대기 사료만을 놓고 보면, 회평군의 모반 사건은 존재하지 않았던 것처럼 보인다. 연대기 이외의 사료에 대해서 적극적으로 관심을 넓힐 필요성을 제기해주는 지점이다.

『推案及鞫案』과 『捕盜廳謄錄』에는 같은 사건의 심문기록이 남아있어,

---

5) 같은 논문.
6) 『哲宗實錄』 즉위년 9월 12일.
7) 『철종실록』 9년 11월 9일.
8) 『憲宗實錄』 10년 8월 4일 ; 10일 ; 21일 ; 23일 ; 9월 4일 ; 6일.

사건의 전말을 확인할 수 있게 해주고 있다.[9] 이 기록에도 간간이 도삭
된 부분은 보이지만, 회평군 본인이나 그 직계에 해당하는 인물을 직접
지칭하는 경우에만 도삭되어 있어,[10] 내용의 이해에는 지장을 주지 않는
다. 이는 직접 관련된 기사를 통째로 도삭하거나, 다른 기사의 해당 어휘
를 도삭하는 방식으로[11] 회평군의 연관 사실을 감추고 있는 『승정원일
기』나 『일성록』과 비교하면 도삭이 질적으로 다른 차원에서 이루어졌음
을 보여주고 있다. 이렇게 연대기 사료와 심문기록 사이에 도삭이 차이
가 나게 된 원인에 대해서는 당시의 기록이나 역사, 문서 관리체계에 대
한 별도의 연구가 필요한 부분이라고 판단된다.

　　이 논문에서는 『추안급국안』과 『포도청등록』을 중심으로, 회평군 모
반 사건을 재구성해보고, 나아가 그 의미를 생각해보도록 하겠다. 『추안
급국안』은 推鞫廳에서 행해진 심문기록이고, 『포도청등록』은 捕盜廳에
서 행해진 심문기록을 중심으로 각종 전례 등을 적어놓은 기록이라는 측

---

9)　『推案及鞫案』 28책, 「甲辰 逆賊晋鏞遠德等獄案」, 헌종 10년 8월 10일~9월 5일,
　　369~618쪽(1983, 亞細亞文化社 영인본) ; 『捕盜廳謄錄』 상권, 「右捕盜廳謄錄」
　　4책, 헌종 10년 8월 4일~9월 9일, 100~121쪽(1985, 保景文化社 영인본) 이하 본
　　논문에서 인용한 『추안급국안』과 『포도청등록』은 두 영인본에 의거하였다. 이
　　하 문서의 제목이나 편명 등 반복되는 서지 사항은 일일이 반복해 적지 않고 생
　　략하도록 하겠다.

10)　『포도청등록』에는 회평군과 그 직계인 전계대원군·은언군을 지칭하는 표현이 모
　　두 도삭되어 있지만, 내용을 이해하는 데에는 큰 지장이 없다. 한편 『추안급국안』
　　에는 회평군을 직접 지칭하는 '元慶'이라는 글자만 도삭되거나 朱墨되어 있는데,
　　주묵된 경우에는 '元慶'이라는 글자를 알아볼 수 있는 경우도 있다.(『추안급국안』
　　28책, 453쪽.) 이 논문에서는 전후 문맥을 고려해 추정하여, 도삭된 이름을 보충
　　해 넣었다.

11)　『승정원일기』나 『일성록』에는 회평군의 연관 사실이나 심문 내용, 회평군에 대
　　한 처분 등을 기록했을 것으로 추정되는 모든 자료가 기사째 도삭되어 있다. 또
　　연대기 사료에 남아있는 관련자의 처벌을 요청하는 상소나 관련자들의 結案 등
　　의 경우도, 회평군의 위상이나 행위와 관련된 '元惡'이라거나 '義狀'과 같은 낱말
　　이 모두 도삭된 채로 남아 있다.

면에서 서로 보완되는 자료이다. 사건의 전개 양상과 관련자의 신분에 따라서 포도청에서 심문을 받은 뒤 추국청으로 가는 경우도 있고, 곧장 추국청으로 가는 경우도 있으며, 두 곳에서 모두 심문을 받은 인물이라도 두 곳의 진술이 서로 달라지는 경우도 있어서 면밀한 대조가 필요한 자료이기도 하다. 이 사건의 분석을 통해 19세기 정치사의 공백을 메우고 그 전체상을 이해하는데 작은 도움이라도 되기를 기대한다.

2. 사건의 배경

회평군 사건을 이해하기 위해서는 먼저 그 조부인 恩彦君 李裀 (1754~1801)으로부터 이어지는 그 가계의 파란 많은 곡절을 살펴보아야 한다.[12] 은언군은 莊祖로 추존되는 思悼世子와 肅嬪으로 추봉되는 良娣 林氏의 사이에서 태어났으며, 正祖에게는 이복 아우가 된다. 光武 2년 (1902) 宗正院에서 편찬한 『璿源續譜』에는 장조의 맏아들인 것처럼 기록되어 있는데,[13] 정조가 眞宗의 후사를 잇도록 出系된 상황을 반영한 것으로 보인다. 영조 47년(1771) 2월, 행동을 삼가지 않았다는 이유로 아우인 恩信君과 함께 大靜縣에 安置된 사건으로 시작하여,[14] 정조 10년 (1786)에 洪國榮과 연관되었던 맏아들 常溪君 李湛이 갑자기 죽은 뒤 江華府로 귀양 가는[15] 등 고초를 겪던 은언군은, 결국 순조 1년(1801) 辛酉邪獄 과정에서 아내와 며느리의 뒤를 이어 賜死되었다.[16]

은언군이 세상을 떠난 뒤에도 은언군 가문의 시련은 그치지 않았다.

---

12) 은언군 가문의 동향에 대해서는 이태진·홍순민, 앞의 논문과 홍순민, 앞의 논문에 상세하다.
13) 『璿源續譜』7, 「莊祖懿皇帝子孫錄」권6, '恩彦君派'(奎 8401의 2)
14) 『英祖實錄』47년 1월 29일 ; 2월 9일.
15) 『正祖實錄』10년 11월 20일 ; 12월 28일.
16) 『純祖實錄』1년 3월 16일 ; 1년 5월 29일.

순조 12년(1812)에는 李振采·朴鍾一 등의 역모에 은언군의 아들들이 연루되어 위기를 맞았다.[17] 이때 연루된 은언군의 아들이 누구인지는 확실하지 않다. 이진채 등의 심문기록에는 '강화 역적의 첫째 아들[沁賊之第一子]'을 추대하려고 했다는 기록이 있는데,[18] 은언군의 첫째 아들인 상계군은 이미 세상을 떠난 뒤였다. 『선원속보』에 따르면 은언군의 아들로 상계군 이외에 豊溪君 李瑭(1783~1826)과 全溪大院君 李壙(1785~1841)이 있는데, 이들 중 누구를 가리킨다고 확정하기도 어렵다. 『순조실록』에는 은언군의 아들로 추정되는 (李)成得과 (李)鐵得·(李)快得의 이름이 확인되는데, 이성득이 강화에서 죽은 뒤 바로 순조의 명에 의해 이철득과 이쾌득을 다른 곳으로 옮기고 지키는 조치가 있게 된다.[19] 이철득과 이쾌득을 각각 풍계군과 전계대원군으로 본다면[20] 『순조실록』에 '江華罪人'으로 표현된 이성득의 존재가 불분명하다. 이성득은 『선원속보』에도 존재가 확인되지 않는데, 이진채의 사건에 연루된 채 죽어서 기록이 남아있지 않은 것인지 그 경위를 알 수 없다. 아무튼 역적의 자손으로 남아서 상민과 다름없이 지내고 있었지만, 은언군 아들들의 존재는 그 자체가 왕실로는 불안의 요소였다. 이진채의 역모가 있기에 앞서서도 千五壯·兪漢淳 등의 도적들이 스스로 강화 역적의 아들을 사칭하고 다니다 붙잡혀 처형된 적이 있었는데,[21] 이진채 사건을 계기로 살아있는 것 자체가 정국의 불안 요인인 이들을 처형하자는 논의가 다시 일어나기도 했던 것이다.[22]

---

17) 『순조실록』 12년 3월 4일 ; 4월 5일.
18) 『추안급국안』 27책, 「壬申 罪人振采等推案 坤」, 순조 12년 3월 25일, 이진채의 結案, 119쪽.
19) 『순조실록』 17년 11월 27일 ; 11월 30일.
20) 홍순민, 앞의 논문, 31쪽.
21) 『순조실록』 12년 2월 21일.
22) 『순조실록』 12년 3월 4일.

이진채의 사건에도 불구하고 풍계군과 전계대원군은 순조의 비호로 살아남았으며, 순조의 배려로 집 주변에 설치되었던 가시울타리가 철거되고 혼인도 할 수 있게 되었다.[23] 그 결과 순조대 후반에 풍계군 이당에게서 益平君 李曦(1824~1863)가, 전계대원군 이광에게서 懷平君 李明(1827~1844), 永平君 李昱(1828~1902)과 본명이 李元範인 철종 李昪(1831~1864)이 태어났다.[24] 풍계군은 순조 26년(1826)에, 전계대원군은 헌종 7년(1841)에 각각 세상을 떠나서, 사건이 일어났던 헌종 10년(1844) 당시에 은언군의 자손으로는 사촌 및 형제 사이인 익평군과 회평군 3형제만이 남게 되었다. 그런데 이들은 국왕으로 있던 헌종을 제외하고는 英祖의 혈족으로 남은 전부였다. 은언군의 同腹 아우인 恩信君 李禛(1755~1771)은 영조 47년(1771) 은언군과 함께 大靜에 유배되었다가 그곳에서 죽었고,[25] 異腹 아우인 恩全君 李禶(1759~1777)은 정조 1년(1777)에 역모에 연루되어 賜死되었다.[26] 모두 후사가 없어서 은신군은 南延君 李球로 후사를 잇도록 하였고[27] 은전군은 철종 즉위 후에 이미 세상을 떠난 풍계군으로 후사를 잇고 다시 그 후사를 李世輔에게 잇게 하였다.[28]

그런데 이들 가운데 회평군이 가장 嫡統으로, 신분적 문제만 해결되면 가장 유력한 왕위 계승 후보이기도 하였다. 『선원속보』에 따르면 익평군은 서자였던 풍계군의 아들이었고, 영평군도 전계대원군의 서자라고 나온다.[29] 한편 철종의 혈통 문제도 다시 생각해 볼 필요가 있다. 『선원속

---

23) 홍순민, 앞의 논문, 31쪽.
24) 『선원속보』 앞의 자료.
25) 『영조실록』 47년 1월 29일 ; 2월 9일 ; 4월 12일.
26) 『정조실록』 1년 8월 11일.
27) 『순조실록』 15년 12월 19일.
28) 『철종실록』 2년 7월 12일.
29) 『선원속보』 앞의 자료.

보』에 둘째인 영평군은 서자로 나오고, 첫째인 회평군과 셋째인 철종은 적자인 것처럼 나오지만 사실 철종도 엄격한 의미에서 적자라고 보긴 어려웠다. 회평군의 생모인 完陽府大夫人 崔氏(1804~1840)과 철종의 생모인 龍城府大夫人 廉氏(1793~1834)의 생몰연대 및 회평군(1827생)과 철종(1831생)의 출생연도를 고려할 때, 동시에 존재한 이 둘이 모두 정실(및 이를 계승한 후실)이라고 볼 수는 없다. 익평군 생모의 출신이 더 미천할 수 있다는 가능성을 고려하더라도, 결국 익평군과 마찬가지로 철종도 서자로 보는 것이 합리적일 듯하다. 나중에 철종이 임금이 되었기에 『선원속보』에 익평군만이 서자로 기록되고 철종은 적자인 것처럼 윤색된 것으로 볼 수 있다. 아무튼 남아있던 유일한 영조의 혈족이었던 회평군과 그의 형제·사촌들은, 죄인 은언군의 자손이라는 이유로 종친으로서의 대우도 제대로 받지 못하는 불우한 처지에 있었다.

『추안급국안』과 『포도청등록』을 보면, 당시 이들의 처지를 엿볼 수 있는 대목이 여기저기 보인다. 당시 18세이던 이원경과 14세이던 이원범 형제는 社洞의 良娣宮에 거주하고 있었다.[30] 여기서 良娣는, 영조대에 작호를 박탈당했다가 정조대에 復爵되고[31] 고종대에 肅嬪으로 추봉된[32] 은언군의 모친인 林氏를 가리킨다. 유배에서 풀린 은언군의 후손들, 즉 풍계군과 전계대원군 및 그 자식들인 익평군 및 회평군의 형제들이 이 양제궁에서 대대로 거주했던 것으로 보인다. 다음의 기사에서 그 상황을 추론할 수 있다.

A1. (이원경이) 이어 말하기를, "내게 울화가 치미는 일이 있다."라 했습니다. 尹哥가 말하기를, "무슨 화가 나는 일이 생겼느냐?"라 하니, 이원경이 말

---

30) 『추안급국안』 28책, 「갑진 역적진용원덕등옥안」, 헌종 10년 8월 11일, 387쪽, 이종락의 진술.
31) 『정조실록』 즉위년 8월 3일.
32) 『高宗實錄』 36년 9월 12일.

하기를, "戶曹에서 나오는 돈을 서얼 사촌이 제 멋대로 맡아 처리하는 바람에 내가 얻어 쓸 수 없으니 이렇다."라 했습니다.[33]

A2. 과연 열일고여덟 살 되는 아이가 있었는데, 바로 주인 이원경이었습니다. 그의 형제 두 아이 및 사촌 한 사람과 함께 사랑에 있다가 저를 보더니 李得珠에게 묻기를, "저 손님은 누구냐?"라 하니, 이득주가 이원경과 귓속말로 은밀히 이야기를 했습니다.[34]

A1 기사는 회평군 이원경이 빚돈을 얻으려고 花開洞에 사는 尹永植을 찾아가 주고받은 대화 내용이고, A2 기사는 閔晋鏞의 부탁을 받은 閔先鏞이 사동 양제궁으로 가서 형편을 탐지하는 내용이다. 李聖甲이라는 이름으로 나오는 이원경의 사촌은,[35] 양제궁으로 나오는 조정의 보조금을 관리했던 것으로 보아 서얼이지만 이원경 보다는 나이가 위인 형으로 보인다. 아마도 이성갑은 이원경보다 나이가 세 살이 위였던 익평군 이희가 아닌가 한다. A2 기사를 보면 사동의 양제궁에 이원경이 형제 둘 및 사촌과 함께 있었다는 내용이 나오는데, 바로 이원경의 3형제와 이성갑을 가리키는 것이다. 즉 생존해 있던 은언군의 자손들, 즉 익평군 및 회평군·영평군·철종 등은 모두 은언군의 사저였던 양제궁에 함께 거주하고 있었던 것이다. 그 중에 가장 나이가 위였던 이성갑이 집안의 재산도 관리하면서, 또 나머지 형제들의 행동도 단속하는 역할을 담당하고 있었다.

B1. 이원경의 사촌은 그가 글을 읽지 않는다고 나무랐습니다.[36]

B2. 윤영식이 이원경의 사촌 이성갑과 언쟁할 때, 이성갑이 윤영식에게 꾸짖어 욕하면서 말하기를, "내가 이미 집에 있으니 너는 마땅히 나와 이야기를 나누어야지, 이렇게 하지 않고 무지한 아이와 서로 어울리는 것은 도

---

33) 『추안급국안』 389쪽.
34) 『포도청등록』 108쪽, 민순용의 진술.
35) 『추안급국안』 390쪽.
36) 『포도청등록』 106쪽, 이동신의 진술.

대체 무슨 까닭이냐? 이렇기 때문에 장차 영원히 버려질 염려가 있다."라 하면서 쫒아 보냈습니다.[37]

B1 기사는 이성갑이 학업을 게을리 한다며 이원경을 나무랐다는 기사이고, B2 기사는 이원경과 어울리며 다니던 윤영식과 孟學述 등을 꾸짖어 내쫓았다는 기사이다. 장차 '영원히 버려질[永棄]' 염려가 있다며 주변 인물들의 접근을 차단하는 장면에서, 그동안 역적의 자손으로 몰려 고초를 겪었던 은언군 가문의 조심스런 처세와 자기방어적 모습을 확인할 수 있다.

당시 사동에 살던 이원경의 생활 형편은 넉넉하지 않았던 것으로 보인다. 이원경은 이종락에게 20文이나 1兩 반의 푼돈을 빌려달라고 요구하거나 이자를 주겠다며 6백 냥의 돈을 부탁하기도 했고,[38] 윤영식에게는 2젗의 푼돈을 요구하기도 했다.[39] 경제적으로 쪼들리던 이원경은 주변의 지인들에게 한푼 두푼 손을 빌리는 처지였으며, 책을 사볼 돈도 없어서 지인들에게 『唐音』을 빌려달라고 부탁하거나 『小學』 한 질을 증여받는 형편이었다.[40] 경제적으로 곤궁한 처지에서 교육도 제대로 받지 못하였던 탓에, 글씨도 제대로 쓰지 못한다는 평가를 받기도 하였다.[41] 물론 이는 심문 초기에 이원경을 변호하려는 그의 외숙 崔英熙의 언급이므로 액면 그대로 믿을 수 없다고 하더라도, 보통 8세 때 읽는 『소학』을[42] 18세가 되어 겨우 구해보는 수준이었다면 정상적인 교육을 받고 있다고 보기 어려운 것이었다.

이러한 상황에서 사동 양제궁의 살림은 맡인 셈이었던 사촌형 이성갑

---

37) 같은 자료, 윤영식에 대한 심문.
38) 『포도청등록』 101쪽, 이종락의 진술 ; 『추안급국안』 388~389쪽, 이종락의 진술.
39) 『포도청등록』 103쪽, 윤영식의 진술.
40) 『포도청등록』 103쪽, 윤영식의 진술 ; 106쪽, 이동신의 진술.
41) 『포도청등록』 105쪽, 최영희의 진술.
42) 『정조실록』 20년 2월 9일.

이 책임을 지고 있었던 것으로 보인다. 서소문 밖에서 어물상에 종사하던 崔舜弼은, 다른 사람에게 빌려주었던 빚돈을 받아내기 위해 양제궁의 마지기[馬直]였던 이동신을 통해 이성갑과 접촉하게 되었다.[43] 종실의 위세를 빌려서 빚돈을 받을 수 있을까 하여 청탁하려던 최순필은 이성갑에게서 뜻밖의 제안을 받게 되었다. 직임 하나를 얻어줄 테니 돈 50냥을 달라는 것이었다. 무슨 직임인지는 자료의 해당 부분이 도삭되어 확인이 되지 않지만, 宮房이나 內需司와 관련된 직임으로 추정된다. 이러한 제안이 오가는 전후 맥락을 통해 빚돈을 받아내기 어려운 상황임을 깨달은 최순필은 제안도 거절하고 청탁도 포기하지만, 후환을 염려하여 붓과 먹, 담배와 돈 몇 냥을 마련해 사동으로 보냈더니 이성갑이 그 붓과 먹을 자기의 사촌 셋에게 나누어 주더라는 진술이었다. 이성갑이 실제로 말단의 직임을 얻어줄 만큼의 힘이나마 있었는지도 의문이지만, 생계를 위해 관직 중개인 역까지 자청했고 그렇게 얻은 소소한 학용품 등을 이원경 형제에게 나누어주던 형편이었다.

이러한 형편은 선대 때부터 계속되던 것이었다. 6~7년 전에 李準·李容植 부자의 집에 최영희가 드나들면서 밥을 얻어먹었는데, 인척이라고는 매부인 전계대원군 하나지만 그 집도 가난하여 얹혀 지낼 수 없다는 말을 했다고 하였다.[44] 그 뒤에 이준이 한번 사동으로 가서 전계대원군을 만나보았는데, 늘 술에 잔뜩 취하여 막말을 하더라는 것이었다. 또 이원경의 어미, 즉 뒤에 완양부대부인이 되는 최씨가 죽어 묏자리를 보러 다닐 때에도, 전계대원군은 술이나 마시며 묏자리를 찾는데 관심이 없었다고도 했다. 이때에 이 집안의 살림은 최영희가 책임을 지고 있었던 것으로 보인다. 尹哥라는 鹽主人이 돈 15냥을 주겠다며 염주인 差帖을 부탁했더니, 최영희가 마련해 주더라는 것이다.

---

43) 『포도청등록』 112쪽, 최순필의 진술.
44) 『포도청등록』 111~112쪽, 이용식의 진술.

당시 이원경 집안의 처지는 당시 추진되었던 이원경의 혼인 문제를 통해서도 짐작해 볼 수 있다. 사건이 일어나기 전해인 헌종 9년(1843) 8월, 이원경의 외숙인 최영희는 李萬重이라는 자에게 그의 7촌 조카인 선비 李承文의 딸과 이원경을 혼인시키자는 제안을 했다.[45] 내수사에서 달마다 白米 10석과 돈 50냥이 지급되고 있으며, 오래지 않아 죄명이 씻어지면 이원경이 封君될 것이라는 설명을 덧붙였다. 이만중의 6촌 형수인 이승문의 어미는, 자신의 딸이 굶어 죽은 것을 평생의 한으로 간직하며 자신의 손녀는 기어이 서울에서 혼처를 찾겠다고 다짐하던 인물이었다. 이만중으로부터 제안을 받은 그녀는 매우 기뻐했으며, 절차가 차차 진행되어 이듬해인 헌종 10년(1844) 3월에 四柱單子가 전해지는 단계까지 진행되었다가 중단된 상황이었다. 포도청에서는 이 혼사의 배경에 의심을 품고 상대편 혼주인 이승문을 계속 취조하였다. 혼인이란 지체가 서로 비슷하거나 대대로 교분이 있거나 하여 이루어지는 법이고, 그렇지 않으면 富라도 얻기 위해서 하는 법인데 이승문의 딸과 이원경이 정혼한 것은 하나도 이에 해당하지 않는다며, 무슨 숨겨진 배경이 있는지 추궁하였다.[46] 이에 대해 이승문은, 이미 과거에 급제하여 벼슬한 사람이 끊인 지 7代나 지나서 더할 나위 없이 가난한 형편이라, 다달이 받는다는 돈과 쌀 이야기를 곧이듣고 정혼했다며, 封君된다는 기대는 하지 않았다고 진술했다.[47] 결국 별다른 혐의가 발견되지 않아, 이승문과 이만중 등은 곧 포도청에서 풀려나게 되었다.[48]

이 경우에서도 확인되듯이, 당시 이원경은 매우 가난하여 양반의 지체도 유지하지 못하는 선비 집안과 혼사가 겨우 논의될 정도의 처지였다.

---

45) 『포도청등록』 111쪽, 이승문의 진술 ; 112쪽, 이만중의 진술.
46) 『포도청등록』 113쪽, 이승문에 대한 재심문.
47) 『포도청등록』 113쪽, 이승문의 진술.
48) 『포도청등록』 119쪽.

종실의 후예라는 이유 보다는 단지 생계가 유지될 것이라는 기대만으로 기꺼이 응하는 상대편과의 혼사였다. 가난이 극심하여 주변 지인들에게 푼돈이나 얻어 쓰고, 교육도 제대로 받지 못했으며, 관직을 미끼로 거간꾼 노릇을 유지하던 처지의 이들이, 혈통으로는 가장 왕실과 가까운 존재였고, 죄명만 씻어진다면 당장 왕위 계승에 강력한 후보가 될 수 있는 존재들이었다. '시끄럽게 떠도는 소문이 매번 강화 죄인의 집안으로 귀결되었다'[49]고 하듯이 늘 견제되고 감시받았지만 종실에 걸맞은 대우는 받지 못했던 이러한 모순된 상황이 회평군 이원경 모반 사건의 배경을 이루고 있었다.

3. 사건의 내용

헌종 10년(1844) 8월 4일, 時·原任 大臣이 請對하여 임금을 만나보면서 이 사건에 대한 조사가 시작되었다. 『승정원일기』와 『일성록』의 해당 날짜에는 청대하니 헌종이 불러서 만나본 사실만 기록되어 있을 뿐, 대화 내용은 도삭된 채로 남아있다. 『헌종실록』에는 다음과 같은 기사가 있다.

> 임금이 重熙堂에 나아가 時·原任 大臣을 召見하였는데, 請對하였기 때문이다. 이때 徐光近이라는 자가 不軌한 짓을 모의하였으므로 장차 鞫廳을 설치하려 했는데, 捕廳에 명하여 먼저 조사하게 하였다.[50]

이 기사만을 가지고 보면, 서광근을 중심으로 한 역모 사건인 듯 보인다. 그러나 결론적으로 서광근은 이 사건에 핵심적으로 관여했다고 볼 수 없는 인물이었다. 사건이 진행되는 과정에서 告變이 일어나는데, 발

---

49) 『추안급국안』 488쪽, 이원덕의 진술.
50) 『헌종실록』 10년 8월 4일.

설자인 서광근이 먼저 체포되면서 조사가 시작되었다. 이것이 『헌종실록』에는 마치 서광근이 주모자인 것처럼 묘사된 것이다. 『승정원일기』와 『일성록』과 같은 1차 사료에서 회평군 이원경의 관련 사실이 도삭되었듯이, 철종대에 편찬된 『헌종실록』에서 이원경과 관련된 사실이 고의로 누락되면서 빚어진 결과였다. 『헌종실록』의 이후 기사에도 이원경과 관련된 대목은 찾아볼 수 없다. 이에 관련 심문기록인 『추안급국안』과 『포도청등록』을 중심으로 사건을 재구성해보도록 하겠다.

시·원임 대신이 청대했던 이유는 역모에 대한 고변이 들어왔기 때문이었다. 左·右邊捕盜大將에게 告變書를 받아든[51] 대신들이 청대하여, 헌종을 만난 뒤 바로 포도청에서 서광근과 李鍾樂을 조사하게 된다. 고변 과정이 명확히 나타나 있지 않지만, 뒤에 나오는 심문 내용을 감안하면 서광근의 族大父로 承旨를 지냈던 徐耆淳이 고변한 것으로 보인다.[52]

서광근의 진술에 따르면, 抱川에 거주하던 그는 서울로 올라와 茂山府使를 지냈던 從祖 徐永淳의 집에 머무르고 있었다.[53] 竹山에 거주하던 이종락은 서영순의 庶女婿였는데, 7월 그믐날 서광근에게 閔先鏞이 반역을 꾀하고 있다는 사실을 전해주었다. 반역은 바로 恩彦君 李䄄의 손자를 추대하는 일인데, 같은 패거리의 이름을 기록한 義狀에 승지 서기순의 서명도 포함되어 있다는 내용이었다. 이튿날 서기순을 찾아가 이종락이 말한 내용을 전하며 서명 여부를 물었지만, 부인하기에 그대로 서영순의 집으로 돌아갔다가 체포되었다고 하였다.

이어진 이종락에 대한 심문에서, 모의의 좀 더 구체적인 내용이 드러나게 되었다.[54] 이종락은 槐山에 거주하는 閔先鏞과 서로 아는 사이였는

---

51) 『포도청등록』 100쪽.
52) 『추안급국안』 456쪽, 서광근의 진술.
53) 『포도청등록』 100쪽, 서광근의 진술.
54) 『포도청등록』 101쪽, 이종락의 진술.

데, 민선용에게서 다음과 같은 이야기를 듣게 되었다.

> C1. 社洞 이인의 손자의 나이가 이제 18세이다. 사람 됨됨이가 잘났으므로 한창 추대하려고 한다. 의장에 이름을 기록한 사람이 수십여 명인데, 그 가운데 충청도 사람이 많이 차지하고, 서울은 약간의 선비뿐이다. 이름난 선비는 그저 승지 서기순 한 명만 있다. 네가 만약 이 의장에 참여한다면, 어찌 판서가 되지 않겠느냐?
>
> C2. 대체로 李遠德은 李元慶과 일가붙이인데, 형제의 의리를 맺고 형이니 아우니 불렀습니다. 이원경은 '이미 아버님의 가르침을 받았으니 마음에 두고 잊지 않는다[旣承父敎不忘于心]'라고 하는 여덟 글자를 이원덕에게 써서 주었다고 합니다. 이는 모두 민선용이 제게 말해주었으므로, 제가 알게 되었습니다. 대체로 민선용은 雜術을 약간 알았고 이원덕도 醫術로 이원경과 친하게 되었습니다.

C1은 이종락에게 판서 자리를 주겠다고 꾀면서 이원경을 추대하겠다는 사실을 전하는 민선용의 말을 직접 인용한 것이고, C2는 민선용에게 전해들은 이원경과 이원덕 등의 관계를 이종락이 진술한 내용이다. 서광근의 진술에서 어렴풋했던 모의의 내용이 비로소 구체적으로 드러나게 되었다. 추대하려는 모반의 중심 인물이 이원경으로 확인되었으며, 충청도 사람을 중심으로 수십 명의 선비가 의장에 서명했다고 하였다. 아직 이름난 선비는 서기순 정도로, 나머지 가담이 확인된 사람은 민선용·이원덕 등 각종 술법에 능한 사람 정도였다. 그러나 이원경이 이원덕에게 써주었다는 여덟 글자의 手標는 사실 여부와 해석 여부에 따라서 엄청난 폭발력을 지닐 수 있는 내용이었다. 비록 庶人으로 떨어진 신세이기는 했지만 은언군 가문의 후예들이 품은 원한을 대대로 간직하며 전수하고 있었으니, 세력만 규합이 되면 언제든지 모반을 하겠다는 의지를 드러낸 셈이었다. 조정의 신속한 대응이 필요한 시점이었다.

이튿날인 8월 5일, 헌종은 신하들의 요청을 받아들여 이원경을 江華府

로 압송하고 圍籬安置하도록 명을 내렸다. 아울러 이원경의 이름이 거론되었음에도 불구하고, 草記에서 처분 여부를 언급하지 않은 두 포도대장을 削職하는 조치도 함께 내렸다.[55] 이때 철종 등 함께 거주하던 나머지 가족들은 이원경과 분리해 喬桐으로 보냈다.[56]

8월 6일에는 서광근과 이종락의 진술에서 거론된 다른 관련자들을 포도청으로 불러 조사하였다. 興德洞에 거주하던 이원덕은 양반으로, 醫術을 할 줄 알았다.[57] 전계대원군이 살아있을 때, 이원경의 외숙인 崔英熙의 부탁으로 전계대원군의 병을 치료하며 그 집안과 인연을 맺은 적이 있었다. 이원경이 써주었다던 여덟 글자의 수표에 대해서, 처음 조사에서 이원덕은 병을 치료해준 고마움의 표시였다고 주장했다가, 이어진 재심문에서는 이원경이 여덟 글자를 써주고는 '내게도 어찌 뜻이 이루어지는 때가 없겠느냐?'라는 말을 했다며 새로운 사실을 털어놓았다. 花開洞에 거주하던 尹永植은, 사동 이원경의 집에 드나든 사실은 시인했지만, 푼돈이나 『唐音』따위를 빌려달라는 이원경의 부탁은 모두 거절했다며 관련 사실을 부인했다.[58] 이원경의 외숙이었던 최영희는 이원경의 집에서 함께 거주하고 있었다.[59] 민선용의 재주를 칭찬하면서 異人을 구하고 충청도에 거주하는 인재들을 소개시켜 달라고 했다는 이종락의 진술에 대해서는 줄곧 부인하다가, 이어진 이종락과의 대질심문과 뒤 이은 추가심문 과정에서 결국 시인했다.[60] 이에 덧붙여 이원경이 자기 집안이 결딴난 한으로 늘 반역의 마음을 품고 있었다는 진술을 하기에 이르렀다. 다만 이원경을 도와 추대의 일을 주도적으로 처리한 사람은 없다고 부인

---

55) 『포도청등록』 101쪽.
56) 『철종실록』 부록, 「明純王妃 書下行錄」
57) 『포도청등록』 102쪽, 이원덕의 진술.
58) 『포도청등록』 102~103쪽, 윤영식의 진술.
59) 『포도청등록』 102~103쪽, 최영희의 진술.
60) 『포도청등록』 103쪽, 이종락·최영희의 대질심문 및 최영희의 진술.

하였다.

進士 신분이었으므로 刑曹에서 조사하도록 하였던 孟學述을 제외하고, 거론된 사람에 대한 포도청의 1차 조사는 마무리되었다.[61] 그 과정에서 이원경의 혐의 사실이 드러나면서 推鞫廳을 설치할 것을 요구하는 시·원임 대신의 연명 차자가 올라오고, 이어서 전직 좌·우변포도대장을 귀양 보내라는 兩司의 연명 차자가 잇달았지만, 헌종은 모두 허락하지 않았다.

하루를 거른 8월 8일, 관련자들의 가담 여부와 개입 정도를 캐묻는 추가 심문이 이어졌다. 서광근에 대해서는 과연 고변할 뜻이 있었는지를 추궁했는데, 서기순이 서면으로 바쳤던 고변 내용과 상반되는 대목에 대한 공방이 계속되었다.[62] 이종락에게는 이러한 모의를 듣고 바로 고발하지 않은 이유를 추궁했는데, 이종락은 확실한 범죄의 증거를 잡은 뒤 고변하려 했다고 변명했다.[63] 최영희에 대해서는 이원경이 반역의 마음을 품었던 구체적인 증거를 대라고 요구하였고, 최영희는 이원경을 부추긴 인물로 이원덕을 지목하였다.[64] 이원덕이 이원경에게 "너는 틀림없이 매우 귀하게 될 것이다. 뒷날 나를 대장으로 삼지 않겠느냐?"라고 늘 말했으며, 仁祖反正의 고사를 가르치며 이끌기도 하고 나라를 다스리는 여러 조목에 대해 이야기하기도 했다는 것이다. 뒷날 이 사실을 안 자신이 이원덕을 가까이하지 말라고 만류했다며, 이원경이 나쁜 생각을 하게 된 것은 모두 이원덕이 부추긴 탓이라고 하였다.

---

61) 『포도청등록』 104쪽.
62) 『포도청등록』 104쪽, 서광근에 대한 심문과 진술. 서광근이 서기순의 집에 가서 의장에 서명했는지 여부를 물어보면서, "이 어찌 예로부터 없었던 일이겠습니까?[此豈自古以來所無之事乎]"라고 했다는 것이 서기순의 고변 내용이었고, 서광근은 "이 어찌 예로부터 있었던 변고이겠습니까?[此豈自古以來所有之變乎]"라는 말을 했다고 항변하였다.
63) 『포도청등록』 104~105쪽, 이종락에 대한 심문과 진술.
64) 『포도청등록』 105쪽, 최영희에 대한 심문과 진술.

이원덕은 사동 이원경의 집에 드나들던 사람들에 대해 진술했다.[65] 그 과정에서 조정의 관리들이 언급되기도 하고, 이원경의 선친인 전계대원군 때로부터의 인연이 언급되기도 했다. 헌종 4년(1838) 4월 초파일에 朴醇壽·閔晋鏞이 觀燈을 하러 南山에 올라갔다가 전계대원군과 만나 인사를 했으며, 그 뒤에 전계대원군이 아내를 여의었을 때,[66] 전계대원군이 돈을 요구하니 두 사람이 賻儀를 전한 적도 있다고 했다. 또 洪稷周와 이원경의 사촌인 이성갑이 만나보았다는 이야기도 했다. 한편 자신이 이원경을 부추겼다는 최영희의 진술에 대해서는 강하게 부인하며, 이어진 대질심문에서도 팽팽히 맞섰다. 결국 당사자인 이원경을 조사하지 않는 이상, 사건의 진상은 확인되기 어려운 상황이었다.

한편 이날에는 이원경의 주변 인물들에 대한 조사도 계속되었다. 양제궁의 마지기였던 이동신은, 양제궁에 드나든 사람에 대해서 진술하였다.[67] 윤영식·맹학술이 왕래하다가 이성갑에게 쫓겨났으며 이원경에게 『소학』을 한 질 사주었다는 사실, 南原의 進士 權時應, 泰仁의 李得奎 등이 양제궁을 왕래하며 이원경의 관상을 보고 몹시 귀한 사람이라며 돈 백 냥을 주겠으니 착실히 공부시키라고 했다는 사실도 폭로하였다. 이에 대해 이득규는, 관상을 본 적은 있지만 서로 아끼는 뜻에서 한 것이었으며, 백 냥의 돈 이야기는 마지기들이 재물을 뜯어내려는 계책으로 꾸며 낸 말이라고 부인하였다.[68] 계속된 재심문에서 윤영식은, 사동에 드나든 것은 맹학술을 따라간 것이었고, 『소학』도 맹학술이 사준 것이라며 책임

---

65) 『포도청등록』 105쪽, 이원덕의 진술.
66) 이원경의 생모인 完陽府大夫人 崔氏이다. 완양부대부인은 헌종 6년(1640) 8월 24일에 세상을 떠났다. 철종의 생모인 龍城府大夫人 廉氏는 그 이전인 순조 34년(1834) 9월 17일에 세상을 떠났다.(『선원속보』 앞의 자료.)
67) 『포도청등록』 106쪽, 이동신의 진술. 이 기사에는 이동신의 나이가 50세로 되어 있으나, 이후 모든 기사에서 42세로 나온다.
68) 『포도청등록』 106쪽, 이득규의 진술.

을 맹학술에게 미루었다.[69] 이날의 심문에서 거론된 홍직주 등 일부 朝官은 義禁府에서, 진사 권시응은 刑曹에서 각각 붙잡아다 조사하도록 하였다.[70]

이원경이 사건의 핵심으로 부각되고 조정 관리들의 연관 사실이 밝혀지기 시작하면서, 포도청에서의 조사만으로 그칠 성격이 아니라는 여론이 일어났다. 8월 10일 추국청을 설치하여 조사할 것을 요청하는 시·원임 대신들의 연명 차자에 대해 헌종은, 추국청의 설치는 허락하면서 이원경은 그대로 두도록 결정했다.[71] 이렇게 추국청을 설치하여 추국이 시행되는 비상한 상황을 맞아, 공석으로 있던 영의정과 좌의정에 전임이었던 趙寅永과 權敦仁을 각각 임명하고,[72] 委官을 좌의정 권돈인에게 맡도록 하였다.[73] 이에 포도청에 갇혀있던 최영희 등과 형조에 갇혀있던 맹학술 등 관련자들이 추국청으로 압송되어, 추국청의 심문이 개시되었다.

8월 11일 시작된 추국에서, 관련자들은 대체적으로 포도청에서 했던 기존 진술을 반복하였다. 서광근은 서기순에게 의장에 서명 여부를 물어본 뒤, 민선용과 이종락에게 확인하고 고변할 생각이었다고 하였다.[74] 그러나 서기순과의 대화 내용을 좀 더 구체적으로 진술하는 과정에서, 서기순에게 '몹시 귀하게 되지 않으면 큰 재앙[禍]이 닥칠 것 같다'고 말한 부분의 의도가 의심스럽다는 추국청 심문관의 지적을 받았다.[75] 이원덕은 여덟 글자의 수표를 이원경에게 받은 사실을 시인하면서, "내가 어찌 길이 가난하고 천하게 살겠느냐?"라는 이원경의 말을 듣고 그에게 반

---

69) 『포도청등록』 106쪽, 윤영식의 진술.
70) 『포도청등록』 106쪽.
71) 『추안급국안』 371~372쪽.
72) 『헌종실록』 10년 8월 10일.
73) 『추안급국안』 372쪽.
74) 『추안급국안』 377~380쪽, 서광근의 진술.
75) 『추안급국안』 399~400쪽, 추국청의 議啓.

역의 마음이 있다고 생각하여, 수표를 찢어버리고 절교했다고 진술했다.[76] 최영희는 포도청에서의 진술에서와 같이, 이원경에게 이원덕이 늘 반역에 관한 이야기를 해주었다는 말을 들은 적이 있다고 하였다.[77] 이종락은, 이인의 손자를 추대하기로 한 義狀에 관한 이야기를 민선용에게 들었다며 그 밖에 시시콜콜한 이야기를 포도청 진술에 비해 구체적으로 진술했지만, 자신이 개입한 것은 모반 여부를 살피려 한 것이라고 변명하였다.[78]

포도청을 거치지 않고 직접 추국청으로 올라온 혐의자들에 대한 심문도 계속되었다. 이원경의 사촌형 李聖甲과의 관련 여부에 대한 추궁에서, 홍직주는 社稷署에서 근무할 때 무단으로 들어온 이성갑을 내쫓은 일이 있을 뿐, 다시는 서로 만나본 일이 없다며 관련을 부인하였다.[79] 박순수는 전계대원군과 초파일에 만난 사실도 초상에 부의를 전한 일도 없고, 민선용·이종락은 얼굴도 알지 못한다며, 평소 혐의가 있었던 이원덕이 모함한 것이라고 항변하였다.[80] 민진용도 박순수와 함께 연루된 사실을 모두 부인하며, 팔촌인 민선용이 반역을 꾀한 사실을 몰랐다고 진술하였다.[81]

윤영식과 맹학술에 대한 심문에서는, 이원경 문제로 맹학술과 주고받은 편지가 쟁점이 되었다.[82] 윤영식은 자신이 맹학술에게 편지를 보내어, "이원경이 자주 왕래하니 어떻게 했으면 좋겠느냐?"고 묻자, 맹학술이 답장하기를 "이사 갔다고 핑계하라."고 했다고 진술했다. 그러나 맹학

---

76) 『추안급국안』 381~382쪽, 이원덕의 진술.
77) 『추안급국안』 383~385쪽, 최영희의 진술.
78) 『추안급국안』 386~390쪽, 이종락의 진술.
79) 『추안급국안』 391쪽, 홍직주의 진술.
80) 『추안급국안』 392~393쪽, 박순수의 진술.
81) 『추안급국안』 394~395쪽, 민진용의 진술.
82) 『추안급국안』 395~399쪽, 윤영식·맹학술에 대한 심문과 진술.

술에게서 압수한 편지 중에서 이원경과의 관계를 끊으라고 권유하는 윤영식의 편지가 발견되었다. 맹학술은 이원경과 안면이 없으며, 모두 윤영식과 이동신의 무고라고 변명하였다. 편지를 보내고 받은 이에 대한 윤영식의 도치된 진술, 체포될 때 굳이 윤영식의 편지를 가지고 있었던 맹학술의 의도 등이 추국청 심문관의 의심을 사게 되었다.

8월 12일, 시·원임 대신들은 다시 한 번 연명 차자를 올려 이원경을 붙잡아 심문하기를 요청했으나, 헌종은 어리석고 철이 없어 심문할 만하지 않다며 거부하였다.[83] 8월 13일에는 이 사건에 처음부터 깊이 관련된 것으로 거론된 민선용이 扶餘에서 체포되어 압송되었다. 이에 따라 본명이 閔純鏞인 민선용에 대한 포도청의 심문이 진행되었다. 민순용은 이종락이 진술했던 대부분의 이야기를 부인했지만, 다른 이의 진술에서 언급되지 않은 새로운 사실을 털어놓아 관련자들의 운명을 뒤바뀌어 놓았다.[84] 그 해 2월, 민진용의 집에 이원덕·박순수가 모여 나누는 이야기를 엿들었다는 민순용의 진술 내용이다.

> 이원덕이 말하기를, "江華 죄인 아들의 별호는 바로 △△△인데, △△△의 아들 이원경이 社洞에 있으므로, 내가 가서 그 아이의 관상을 보니, 얼굴이 예사롭지 않으며 운수도 크게 트였으니, 오래지 않아 몹시 귀하게 될 것이다. 나는 일찍이 자네 두 사람의 이름을 들어 △△△의 아들에게 칭찬해 말했으니, 깊이 더욱 흠모하다가 만약 몹시 귀하게 된다면, 우리 무리 세 사람은 틀림없이 크게 쓰일 것이다."라고 하니, 민진용이 말하기를, "지금 주상의 춘추가 한창 왕성하고 거룩한 덕이 하늘같으신데, 이미 黃山·春山처럼 기둥이나 주춧돌 같은 신하가 없고, 또 伊尹·霍光과 같은 사람도 없으니, 누가 할 수 있겠는가?" 했습니다. 박순수가 말하기를, "이 또한 하늘의 뜻이니, 어찌 알겠소?"라고 하니, 이원덕이 말하기를, "내가 術客을 시켜 내 관상을 보도록 했는데, 1년 안으로 정승이 될 것이라고 했다."라고 했습니다.

---

83) 『추안급국안』 405~406쪽.
84) 『포도청등록』 107~108쪽, 민순용의 진술.

위의 이야기를 엿들었다는 사실을 민진용에게 알리자, 민진용은 자신
도 이원덕을 믿지 못하겠다며 민순용을 사동에 보내어 자신을 사동에서
아는지 알아보도록 시켰다. 그래서 사동을 왕래하며 이원경에게 민진용
과 박순수에 대해 물어보니 모르기에, 이원덕이 거짓으로 속였음을 알고
민진용에게 교제를 끊도록 했다는 것이다. 민순용의 진술 전체의 기조는
자신의 혐의 사실을 부인하며, 민진용도 비호하는 내용이었다. 그러나
위의 진술이 갖는 의미는 작지 않았다. 박순수는 이종락과 민순용을 모
두 모른다고 진술한 바 있고, 민진용도 혐의 사실을 부인한 바 있었다.
그런데 朝官이었던 박순수·민진용이 이원덕과 함께 모여 역모로도 해석
될 수 있는 이야기를 주고받았다는 것은, 사건의 관련 규모에 촉각을 곤
두세우던 조정에 적지 않은 충격을 안겨 주었다. 게다가 민진용에 언급
했다던 黃山·春山에 대한 이야기가, 나중 민순용이 추국청에서 진술할
때에는 누락되어 큰 파문을 불러오기도 하였다. 황산은 金祖淳의 장남인
金逌根(1785~1840)이며, 춘산은 金興根의 형인 金弘根(1788~1842)으로,
둘 다 세상을 떠났지만 안동 김씨 세력의 중심 인물들이었다.

같은 날인 8월 13일, 추국청에서도 심문이 계속되었다. 관련자들은 자
신의 혐의 사실을 계속 부인하거나 축소하여 진술하였다.[85] 이에 이원덕
과 홍직주·박순수·민진용을 대상으로 서로 진술이 엇갈리는 부분에 대
한 대질심문이 진행되었다.[86] 홍직주는 이성갑과 만났던 일에 대해서,
박순수·민진용은 전계대원군과 觀燈하는 날 만났던 일과 賻儀를 전한 일
에 대해서 계속 부인하며 이원덕과 맞섰다.

포도청에서 조사를 마친 민순용은 8월 14일, 추국청으로 이송되어 의
금부 南間에 수감되었다.[87] 이어 8월 16일, 민순용을 시작으로 관련자에

---

85) 『추안급국안』 410~420쪽, 서광근·이종락·이원덕·최영희·맹학술·윤영식·홍직
　　주·민진용의 진술.
86) 『추안급국안』 420~423쪽, 이원덕·홍직주·박순수·민진용에 대한 대질심문.

대한 추국청의 심문이 재개되었다. 민순용의 진술은 포도청에서 진술했던 내용과 큰 차이가 없었는데, 민진용이 언급했다는 황산·춘산에 대한 부분은 누락시키고 이윤·곽광에 대한 부분만 진술하였다.[88] 민진용이 민순용의 진술을 부인하자, 둘 사이에 대질심문이 이루어졌지만 민진용은 계속 부인하였다.[89] 이어진 민진용에 대한 추가 심문에서 추궁이 이어지자, 민진용은 박순수·이원덕과 煖爐會를 가진 사실을 시인했다.[90] 다만 그 시기는 올해 2월이 아닌 지난해 11월쯤이었으며, 흉악한 말을 주고받지 않았다고 변명하였다. 이원덕도 심문 및 대질심문에서 관련 사실을 부인하다가, 이어진 추가 심문에서, 민진용·박순수와 만났다는 사실을 시인했다.[91] 박순수도, 난로회에 참석한 적은 있지만 민진용과 이원덕이 귓속말을 나누어 자신은 그 내용을 듣지 못했다고 하다가, 判書가 되느니 兵使가 되느니 이야기를 나누기에 자신은 '모두가 하늘의 운수이다'라는 이야기를 했다고 하였다.[92]

처음 사건의 발단이 이종락과 민순용이 주고받은 이야기를 서광근이 듣게 되면서 시작된 만큼, 이종락과 민순용이 사건의 열쇠를 쥐고 있는 셈이었다. 이 둘의 대질심문에서 구체적인 실상이 드러날 것이 기대되었는데, 과연 서로에게 책임을 미루는 과정에서 새로운 사실이 폭로되었다.[93]

> 민순용이 말하기를, "…… 또한 너는 말하기를, '내가 夢報法을 써서 어느 날 밤 꿈속에서 社洞에 갔는데, 백발의 한 노인이 璿源錄을 지니고 있다가 나에게 보여주었기 때문에 펼쳐보았다. 과연 맨 끝 장에 붉은 색 작은 종이로

---

87) 『추안급국안』 427~428쪽.
88) 『추안급국안』 431~435쪽, 민순용의 진술.
89) 『추안급국안』 435~438쪽, 민순용의 진술 및 민진용·민순용의 대질심문.
90) 『추안급국안』 438~440쪽, 민진용의 진술.
91) 『추안급국안』 440~445쪽, 이원덕의 진술 및 이원덕·민순용의 대질심문.
92) 『추안급국안』 445~450쪽, 박순수의 진술 및 박순수·민순용의 대질심문.
93) 『추안급국안』 451~455쪽, 이종락의 진술 및 이종락·민순용의 대질심문.

된 새 찌지[新籤]가 있는 곳에 또렷이 쓰여 있었는데, 그것은 '元慶' 두 글자이었다. 속으로 매우 이상하게 생각되어 나의 사촌 李鍾協에게 사동의 몇 번째 집이 이원경의 집이고, 이원경의 얼굴 생김새가 어떠한지를 꿈속에서 본 대로 자세히 알아보게 했는데, 낱낱이 서로 꼭 들어맞았다.' 했는데, 이러한 이야기를 이원덕의 아들 및 민진용에게 얻어 들었다."라고 하니, 이종락이 말하기를, "이원경의 아버지가 생존해 있을 때부터 너 또한 뜻한 바가 있었다는 이야기를 네가 어찌 하지 않았더냐?"라고 했다.

이종락이 술법을 써서 보니 임금 자리를 상징하는 곳에 이원경의 이름이 있었다는 것이며, 이 이야기를 주변 사람들에게 전파했다는 것이다. 신비한 술법과 같은 방법이 이원경을 추대를 정당화하는 논리 중의 하나로 등장하게 되었다. 이에 대해 이종락은, 전계대원군이 생존했을 때부터 민순용이 뜻이 있었다며 맞폭로하였다. 회평군 이원경 개인이 아니라, 은언군 가문 전체가 대대로 역모에 노출되어 있었음을 보여주는 언급이었다. 이 밖에도 이종락이 민진용에게 기이한 글자를 써주었는데, 그 글자를 破字하면 '4월의 반에 틀림없이 하나가 없을 것이다'라는 내용이었다는 사실도 민순용의 진술에서 밝혀졌다.

이어진 서광근·최영희·홍직주 등의 심문에서는 기존의 진술이 되풀이되었다.[94] 다만 최영희의 진술에서, 전계대원군이 생존할 때부터 윤영식·맹학술 등이 그 집안을 드나든 사실이 언급되면서, 맹학술과 윤영식의 시인을 받아내기에 이르렀다.[95]

8월 18일에는 민순용의 진술에서 거론된 이종락의 사촌인 前 郡守 李鍾協이 붙잡혀 와서 추국청의 심문을 받았다.[96] 이종협은 처음에는 관련 사실을 모두 부인했다가, 나중에는 이종락에게 흉악하고 괴이한 말을 들은 것은 사실이지만 사촌인 탓에 고변하지 못했다고 고백하였다. 이어

---

94) 『추안급국안』 455~460쪽, 서광근·최영희의 진술 ; 463~465쪽, 홍직주의 진술.
95) 『추안급국안』 460~463쪽, 맹학술·윤영식의 진술.
96) 『추안급국안』 474~477쪽, 이종협의 진술.

진행된 민순용에 대한 심문에서는 포도청에서 진술했던 黃山·春山에 대한 이야기를 추국청에서 누락시킨 이유에 대해서 집요하게 추궁했다.[97] 민순용은 처음에는 이야기한 적이 없다고 부인하다가, 기록 원본을 내어 보이자 실수로 그렇게 되었다고 말을 바꾸고는, 포도청에 빼달라고 요청했지만 받아들여지지 않았다고 하였다. 義狀에 대해서는 이종락에게 말한 적이 없다고 계속 부인하였다. 반면 이종락은 민순용이 이야기했던 붉은 찌지에 대한 이야기는 부인하면서, 의장은 사동 양제궁에 있다는 이야기를 민순용에게 들었다고 하였다.[98]

새로 민순용의 진술에서 드러난 붉은 찌지나 파자 이야기에 대해서, 민진용은 전혀 모른다고 부인하였지만, 이원덕은 이종협에게 들은 적이 있다고 시인하였다.[99] 이원덕은, 민진용이 사동 이원경의 집안과 결탁하는데 적극적이었음을 드러내는 진술도 하였다.

> 제가 일찍이 민진용에게 말하기를, "우리들도 혹시 등용될 때가 있겠느냐?"라 하니, 민진용이 말하기를, "그렇다. 시끄럽게 떠도는 소문이 매번 강화 죄인의 집안으로 귀결되었다."라 했습니다. 제가 말하기를, "어찌 그런 일이 있겠느냐?"라 하니, 민진용이 말하기를, "그렇게 되지 않을지 어찌 알겠느냐?"라 했습니다. 제가 말하기를, "그렇게 말하지 마라. 낮말은 새가 듣고 밤말은 쥐가 듣는다."라 하니, 민진용이 말하기를, "이렇든 저렇든 따질 것이 없이 社洞과 교분을 맺으면, 무슨 해로움이 있겠느냐?"라 했습니다.

이어진 박순수 등의 진술에서도 새롭게 드러난 내용은 없었다.[100] 모두 자신의 관련 여부를 축소하면서 부인하는 내용이었다. 이날의 심문을 마친 뒤, 추국청에서는 민진용과 이원덕의 혐의를 확정하고 최후자백에

---

97) 『추안급국안』 477~481쪽, 민순용에 대한 심문과 진술.
98) 『추안급국안』 481~483쪽, 이종락의 진술.
99) 『추안급국안』 483~490쪽, 민진용·이원덕의 진술 및 대질심문.
100) 『추안급국안』 490~497쪽, 박순수·최영희·맹학술·서광근·윤영식·홍직주의 진술.

해당하는 遲晚을 받을 것을 요청하여 헌종의 허락을 받았다.[101] 민진용에게는 전계대원군과 초파일에 교분을 맺고 부의를 전한 일, 의장에 이름을 기록하고 박순수 등과 난로회를 가진 일, 이윤·곽광을 입에 올린 일 등이 죄목이 되었다. 이원덕에 대해서는 의술로 이원경의 집안과 결탁한 뒤 여러 가지 흉언을 입에 담은 일, 의장에 이름을 기록한 일, 이원경의 사주를 논하고 붉은 찌지 이야기를 한 일, 4월에 큰일이 있을 것이라고 언급한 일 등이 죄목이 되었다.

8월 19일, 잠시 추국청의 심문이 중단된 가운데 시·원임 대신들의 연명 상소와 의금부 당상관들의 연명 상소가 잇달아 올라와, 강화에 안치되어있는 이원경을 붙잡아다 조사할 것을 요청하였지만, 헌종은 결코 따르기 어렵다며 거절하였다.[102]

8월 20일에 재개된 관련자들의 심문에서도 특별한 진술 내용은 없었다.[103] 민진용과 이원덕은 遲晚을 바치고 刑訊을 받았다.[104]

8월 21일, 司諫 朴來萬의 상소에 따라 徐永淳과 李晋錫·李準을 붙잡아다 심문하기로 하였다.[105] 또 이원덕과 민진용에게 結案을 받고, 謀反 大逆不道의 죄로 不待時 凌遲處死로 판결하여 서소문 밖에서 형을 집행했다.[106] 이어진 박순수 등의 심문에서도 역시 기존의 진술을 반복하였다.[107] 새로 체포되어 온 서영순도 모의 사실을 몰랐다고 진술했고, 이진석과 이준도 의장에 이름이 기록되어 있다는 혐의 사실을 전면 부인하였다.[108] 추국청에서는 박순수에 대하여, 전계대원군과 교분을 맺고 부의

---

101) 『추안급국안』 499~500쪽.
102) 『추안급국안』 501~505쪽.
103) 『추안급국안』 508~517쪽, 이종협·서광근·최영희·맹학술·윤영식·홍직주·박순수·민순용·이종락의 진술.
104) 『추안급국안』 518~520쪽.
105) 『추안급국안』 521~522쪽.
106) 『추안급국안』 522~525쪽.
107) 『추안급국안』 526~528쪽, 박순수·이종락·민순용의 진술.

를 전한 일, 의장에 이름을 기록한 일과 난로회 모임을 가진 일 등을 죄
목으로 확정하고 遲晩을 받기를 요청하여 허락을 받았다.[109]

한편 같은 날인 8월 21일, 포도청에서는 이득규와 이동신에 대한 추가
심문이 진행되었다.[110] 이득규는, 권시응을 사동에 소개해 준 경위에 대
해 구체적으로 진술하였다. 권시응이 이원경에게 관심을 표하기에 데리
고 가서 소개해주었는데, 권시응이 이원경만을 매우 아낄 뿐, 그 아우들
인 어린 형제들에 대해서는 '쇠약한 가문에서 벗어나지 못하겠다'고 했다
는 것이다. 이 사건에서 이원경만이 연관되어 희생되고 남은 철종과 영
평군이 살아남을 수 있었던 배경을 짐작케 하는 대목이다. 이동신에 대
한 심문 과정에서 포도청은 譏察捕校가 이원경의 사촌 이성갑에게서 압
수했다는 한글 기록 하나를 제시하며 그곳에 기록된 사람이 누구인지 추
궁했는데, 이동신은 이득규와 이원덕·윤영식 등 자신이 아는 사람을 거
명하였다. 또 사동에 드나든 사람들로 최영희의 고모부인 鄭基元, 이원
경과 정혼한 혼주 李承文 등을 추가로 거론하였다.

8월 22일에는 권시응이 형조에서, 정기원이 포도청에서 각각 추국청
으로 이송되어 심문을 받았다. 권시응은, 자신이 사동에 갔건 것은 사실
이지만 관상 볼 줄을 모르니 귀한 상이니 하는 말은 하지 않았다고 하였
다.[111] 오히려 자기는 궁금해 하던 밥집 주인 韓永謙에게, '얼굴 생김새
는 마른 누에 같았고 집안 꼴도 쇠약해 볼 품 없었다'고 이야기했다고
하였다. 그 뒤 한영겸과 이동신이 짜고, 이득규와 자신에게 이를 핑계로
돈을 요구했다고도 하였다. 그렇다면 이득규가 왜 권시응을 지목해서 그
러한 진술을 했느냐는 심문에 대해서는 납득할 만한 대답을 하지 못했

---

108) 『추안급국안』 529~532쪽, 서영순·이진석·이준의 진술.
109) 『추안급국안』 533쪽.
110) 『포도청등록』 108~110쪽, 이득규·이동신에 대한 심문과 진술.
111) 『추안급국안』 537~539쪽, 권시응에 대한 심문과 진술.

다. 정기원도, 이원경의 집에 왕래했다는 이동신의 진술을 부인하였다. 최영희가 후처의 조카이기는 하지만, 의절한 지 10여 년이 되었다고 했다. 10여년 전 전계대원군이 校洞에 있을 때 한 번 찾아가고, 전계대원군이 죽은 뒤 한 번 조문한 이외에 왕래한 적이 없다고 하였다.

서영순은 전날에 이어 계속 관련 사실을 부인했고, 이진석·이준은 의장에 이름이 거론된 사실은 부인하면서도 社洞과의 관계에 대해서는 일부 새로운 사실을 털어놓았다.[112] 이진석은 이원덕·이종협과 협의가 있었던 일 때문에 이러한 무함이 있게 되었는지 의심하면서, 최영희와 친분이 있어서 돈 문제로 한 차례 다녀온 사실은 있다고 하였다. 이준도, 전계대원군과 선산 문제로 만나보고 왕래한 적은 있으며, 전계대원군이 죽은 뒤 조문한 일이 있다고 하였다. 이종락·민순용과 박순수는 이전의 진술을 반복하였다.[113] 민순용은 義狀 이야기를 이종락이 꾸민 말이라고 떠넘겼고, 박순수는 흉악한 말을 들은 적이 없다고 부인하였다.

8월 23일, 大司憲 李憲球는 좌·우변포도대장을 귀양 보내라고 요청하는 상소를 올렸다.[114] 민순용이 포도청의 진술에서 언급했던 민진용의 이야기 가운데 黃山과 春山, 즉 김유근·김홍근의 이야기를 추국청의 진술에서 누락시켰는데, 이에 대해 추궁하자 실언이었다면서 포도청에 빼달라고 요청했지만 받아들여지지 않았다고 진술한 적이 있었다. 바로 '빼달라고 요청했던' 부분을 누락시킨 죄를 물으라는 것이었다. 이 일의 여파로 같은 날 두 포도대장이 削職되고 후임 포도대장을 임명하기에 이른다.[115] 그런데 8월 26일에는 도리어 헌종이, 별 실체도 없는 일을 가지고 세상을 떠난 重臣과 相臣을 언급한 의도가 의심스럽다는 하교를 내리

---

112) 『추안급국안』 541~545쪽, 서영순·이진석·이준의 진술.
113) 『추안급국안』 545~547쪽, 이종락·민순용·박순수의 진술.
114) 『포도청등록』 110쪽. 이 기사가 『헌종실록』에는 8월 25일자로 실려 있는데, 『포도청등록』에는 관련된 일련의 사건이 모두 8월 23일의 기사로 나온다.
115) 『포도청등록』 110~111쪽.

고, 그 이튿날 대사헌 이헌구를 德源府로 귀양 보냈다.[116]

8월 23일에는 박순수와 권시응을 처형하였다. 박순수는 전계대원군과 교분을 맺고 부의를 보낸 일, 의장에 이름을 기록한 일과 민진용의 집에서 흉악한 말을 주고받은 일이 죄목으로 인정되어, 遲晩과 結案을 받고 謀反 大逆不道의 知情不告 죄로 不待時斬으로 판결하여 서소문 밖에서 형을 집행했다.[117] 한편 권시응의 처형 과정은 별도의 내막이 있는 것으로 보이는데, 구체적 사실이 확인되지 않는다. 이날 권시응을 심문한 뒤 시·원임 대신들이 의금부 당상관과 함께 청대했는데, 그 이유는 권시응의 진술 내용과 관련한 것이었다. 이 사건과 별개로 권시응이 대왕대비와 관련한 불손한 발언을 한 것으로 보인다.[118] 이에 따라 遲晩도 하지 않은 상태에도 바로 結案을 받아 처형했는데, 결안에도 그의 죄목은 '방자하게 흉악한 말을 내어 감히 더할 나위 없이 엄중한 곳을 범했다[肆發凶言 敢犯莫嚴莫重之地]'는 것이었다. 즉 본 사건과는 무관하게, 심문과정에서의 발언을 문제삼아 전격적으로 처형한 것이다. 같은 날 진행된 서영순과 정기원의 심문에서는 별다른 내용이 없었다.[119]

8월 25일 徽定殿에서의 祥祭와 8월 28일 元陵과 景陵의 親祭를 치르느라 며칠 동안은 포도청이나 추국청에서의 심문이 중지되었다.[120] 심문은 8월 29일 재개되었는데, 포도청에서는 이원경과 정혼한 혼주 이승문 등에 대한 심문이,[121] 추국청에서는 이종락 등에 대한 심문이 진행되었다.[122] 포도청에서의 심문은 주로 이원경 주변의 소소한 인물들에 대한

---

116) 『헌종실록』 10년 8월 26일 ; 8월 27일.
117) 『추안급국안』 550~552쪽.
118) 『헌종실록』 10년 8월 23일 ;『추안급국안』 553~554쪽.
119) 『추안급국안』 554~556쪽, 서영순·정기원의 진술.
120) 『헌종실록』 10년 8월 25일 ; 8월 28일 임술.
121) 『포도청등록』 111~114쪽, 이승문·이용식·최순필·한영겸·이만중·이득규·이동신의 진술.
122) 『추안급국안』 560~572쪽, 이종락·서광근·민순용·최영회·맹학술·이준·이진석

조사였고 대부분은 별다른 혐의가 없어서 풀려나게 된다. 그 구체적 내용은 앞의 2장, 사건의 배경에서 설명한 바와 같다. 추국청의 조사에서도 새로운 사실이 나오지는 않고, 관련자들의 기존의 진술을 반복하며 변명하는 형편이었다. 추국을 마친 뒤, 시·원임 대신들이 다시 연명으로 상소하여, 관련자들이 추대하려 했던 의도가 분명히 드러난 이원경을 붙잡아다 처벌할 것을 요청하였다.[123)

9월 1일, 시·원임 대신과 의금부 당상관들이 請對하여 入侍한 뒤, 헌종은 추국을 일단 중지하고 江華에서 이원경을 붙잡아 오도록 명하였다.[124) 아울러 喬桐으로 송치했던 이원경의 支屬들, 즉 철종 형제를 포함한 식솔들은 江華로 옮겨 보내도록 했다.[125)

9월 3일, 이원경이 강화에서 붙잡혀 와서 의금부 남간에 수감되고, 바로 추국청의 심문이 이어졌다.[126) 이원경은, 이원덕은 애당초 얼굴도 모르는 사람이라고 했다가 전계대원군 때부터 친밀하게 왕래한 사실은 인정했지만, 여덟 글자의 手標를 써준 일은 없다고 부인했다. 외숙 최영희가 이야기했던, '나라를 다스린다[治國]'느니 하는 말도 최영희가 잘못 진술한 것으로 돌렸으며, 義狀도 무엇인지 모른다고 하였다. 이종락은 원래 아는 사이였는데, 전계대원군의 상례에 조문하지 못했다며 방문한 뒤 여러 차례 찾아왔다고 하였다. 권시응에 대해서는 얼굴도 모르며 따라서 관상을 보는 일도 없었다며 부인했다가, 이득규와 함께 왔던 사실을 시인하면서 자신의 얼굴을 매미[蟬] 형상에 비유했다기에 기분이 나빠 절교했다고 하였다.[127) 권시응이 백 냥을 주려고 했다는 이야기는 들어 알았

의 진술.

123) 『추안급국안』 574~576쪽.

124) 『추안급국안』 576쪽.

125) 『포도청등록』 114쪽.

126) 『추안급국안』 577~583쪽, 이원경의 진술.

127) 그러나 매미 형상은 부추기는 뜻의 좋은 의미로 사용된 듯하다. 또 권시응만

다고 했다. 민순용과는 자주 왕래하는 사이였지만 별달리 주고받은 이야기는 없었으며, 민진용은 전계대원군 때부터 아는 사이였지만 지방관으로 나간 뒤 만나보지 못했다고 하였다. 맹학술과 윤영식은 전계대원군 때부터 친분이 있었으며 『소학』을 사다 준 적이 있는데, 이성갑에게 치욕을 당한 뒤에는 왕래하지 않았다고 하였다. 민진용과 이원덕 등이 이름을 써주었다가 도로 가져간 적이 있었는데, 그들에게 까닭을 묻자 '훗날 잊지 않으려는 뜻'이라고 했다고 하였다. 이원경은, 이원덕이 아마 이를 수표라고 오해한 듯하다고 하였다. 박순수는 전계대원군 때부터 왕래했는데, 상중에 부의를 전한 일도 있다고 하였다.

이원경의 진술로, 이원경과의 관계를 부인하던 많은 관련자들의 진술이 거짓임이 드러났다. 이 내용을 토대로, 관련자들에 대한 추가 심문이 이어졌다. 민진용과 이원경이 원래 아는 사이였는데 민순용을 사동에 보내어 자신을 아는지 알아보도록 시킬 리가 있느냐는 심문에 민순용은, 민진용이 朝官 신분이라 자신을 보냈다고 대답하였다.[128] 의장에 대해서 이종락은, 민순용에게서 이원경의 집에 있다고 들었다는 기존 진술을 반복했지만, 이원경은 터무니없다며 부인했다.[129] 맹학술은 계속 이원경과 모르는 사이라며 부인했지만, 이원경은 대질심문에서 맹학술이 자기 집에 왔다가 이성갑에게 쫓겨난 사실, 『소학』을 사준 사실 등을 조목조목 기억해 진술했다.[130] 관련자들에 대한 심문을 마친 뒤, 추국청에서는 이

───

이러한 이야기를 한 것도 아니었다. 사건이 마무리될 무렵 있었던 포도청의 조사에서, 崔永默은 다음과 같이 진술했다. "민진용이 말하기를, '秘記에 「매미 허물이 궁궐로 들어간다.[蟬殼入宮]」라는 말이 있는데, 네가 혹시 아느냐?' 하기에, 제가 대답하기를, '모릅니다.' 하니, 민진용이 말하기를, '사동 집의 그 아이의 이름이 바로 「굼벵이[蟒蟲]」이다. 굼벵이가 탈바꿈하여 매미가 된다는 것이 바로 이것을 이르는 것이니, 어찌 특이하지 않은가?' 했습니다." 『포도청등록』 9월 9일, 119쪽, 최영묵의 진술.

128) 『추안급국안』 583~584쪽, 민순용에 대한 심문과 진술.
129) 『추안급국안』 586~587쪽, 이종락·이원경의 대질심문.

원경에게 刑訊을 가하여 실정을 더 알아낼 것을 요청했지만, 헌종은 그 대로 가두어두도록 했다.[131]

이원경 및 관련자들에 대한 대질심문까지 마친 뒤, 사건은 마무리 단계로 접어들었다. 9월 4일, 민순용·이종락·최영희에 대해 遲晩과 結案을 받고, 謀反 大逆不道의 죄로 不待時 凌遲處死로 판결하여 서소문 밖에서 형을 집행했다.[132] 남은 관련자들에 대한 추가 심문도 진행되었지만, 기존 진술의 반복에 불과했다.[133]

9월 5일, 남은 관련자들에 대한 처분이 내려졌다. 이준·이진석·윤영식·홍직주·정기원은 邊遠 定配하고, 맹학술·이종협·서영순은 絶島 定配하도록 했다.[134] 이제 남은 사람은 이원경이었다. 헌종은 모두 이원덕·최영희 등이 유혹하여 빚어진 일이라며, 이원경을 濟州牧에 圍籬安置하라는 명령을 내렸다. 그러나 이 처분은 시·원임 대신들이 의금부 당상관들을 데리고 청대하여 헌종을 만나본 뒤 다시 바뀌었다.[135]

> 전교하기를, "죄인 이원경이 저지른 죄가 이와 같으니 아껴도 도와줄 수 없다. 임금의 법률은 매우 엄하니, 나도 낮추었다 높였다 할 수 없다. 賜死하도록 의금부에 전교하라."라 했다.

이원경을 사사하도록 하면서, 사건은 사실상 마무리되었다. 이튿날인 9월 6일, 서광근이 옥중에서 物故되어 漢城府에서 검시하도록 하였고,[136]

---

130) 『추안급국안』 589~590쪽, 맹학술·이원경의 대질심문.

131) 『추안급국안』 590~591쪽.

132) 『추안급국안』 597~604쪽.

133) 『추안급국안』 605~614쪽, 이준·이진석·서영순·맹학술·서광근·이종협·윤영식·홍직주·정기원의 진술.

134) 『추안급국안』 616~617쪽.

135) 『추안급국안』 617~618쪽.

136) 『포도청등록』 117쪽.

9월 9일에는 李夏永 등 나머지 관련자들에 대한 포도청의 마무리 심문이 이어졌다.[137] 이어 이득규·이용식·최영묵·이지원·이하영을 遠配하고, 나머지 이승문·이만중·최순필·한영겸·이동신을 석방하며 사건은 매듭 지어졌다.

4. 사건의 의미

다음의 〈표 7〉은 포도청이나 추국청에서 심문 받은 이 사건의 관련자들의 내역을 도표화한 것이다. 순번은 편의상 날짜별로 포도청이나 추국청에서 심문 받은 순서대로 기재하였다. 거주지는 지방인 경우는 해당 고을을, 서울인 경우는 해당 마을을 기록했는데, 서울임이 분명하지만 기록에서 확인되지 않는 경우는 '(漢城)'이라 표시하였다. 신분은 역시 심문기록에 나타난 것을 기준으로 하였다. 관련자의 인척인 ⑤최영희와 ㉓이만중은 명시되지 않아, 기록하지 않았다. 조사는 조사 받은 곳을 기준으로 포도청인 경우 '포'로, 추국청인 경우 '추'로 표시했으며, 두 곳 모두 받은 경우 '포추'로 표시했다. 관련 내역에서는 관련자들끼리의 인적 관계나 주요 관련 사실 등을 중심으로 표시하였다. 처분은 최종적으로 내려진 판결을 기준으로 했으며, 최종 판결을 받기 전에 사망한 서광근은 '물고'로 처리했다.

〈표 7〉 회평군 이원경 사건의 관련자

순번	이름	나이	거주지	신분	조사	관련 내역	처분
①	徐光近	27	抱川	儒業	포추	이종락에게 민선용의 역모 소식 들음	물고
②	李鍾樂	21	竹山	儒業	포추	夢報法으로 붉은 찌지에 '元慶' 이름 확인	능지처사

---

137) 『포도청등록』 117~120쪽.

③	李遠德	56	興德洞	兩班	포추	義狀 거명. 手標 받음. 난로회	능지처사
④	尹永植	38	花開洞	儒業	포추	이원경에 왕래. 『소학』사 줌	변원정배
⑤	崔英熙	36	社洞	-	포추	이원경의 외숙	능지처사
⑥	李東信	42	社洞	馬直	포	이원경의 마지기	석방
⑦	李得奎	46	東谷	訓長	포	권시응과 사동 왕래	변원정배
⑧	洪稷周	50	(漢城)	朝官	추	李聖甲과 접촉. 前 縣令	변원정배
⑨	朴醇壽	32	蓮池洞	朝官	추	蔭官. 義狀 거명. 난로회. 前 縣令	참형
⑩	閔晋鏞	56	麻浦	朝官	추	민순용의 팔촌. 난로회. 前 府使	능지처사
⑪	孟學述	37	觀象監峴	進士	추	사동에 왕래. 『소학』사 줌	절도정배
⑫	閔純鏞	26	扶餘	儒業	포추	일명 閔先鏞. 義狀 거론	능지처사
⑬	李鍾協	37	(漢城)	朝官	추	이종락의 사촌. 前 郡守.	절도정배
⑭	徐永淳	58	新門外	朝官	추	서광근의 從祖. 前 府使	절도정배
⑮	李晋錫	24	太平館	朝官	추	前 注書. 義狀 거명	변원정배
⑯	李準	62	翰林洞	進士	추	義狀 거명. 사동 왕래	변원정배
⑰	權時應	40	南原	進士	추	이원경 관상 보고 지원 약속	능지처사
⑱	鄭基元	61	(漢城)	朝官	추	최영희의 고모부. 監役. 사동 왕래	변원정배
⑲	李承文	35	青坡	儒業	포	딸과 이원경 정혼	석방
⑳	李容植	38	冶洞	儒業	포	이준의 아들. 사동에 왕래	변원정배
㉑	崔舜弼	58	涼臺廛洞	魚物商	포	이성갑에게 청탁	석방
㉒	韓永謙	41	校洞	粥商	포	권시응의 밥집 주인	석방
㉓	李萬重	43	青坡	-	포	이승문의 재종숙. 이원경 중매	석방
㉔	李元慶	18	社洞	宗室	추	懷平君	사사
㉕	李趾遠	35	安山	儒業	포	사동에 묵음	변원정배
㉖	李夏永	33	芋洞	儒業	포	본명 李玄永. 사동에 왕래	변원정배
㉗	崔永默	39	恩津	農業	포	아명 崔永必. 술법. 이원경 관상 봄	변원정배

　　포도청이나 추국청에서 한 번이라도 조사받은 인원은 모두 27명이다. 그 가운데 포도청에서만 조사받은 인원이 10명, 추국청에서만 조사받은 인원이 11명이고, 두 곳 모두 조사받은 인원이 6명이다. 상대적으로 관

런 정도가 희박한 사람이 포도청에서만 조사받았는데, 그 가운데 5명은 석방되고, 나머지 5명은 邊遠 定配의 비교적 가벼운 처분을 받았다.

처분된 형벌로 구분하면, 27명의 관련자 가운데 物故된 ①서광근을 포함하여 9명이 賜死·凌遲處死·斬刑 등 죽음을 맞았다. 絶島와 邊遠을 포함한 定配刑이 13명이고, 나머지 5명은 석방되었다. ㉔이원경은 사건의 중심 인물이지만, 종친에 대한 예우로 사사되었다. 謀反 大逆不道가 인정된 ②이종락 ③이원덕 ⑤최영희 ⑩민진용 ⑫민순용 ⑰권시응은 각각 능지처사에, 大逆不道의 知情不告가 인정된 ⑨박순수는 참형에 처해졌다. 정배된 관련자 가운데 비교적 관련성이 깊게 드러난 ⑪맹학술 ⑬이종협 ⑭서영순이 絶島에, 상대적으로 관련성이 적은 ④윤영식 ⑦이득규 ⑧홍직주 ⑮이진석 ⑯이준 ⑱정기원 ⑳이용식 ㉕이지원 ㉖이하영 ㉗최영묵은 邊遠에 각각 정배되었다.

능지처사를 받은 6명의 신분은 모두 양반이다. 그 가운데 민진용은 朝官 출신이고, 권시응은 진사이며, 이종락·민순용은 유업이며, 이원덕은 양반으로 나온다. 최영희는 신분이 표시되지 않았지만, 이원경의 외숙이므로 양반으로 보아도 무리가 없을 것이다. 참형을 받은 박순수도 朝官 출신이다. 민진용은 南陽府使를 지낸 관력이 확인되고,[138] 박순수는 新溪縣令을 지낸 사실이 확인된다.[139] 그 밖에 정배된 관련자들도 조관이나 진사·유업이었다. 상민으로 파악되는 이동신·최순필·한영겸 등은 모두 석방되었다. 한편 조관으로 연루된 사람 가운데 고위 관력자는 눈에 띄지 않는다. 사건의 초기에 徐耆淳이 승지로서 의장에 이름이 거론된 적이 있지만, 서기순이 告變하면서 조사 대상에서 빠지게 되었다. 고변자라도 혐의가 있으면 함께 조사하는 것이 推鞫의 통례라는 점을 감안하면, 관련자들이 서기순의 이름을 도용했을 가능성이 짙다.

---

138) 『일성록』 헌종 7년 7월 24일.
139) 『일성록』 헌종 6년 8월 18일.

지역적으로 주요 관련자들은 포천의 서광근, 죽산의 이종락, 부여의 민순용, 남원의 권시응을 제외하고는 모두 서울에 거주하는 인물들이었다. 안산의 이지원과 은진의 최영묵을 포함해도 지역적으로 서울에 편중되어 있었다. 또 각 지역 출신 인물들이라고 해서 각 지역에서의 역할이 기대되거나 주목되는 존재들은 아니었다. 인맥을 통해 사동의 이원경과 우연히 연락이 닿은 지방 출신이라는 정도 이상의 의미를 부여하기는 힘들다.

주요 관련자들의 신분과 심문 기록을 통해 사건의 성격을 정리하자면, 일부 전직 조정 관리가 포함된 서울의 양반들이, 종친의 대접을 받지 못하며 불우하게 지내던 이원경에게 접근하여 후일을 기약한 사건이라고 볼 수 있겠다. 18세의 별다른 교육을 받지 못한 이원경 본인도 은언군-전계대원군으로 이어지는 집안의 시련과 관련하여 품고 있던 불만을 경솔하게 드러내다가, 주변 사람들의 부추김에 넘어가 '謀反'으로 몰릴 빌미를 제공하게 된 것이다. 참여자들의 이름이 기록되었다는 '義狀'이나 회평군 이원경이 써서 주었다는 '手標' 등도 관련자들 사이에 진술이 엇갈리고 실체도 확인되지 않았다. 물론 사건의 성격상 이러한 실물 증거가 쉽게 확보되기는 어렵다. 그렇지만 최소한 거사 계획이나 추대 계획과 같은 부분에 대한 진술도 거의 드러나지 않았다는 것은, 관련자들의 이 '모반' 사건에 대한 접근 방식이 현실적인 가능성에 대한 기대라기보다는 혹시 닥칠지도 모르는 불확실한 미래에 대한 보험과 같은 성격이었음을 짐작하게 한다. 이는 앞서 사건의 배경을 살펴보면서 확인했던 것처럼, 죄인의 후손으로 몰락하여 상민과 다름없는 처지에 빠졌던 자가 혈통적으로는 왕실과 가장 가까운 존재라는 모순된 상황에서 발생한 것이었다.

회평군 이원경의 모반 사건 이후, 종실 세력은 더욱 더 위축되게 되었다. 恩彦君과 常溪君이 이미 희생된데 이어 은언군의 적통을 잇고 있던 회평군까지 역모로 희생이 되면서, 이제 유사시 정통을 이을 대상에 대한 선택의 폭은 더욱 더 좁아지게 되었다. 그런데 그 대상은 여전히 죄인의 후손이자 형제였으며, 그나마 모두 모계 쪽의 하자가 지적되는 존재들이었다. 이렇게 위축된 처지에서 '선택'된 어린 나이의 철종에게, 외척 세도정권과 맞서 왕실의 권위를 회복시키기를 기대하기 어려운 까닭이 여기에 있었다.

5. 맺음말

懷平君 李元慶의 모반 사건은, 哲宗 즉위 이후 행해졌던 연대기 사료에 대한 刀削으로 그 실체에 접근하기 어려웠다. 다행히 『推案及鞫案』과 『捕盜廳謄錄』과 같은 심문기록이 남아있어 사건의 전말을 확인할 수 있게 되었다.

사건의 주인공 회평군 이원경은, 은언군의 셋째 아들이었던 전계대원군의 맏아들로, 혈통적으로는 가장 왕실과 가까운 강력한 왕위 계승 후보이기도 하였다. 그러나 은언군 이후 죄인의 후손으로 묶여있으면서 집안이 몰락해 상민과 다름없는 처지에 놓여있었다. 이러한 모순된 상황이 모반 사건을 배태한 배경이 되었다.

집안의 몰락과 관련하여 품고 있던 이원경의 불만은, 그의 혈통에 주목하여 접근한 전직 조정 관리를 포함한 양반층과 어울리면서 '謀反'으로 비화되었다. 그러나 그 '모반'은 구체적인 거사나 추대 계획이 수반되지 않은, 불확실한 미래에 대한 소박한 기대에 불과한 것이었다. 모반 사건으로 회평군이 희생되면서, 종실 세력은 더욱 위축되었다. 이렇게 위축된 상황 속에서 외척 세도 정권에 의해 선택된 철종에게서 왕실 권위의 회복을 기대하기는 어려웠다.

이 논문에서는 심문기록을 중심으로 사건을 재구성하는데 치우친 나머지, 당시 정치세력의 갈등 양상 등 정치사 전반을 아우르는 시각에서의 총체적인 접근을 하지 못하였다. 앞으로의 과제로 남겨 두겠다. 또 연대기 사료들이 모두 대폭 도삭되는 과정에서 심문기록이 온전히 남아 있게 된 배경 또한, 당시의 기록이나 문서 관리 체계에 대한 별도의 연구가 필요한 부분이다.

제4장
1851년 李明燮 모반 사건

1. 머리말

純祖의 즉위를 시작으로 憲宗-哲宗-高宗으로 이어진 시기는 공교롭게도 서기 19세기와 일치한다. 19세기 조선의 역사는 정치적 측면에서는 '세도정치의 시대'로, 사회적 측면에서는 '민란의 시대'로 각각 이해되어 왔으며, '세도정치'와 '민란'은 서로 원인과 결과를 이루는 것으로 설명되기도 했다.

실제로 19세기는 '민란의 시대'라고 불리는 것이 어색하지 않을 만큼 많은 민중들의 저항이 발생한 시기였다. 變亂이나 民亂의 형태로[1] 전개된 각종 저항은 19세기를 관통하였다. 순조 11년(1811)~12년(1812)에 평

---

1) "변란은 豪民과 같은 혁명가적 성격을 갖는 자들에 의해 주도되며, 혈연이나 친분 등과 같은 개별적 이해관계에 기반하여 조직된다. 鄭鑑錄, 洪景來不死說, 海圖眞人說과 같은 이상주의적 혁명이념에 의해 지도되며 중앙권력의 쟁취를 목표로 내걸었다. 따라서 조직의 범위는 군현 단위의 지역성을 넘어선다. 그러나 그것이 곧 대중성의 확대로 이어졌던 것은 아니다. 변란은 그 저항 수준에 따라 兵亂과 作變으로 구분된다. 한편 민란적 성격의 농민항쟁은 경제적 실천을 지향하며 저항조직으로서의 향회를 통해 조직되었다, 일회적이고 군현 단위의 지역성을 넘어서지 못했다, 항쟁의 궁극적 목적은 향권 장악에 있었다."(고석규, 1998, 「19세기 농민항쟁의 추이」『19세기 조선의 향촌사회연구』서울대학교출판부, 222~224쪽) 이 글에서는 잠정적으로 위와 같은 구분을 따랐다.

안도에서 벌어진 洪景來의 亂과 철종 13년(1862)의 壬戌民亂, 고종 31년
(1894)의 동학농민전쟁으로 이어지는 굵직한 사건들 사이에, 크고 작은
많은 변란과 민란이 발생하였다. 소규모적으로 산발적으로 일어난 이러
한 작은 변란·민란들에 대한 관심도 19세기 민중 저항 전체의 구조적 연
관성을 구명하기 위해서 필요하다고 지적되었다.[2]

이 논문에서 다룰 철종 2년(1851)의 모반 사건도 각종 저항이 빈발하
던 19세기의 한 가운데에 발생한 사건이었다. 柳興廉·蔡喜載 등의 인물
이 황해도 지역을 중심으로 모반을 꾀하다가 고변에 의해 실패한 이 사
건은, 19세기 전·후반의 각종 민란·변란을 거론하는 가운데 간략히 소개
되거나,[3] 체포되지 않고 달아난 인물 일부가 철종 4년(1853) 한성에서
일어난 金守禎 모반 사건과 연결되면서 기존 연구에서 주목된 바 있다.[4]
그런데 이 사건은 다른 사건과의 연계성이나 다른 세력과의 조직성 측면
이외에도 사건 자체에 관심을 끌만한 몇 가지 측면이 있다. 특히 昭顯世
子의 후손이었던 李明爕을 추대한 점이라든가, 주모자들의 거사 동기나
처지 등의 측면에서 전후 시기 다른 변란·민란과는 구별되는 특징을 발
견할 수 있다.

자료로는 『日省錄』과 『承政院日記』 등 연대기 자료와 심문 기록인 『捕
盜廳謄錄』, 종실의 족보인 『璿源續譜』 등을 이용하였다. 체포된 사건 관
련자들은 捕盜廳에서 심문을 받다가 推鞫廳으로 이송되어 조사를 받았
는데, 아쉽게도 이 사건에 대한 『推案及鞫案』의 기록은 확인되지 않아
『포도청등록』에 의존했다.[5] 다만 『일성록』 등에 관련자들에 대한 수사

2) 이이화, 1994, 「19세기 전기의 민란연구」 『조선후기의 정치사상과 사회변동』 한
   길사, 356~357쪽.
3) 배항섭, 1992, 「19세기 후반 '변란'의 추이와 성격」 『1894년 농민전쟁연구 2』 역
   사비평사 ; 이이화, 앞의 논문.
4) 배항섭, 앞의 논문 ; 이이화, 1994, 「19세기 민란의 조직성과 연계성」, 앞의 책 ;
   裵惠淑, 1995, 「19世紀 漢城府 金守禎 擧事計劃 硏究」 『史學硏究』 50.

상황이나 結案 등이 실려 있어 보완적으로 이용했으며, 이 사건과 관련된 김수정 모반 사건의 경우는 『추안급국안』에도 실려 있어, 함께 참조하였다.[6]

2. 사건의 내용

1) 사건의 개요

사건은 黃海道 長淵에 거주하며, 가까운 海州에서 藥局을 경영하던 高成旭의 告變에 의해 알려지게 되었다. 고성욱에 따르면, 지난해인 철종 1년(1850) 10월 13일, 평소에 가깝게 지내던 文化의 유홍렴 집에 갔더니, 유홍렴이 蔡喜載 및 載寧의 奇德佑와 함께 자신에게 거사를 제안했다는 것이다. 당장 몸을 빼기 어려운 형편이라 거짓으로 응낙했더니, 구체적인 거사계획을 털어놓았다.

> 우리들은 오는 10월 17일 패거리를 모아 한쪽 길로는 먼저 安岳으로 가서 그 兵符를 빼앗고 그 고을을 차지하며, 한쪽 길로는 곧장 監營으로 들어가 그 병부를 빼앗고 그 성을 차지한다. 한편으로는 문화의 아전 金在益에게 사사로이 연락하고 뒤따라 문화로 들어가, 그 병부를 빼앗고 그 고을을 차지한다. 또 平安道 平壤에 모은 패거리와 함께 일시에 힘을 모아 직접 서울을 침범할 것이다.[7]

---

5) 『捕盜廳謄錄』 상권, 「右捕盜廳謄錄」 7책, 207~262쪽(1985, 保景文化社 영인본). 이하 본 논문에서 인용한 『포도청등록』의 쪽수는 이 영인본에 의거하였고, 반복되는 서지 사항은 생략하였다.

6) 『推案及鞫案』 28책, 「癸丑 逆賊守禎等 獄案」(1983, 亞細亞文化社 영인본). 이하 본 논문에서 인용한 『추안급국안』은 이 영인본에 의거하였다. 역시 반복되는 서지 사항은 생략하였다.

7) 「우포도청등록」 7책, 207쪽, 고성욱의 진술.

황해도의 안악과 감영으로 각각 쳐들어가 장악하는 한편, 근거지인 문화도 미리 내통한 아전을 통해 장악한다는 것이었다. 또 평양에 미리 모은 군사와 합세하여 서울을 직접 공격한다는 구상이었다. 그렇다면 우두머리와 謀士는 누구이며, 무기와 군량은 어떻게 조달하는가하는 고성욱의 질문에, 그들은 다음과 같이 대답하였다.

> 豊川 下里坊에 거주하는 李明燮이 바로 이전의 椒島 죄인의 후손이다. 지금 추대하여 명분을 삼으면 말이 바르고 이치에 맞을 것이니 사람들의 마음이 호응해 따를 것이다. 이를 우두머리로 삼는다. 모사는 延安에 거주하는 金應道이다. 재주와 꾀를 겸비했으며 또 앞일을 아는 술법이 있는데, 자네는 과연 그의 명성을 듣지 못하였는가? …… 무기의 경우, 九月山城에 있으니 자연히 가져다 쓸 수 있다. 군량은, 같은 패거리 가운데 부유한 자가 많이 있다. 또 바다 위에 오가는 곡물을 빼앗아 가지면 또한 이어 쓸 수 있을 것이다.[8]

초도 죄인은 李源亨(1741~?)을 가리킨다. 이원형은 密豊君 李坦(1688~1729)의 친손자인데, 이탄은 昭顯世子의 증손으로 영조 4년(1728)의 戊申亂 때 추대 대상이 되어 결국 自盡하게 되었던 인물이다. 무신란 이후 다시 영조 31년(1755) 乙亥獄事 과정에서 이탄의 가족들이 연좌되면서 이원형은 초도로 귀양을 오게 되었다.[9] 李明燮은 이원형의 손자이니, 소현세자는 이명섭에게 7대조가 된다. 거사를 준비하던 이들은 이명섭을 추대 대상으로 하면 이치에도 맞고 인심이 호응할 것이라고 기대하였다. 모사로 지목된 김응도는 황해도 金川 출신으로, 延安에 거주하다가 이해에 平山으로 거처를 옮긴 인물이었다.[10] 江華 摩尼山에서 10년을 공부

---

8) 「우포도청등록」 7책, 208쪽, 고성욱의 진술.
9) 『璿源續譜』 7, 「仁祖大王子孫錄」 권2, '昭顯世子派' ; 「우포도청등록」 7책, 211쪽, 기덕우의 진술.
10) 『승정원일기』 철종 2년 11월 3일, 김응도의 結案 ; 「우포도청등록」 7책, 228쪽, 김응도의 진술.

했으며, 나라의 흥망이나 사람의 생사, 날씨 등을 미리 예측할 수 있다고 주장하였다.[11]

무기는 구월산성에서 조달한다고 하였는데, 구월산성의 別將이었던 崔致珏이 유흥렴과 채희재에게 거사 계획을 전해 듣고 거의 포섭된 상태였다.[12] 군량은 패거리 가운데 부유한 자로부터 조달하고, 또 바다 위에서 곡물을 약탈하여 조달할 계획이었다. 사건의 주모자들은 거사 자금을 마련하기 위해 경제적으로 여유가 있는 자들을 포섭하기 위해 부심하였다. 고성욱도 해주에서 약국을 경영하는 자였는데, 주모자들이 포섭하던 단계에서 고변하게 된 것이었다. 최치각도 이명섭의 추대 계획을 전해 듣던 자리에서, 軍需를 마련한다는 명목으로 채희재에게 1천 냥의 돈을 요구받기도 하였다.[13] 金聖烈은 儒生 출신으로 蔘圃를 경영하던 자였는데, 채희재는 그를 만난 자리에서 開城의 부자들에 대한 정보를 캐묻기도 하였다.[14] 또 전직 座首 출신인 李瀬培는 사당에 있던 조부의 신주를 잃어버린 적이 있었는데, 신주가 사라진 자리에 50냥의 돈을 내놓으라는 협박 편지가 놓여 있었다. 이 또한 채희재가 벌인 짓으로 추정되었다.[15] 주모 세력이 거사 자금을 마련하기 위해 온갖 방법을 동원하고 있었음을 보여주는 사례이다.

철종 1년(1850) 10월 17일에 벌이기로 했던 거사는, 논의 과정에서 고성욱의 제안에 의해 11월 7일로 연기되었지만 그 뒤에도 별다른 움직임은 없었다. 해를 걸러 이듬해인 철종 2년(1851) 9월 10~15일 사이에 황해·평안도의 4~5천 명의 군병이 거사한다는 소식을 들은 고성욱이 고변하면서, 비로소 조정에 알려지게 된 것이다.[16]

---

11) 「우포도청등록」 7책, 211쪽, 기덕우의 진술.
12) 「우포도청등록」 7책, 209쪽, 최치각의 진술.
13) 같은 자료.
14) 「우포도청등록」 7책, 217쪽, 김성렬의 진술.
15) 「우포도청등록」 7책, 226쪽, 이이배의 진술 ; 8책, 239~240쪽, 이이배의 진술.

9월 10일 捕盜廳에서 고변인인 고성욱을 시작으로, 체포된 관련자들에 대한 심문을 진행하다가, 10월 5일에는 推鞫廳을 설치하여[17] 두 곳에서 심문을 병행하였다. 핵심 인물인 이명섭은 豊川에서 체포하여 압송하던 도중에 병으로 사망했고,[18] 유흥렴은 끝내 체포되지 않았다. 채희재와 김응도·기덕우는 각각 謀反 大逆不道의 죄로 不待時 凌遲處死되었고, 최치각은 知情不告로 不待時 斬刑에 처해졌다.[19] 추국청의 심문이 한창 진행되던 10월 24일, 哲宗은 사형에 처할 자를 제외한 인물들의 처분을 서두르도록 지시하여,[20] 포도청에 갇혀있던 李洛瞻·尹行健 등 나머지 관련 죄인들에 대해 각각 島配·定配 등의 처분을 내리고 혐의가 확인되지 않은 이이배 등은 석방하였다.[21] 또 추국청에서 조사받던 趙士悅·柳廉臣 등도 죄는 인정하지만 隨從에 불과하다는 이유로 각각 減死하여 定配·遠配 등으로 처분하였다.[22] 이때 철종은 이명섭의 아우로 체포되어 조사받던 李明赫을 석방하라는 명령도 함께 내렸는데, 諸臣들의 거듭된 요청에 따라 端川府에 정배하도록 하였다.[23]

관련자들에 대한 심문 결과 사건의 내용이 상당 부분 드러났지만, 이명섭과 유흥렴의 심문이 진행되지 못해 실체적 진실이 완전히 확인되었다고 보기는 어렵다. 관련자들이 혐의의 상당 부분을 체포되지 않은 유흥렴에게 미루었기 때문이다. 그러한 점을 감안한다고 하더라도, 체포된 사람들에 대한 재심문이나 대질심문 등의 기록만으로도 사건의 얼개를 파악하기에는 어려움이 없다.

---

16)「우포도청등록」 7책, 208쪽, 고성욱의 진술.
17)『哲宗實錄』 2년 10월 5일 ;『승정원일기』 같은 날,『일성록』 같은 날.
18)「우포도청등록」 7책, 212쪽, 左·右邊捕盜廳의 啓目.
19)『승정원일기』 철종 2년 10월 26일 ; 11월 3일 ; 9일.
20)『철종실록』 2년 10월 24일.
21)『승정원일기』 철종 2년 11월 6일.
22)『철종실록』 2년 11월 11일 ;『승정원일기』 같은 날.
23)『철종실록』 같은 날 ;『승정원일기』 같은 날.

포도청과 추국청에서의 심문 결과를 종합하면, 거사 모의는 5년 전인 헌종 12년(1846)부터 표면화되었던 것으로 보인다. 長壽山에 草堂을 짓고 삼포를 운영하며 경전과 각종 術書들을 섭렵하던 기덕우에게 유흥렴이 찾아와 군사를 일으킬 뜻을 표명한 것이 바로 이 해였다.[24] 유흥렴이 일찍부터 모반에 뜻이 있었음을 보여주는 대목이다. 유흥렴 이외에 비슷한 생각을 지니고 있던 관련 인물들 사이의 연결이 이때부터 시작된다. 헌종 15년(1849)에 평안도 中和 출신인 채희재가 載寧을 거쳐 文化로 이주하여 유흥렴의 이웃에 거주하게 되면서, 모의의 핵심 인물인 두 사람이 만나게 되었다.[25] 채희재는 재령에 거주하던 헌종 14년(1848)에 三政의 폐단을 대궐에 上言하기 위해 서울로 올라온 적이 있었을 만큼[26] 사회 문제에 관심이 많은 유생 출신이었다. 문화로 이주하여 유흥렴과 이웃하게 되면서, 서로 어울려 易이나 술법 따위를 논하다가 자연스럽게 의기투합하게 되었다.

한편 平山에 거주하던 김응도는 이들과는 별도로 거사를 꾀하고 있었다. 평소에 三政의 폐단에 대해 깊은 관심을 갖고 있던 김응도는, 이웃에 거주하던 李顯道와 함께 상언을 하러 서울로 올라갔다 돌아온 적이 있었던 인물이었다.[27] 그는 초도의 이명섭이 소현세자의 후손이라는 소식을 듣고, 평소에 만나볼 뜻이 있었는데, 철종 즉위년(1849) 7월에 위의 이현도와 함께 초도로 찾아갔다.[28] 그 자리에서 김응도는 이명섭에게 다음과 같이 부추기는 말을 하였다.

현재 우리나라의 인심에 嶺南에서는 鄭哥가 일을 꾸미고, 松都에서는 王

24) 「우포도청등록」 7책, 210쪽, 기덕우의 진술.
25) 「우포도청등록」 7책, 220쪽, 채희재의 진술.
26) 같은 자료.
27) 「우포도청등록」 8책, 245쪽, 이현도의 진술.
28) 「우포도청등록」 7책, 228쪽, 김응도의 진술.

鄭가 패거리를 결성하고 있다. 왕가가 몇 차례 내게 사람을 보냈지만, 그게 의리에 합당하지 않았으므로 종묘사직의 계책을 깊이 생각하는 것을 허락하지 않았다. 하늘의 이치와 사람들의 마음으로 말하자면, 江華의 원한을 풀어 버리고 부끄러움을 씻어버린 뒤, 昭顯世子의 후손도 원한을 풀고 부끄러움을 씻을 방도가 있어야 마땅하다. 그런데 憲宗이 세상을 떠났을 때 大王大妃 전하께서 아직도 계셨으므로, 지금 임금님을 맞이해 세웠다. 만약 안팎이 헤어져 흩어지고 위아래가 어지러운 이와 같은 때에 정가가 때를 틈타 남쪽에서 일어나고 왕가가 이익을 바라고 중간에 거처한다면, 太祖의 5백년 터전을 이룬 사업이 끝내 주인 없는 처지에 이를 것이니, 조조의 신하된 백성인 자이면 강개하지 않을 수 없을 터인데 하물며 태조의 혈육이겠느냐? 감히 마음속의 말을 털어놓을 것이니, 모르겠지만 유의하지 않겠느냐? 지금부터 사람들을 맞이해 결탁하여 몰래 거처하며 때를 기다린다면 필연코 내 말을 바꿀 수 없을 것이다. 그때에는 솥발처럼 셋이 맞서 대립한 형세이니 통합하기 어려울 것이다. 동북쪽 한 구역을 지키면서 태조의 신령에 지내는 제사를 끊이지 않도록 하라. 또 몇 해가 되면 이 또한 천지의 정해진 운수이니 내 말을 대수롭게 여기지 마라.[29)]

김응도에 따르면, 정가나 왕가처럼 각지에서 반역을 모의하는 무리들이 있어서 태조가 세운 조선의 명운이 위기에 처했다는 것이다. 賜死되었던 죄인 恩彦君의 후손 哲宗이 마침 왕위에 올랐으므로,[30)] 마찬가지로 소현세자의 후손들도 復權되어야 할 것이니 세력을 모아 태조가 세운 나라도 지키고 새로운 세상에 대비해야 한다는 제안이었다.

이와 같이 소현세자의 후손을 거사의 대상으로 모색하려는 세력은 김응도만이 아니었다. 바로 이 사건의 핵심 인물 중의 하나인 채희재도 별도의 경로로 소현세자의 후손인 이명섭을 찾았다. 채희재는 철종 1년 (1850) 6월 초도로 元僐을 찾아가 소현세자의 후손이 몇 사람이며, 어디에 사는지 물어보았다.[31)] 원선은 초도에서 訓長을 하면서 이명섭 형제를

---

29) 「우포도청등록」 7책, 211쪽, 기덕우의 진술.
30) 철종이 즉위하기까지 은언군 가계의 처지에 대해서는 본서 제2부 제3장 참조.

가르쳤던 인물이었다. 이어 채희재는 이명섭을 찾아가 며칠을 묵었는데, 先代에 남긴 글이 있는지, 異人을 만나 받은 秘訣이 있는지 따위를 묻는 과정에서 김응도에 대해 듣게 되었다.[32] 결국 따로따로 거사를 준비하던 세력들이 이명섭을 통해 결합하게 된 셈이었다. 실제로 바로 다음 달인 같은 해 7월, 채희재는 김응도를 찾아가 이명섭을 추대하겠다는 계획을 털어놓았다.[33] 거사는 준비하고 있었지만 추대 대상이 명확하지 않던 채희재는 김응도와의 만남을 통해 이명섭을 추대 대상으로 확정하게 된 것이다.

이후 이들은 참여 세력을 모으기 위해 부지런히 움직였다. 황해도 안에서 사람들을 모으는 역할은 채희재가 담당했다. 채희재는 자신이 이미 알고 지내던 사람은 물론 김응도·유흥렴 등과 관계가 있었던 사람들을 찾아다니며 거사 계획을 전달하면서 동참을 권유하였다. 이미 3월부터 蔘圃를 경영하던 유생 김성렬, 營吏를 수행하던 鄭稚常 등을 포섭하며 다녔던 채희재는[34] 김응도를 만난 직후에 연안으로 아전 출신 宋廷元, 좌수 출신 金浩賢 등 김응도와 이미 알고 지내던 사람들을 찾아가 모의 계획을 넌지시 털어놓는 한편으로,[35] 長連의 좌수 출신으로 船業에 종사하던 尹行健과 載寧에서 삼포에 종사하던 기덕우, 구월산성 별장인 최치각 등 유흥렴과 이미 알고 지내던 사람들을 찾아가 거사 계획을 전하였다.[36] 또 처음 거사를 계획했던 철종 1년(1850) 10월 이후로 채희재는 거사에 동원할 군병들을 모집하는 일에 주력했다. 이해 10월, 채희재는

---

31) 「우포도청등록」 8책, 234쪽, 원선의 진술.
32) 「우포도청등록」 7책, 211쪽, 기덕우의 진술 ; 224쪽, 기덕우와 채희재의 대질심문.
33) 「우포도청등록」 7책, 228쪽, 김응도의 진술.
34) 「우포도청등록」 7책, 217쪽, 김성렬의 진술 ; 8책, 237쪽, 정치상의 진술.
35) 「우포도청등록」 8책, 252쪽, 송정원의 진술 ; 258쪽, 김호현의 진술.
36) 「우포도청등록」 7책, 209쪽, 최치각의 진술 ; 211쪽, 기덕우의 진술 ; 8책, 240쪽, 윤행건의 진술.

殷栗에서 상업에 종사하는 金陽鼎에게 偸葬을 한다고 둘러대며 상여꾼 [鄕徒軍]을 불러달라고 부탁했으며,[37] 11월에는 長連의 농민 李東稷을 찾아와 難逢契를 만든다면서 참여를 권유하기도 했다.[38]

주도 세력들이 사람들을 불러 모으고 거사를 준비하는 과정에서 거사 일자는 여러 차례 연기되었다. 처음에 이들이 거사하기로 했던 것은 철종 1년(1850) 10월 무렵의 어느 날이었다. 禹敬猷에 따르면 그해 10월 2일 갑자일에 거사한다는 이야기를 들었다고 했으며,[39] 고변인 고성욱은 10월 17일에 거사한다는 이야기를 듣고 11월 7일 갑진일로 거사를 물리도록 했다고 진술했다.[40] 그 과정에서 이들은 혼인 혹은 장례 등을 계기로 여러 차례 회합을 갖고 거사를 도모하였다. 10월 10일, 채희재 아들의 혼인을 계기로 모인 자리에서 거사를 논의했던 이들은[41] 10월 25일에는 다시 채희재와 유흥렴의 집에 모였는데, 특히 이날의 모임에는 황해도는 물론 다른 道의 사람들까지 일제히 모였다.[42] 이때에 移葬을 핑계로 동참한 사람과 별도로 상여꾼을 모았으나, 숫자가 기대에 미치지 못하자 다시 날짜를 뒤로 미루게 되었다.[43] 또 12월 19일에는 기덕우 집안의 장례를 핑계로 채희재의 집에서 모였는데, 역시 모인 군사의 숫자가 적자 다시 날짜를 이듬해인 철종 2년(1851) 1월 그믐으로 미루고, 載寧 訖洞에서 다시 모이기로 하였다.[44] 그러나 1월의 거사도 이루어지지 않았다.

---

37) 「우포도청등록」 7책, 222~223쪽, 김양정의 진술.
38) 「우포도청등록」 8책, 255쪽, 이동직의 진술.
39) 「우포도청등록」 7책, 219쪽, 우경유의 진술. 그런데 철종 1년(1850) 10월 2일은 庚申日이고, 甲子日은 6일이 된다.
40) 「우포도청등록」 7책, 207쪽, 고성욱의 진술. 역시 11월 7일은 乙未日이고, 甲辰日은 16일이 된다.
41) 「우포도청등록」 7책, 219쪽, 우경유의 진술.
42) 「우포도청등록」 7책, 211쪽, 기덕우의 진술.
43) 「우포도청등록」 7책, 215~216쪽, 정득현의 진술.
44) 「우포도청등록」 7책, 218쪽, 유염신의 진술 ; 231쪽, 조사열의 진술.

몇 차례 거사가 계속 미루어지게 된 것은 거사에 필요한 충분한 인원이 확보되지 않았기 때문이었다. 몇몇 주도세력에 의한 변란적 성격의 거사인 만큼 정작 군병 동원에는 한계가 있었기 때문이었다. 그 이후 주도 세력들은 계속하여 동조 세력을 모집하는데 주력하였다. 1월에 유홍렴의 친척이었던 柳基均이 장련에 거주하는 李洛瞻을 만난 자리에서 장련 사람들 가운데 걸출한 자가 누구인지 탐문한 일,[45] 4월에 유홍렴과 이낙첨이 이동직을 찾아가 거사에 동참을 권유한 일,[46] 또 같은 달 유홍렴과 유기균이 장련의 좌수 출신 이이배를 포섭하려다가 이이배가 만남을 거절하여 이루어지지 못한 일,[47] 7월에 김응도가 역시 평산의 좌수 출신 趙子祥을 만나 거사 이야기를 전한 일[48] 등을 통해 그 사정을 짐작할 수 있다. 각 지역에서 일정한 영향력을 행사하는 鄕任 출신들을 포섭하여 세력을 확대하려고 시도했던 것이다. 그 과정에서 9월 10일~15일쯤으로 거사 일정을 잡았다가 고성욱의 고변에 의해 발각된 것이다.[49]

이 사건과 관련해서 또 흥미로운 점은 이들의 모반 소식이 이미 황해도에 꽤 알려져 있었다는 사실이다. 물론 유홍렴이 처음 거사할 의사를 표명한 것이 헌종 12년(1846)이고, 김응도가 철종 즉위년(1849)에 이명섭을 만난 뒤 채희재 등과 연결되면서 거사가 구체화되어, 철종 1년(1850) 10월에 일으키려던 거사가 몇 차례 연기된 만큼, 오랜 시간이 지나면서 사실이 누설될 가능성은 많다. 鄭文巨는 이미 철종 1년(1850) 6~7월경에, 이웃에 거주하던 田洛汝를 통해 채희재·유홍렴 등이 거사한다는 소문을 전해 들었으며,[50] 金陽鼎도 같은 해 9월에 이들이 구월산성

---

45) 「우포도청등록」 7책, 230쪽, 이낙첨의 진술.
46) 「우포도청등록」 8책, 255쪽, 이동직의 진술.
47) 「우포도청등록」 7책, 226쪽, 이이배의 진술.
48) 「우포도청등록」 8책, 249쪽, 조자상의 진술.
49) 「우포도청등록」 7책, 208쪽, 고성욱의 진술.
50) 「우포도청등록」 8책, 243쪽, 정문거의 진술.

의 패거리를 불러 모아 군사를 일으킨다는 소문을 들었다고 했다.[51] 철
종 2년(1851) 3월 奇東仁은 채희재를 만난 자리에서, 이명섭이 군사를 일
으킨다는 소문에 대해 추궁했으며,[52] 같은 해 4월에는 이미 채희재 등의
변란에 관한 소문이 파다하여, 장련의 좌수 출신 이이배는 자신을 찾아
온 유흥렴을 일부러 만나지 않았다는 진술을 하고 있다.[53] 직접 포섭을
하려는 대상에게 거사 계획을 털어놓는 과정에서 알려진 것을 제외하고,
떠도는 소문으로 알게 된 경우만 해도 위와 같이 많았다. 그리고 그 소문
의 내용도 주도 세력인 채희재·유흥렴은 물론 추대 대상이 이명섭이라
는 사실까지 알려질 만큼 구체적이었다.

1년이 넘게 소문이 전해지던 모반 사건이 高成旭의 고변에 의해 비로
소 알려지는 과정에서 관아에서 어떠한 형태의 기찰이 없었던 점 또한
유의하지 않을 수 없다. 이를 당시 조정의 지방 통치력의 한계로 파악해
야 할 것인지, 아니면 민중들 사이의 암묵적인 동의로 이해해야 할 것인
지는 별도로 논의할 과제이겠지만, 어쨌든 조정에서는 사건의 처리를 놓
고 고심하지 않을 수 없었다. 謀反은 『大明律』에 규정된 十惡 가운데 첫
번째 죄목으로, 首犯과 從犯을 구분하지 않고 공모자는 모두 陵遲處斬하
도록 되어 있으며, 知情不告의 경우도 斬刑에 처하도록 되어 있었다.[54]
그러나 소문으로 파다하게 전해진 사건에 지정불고의 형률을 규정대로
적용하자면, 수많은 사람을 형장으로 보내야할 형편이었다. 따라서 철종
은 아직도 추국청의 조사가 진행되는 과정에서 사건을 빨리 마무리하도
록 지시했다.

추국청을 설치한 지 이미 20일이 가깝고 또 포도청의 招辭도 있는데 庭鞫

---

51) 「우포도청등록」 7책, 233쪽, 김양정의 진술.
52) 「우포도청등록」 7책, 213쪽, 기동인의 진술.
53) 「우포도청등록」 7책, 226쪽, 이이배의 진술.
54) 『大明律』「刑律」'盜賊'.

에서 조사가 어찌 이와 같이 지연될 이치가 있겠는가? 死刑에 처할 자를 제외하고 포도청의 전후 文案을 여러 대신 및 여러 禁府 堂上이 함께 立會하여 상고해 열람하고 의견을 갖추어 이치를 따져 계문하여 빨리 완결을 지어 중외로 하여금 갈수록 더욱 소란하고 訛傳되는 입장이 없게 하라.[55]

그 결과 채희재 등 3명의 주모자만이 능지처사되고, 동모의 혐의가 짙었던 최치각은 지정불고로 참형에 처해졌으며, 나머지 관련자들은 島配·定配 등의 처분에 그쳤다.

2) 관련 인물

다음 〈표 8〉은 이 사건에 관련된 인물들 가운데, 주모자나 혐의 사실이 확인되어 포도청이나 추국청에서 조사받은 인물을 도표화한 것이다. 柳興廉은 체포하지 못했고, 李明燮은 압송 과정에 사망했지만, 중요도를 감안하여 포함시켰다. 혐의 사실이 확인되지 않아 석방된 사람은 제외하였다. 또 본인과는 무관하게 가족의 죄로 연좌되어 처벌된 사람도 제외하였다. 관련된 인물은 자료에 따라 본명으로 혹은 字로도 불리고 있는데, 〈표〉에서는 『승정원일기』나 『일성록』 등 연대기 자료에 실린 이름을 기준으로 했다. 연대기에 字로 표기된 경우는 본명을 '관련 내역' 항목에 부기했다.

〈표 8〉 사건의 관련 인물

순번	이름	나이	원적	거주	직업	관련 내역	처분
①	蔡喜載	36	中和	文化	유업	주모	능지
②	柳興廉		文化	文化	織席	주모	미포
③	金應道	51	金川	平山	유업	모사. 술법	능지
④	奇德佑	33	載寧	載寧	蔘圃	본명 奇東洽. 주모.	능지

---

55) 『철종실록』 2년 10월 24일.

⑤	崔致珏	31	義州	文化	품관	구월산성 별장. 장수로 포섭. 지정불고	참형
⑥	李明燮	38	豊川	豊川	농업	소현세자 후손. 추대 대상	사망
⑦	李明赫	37	豊川	豊川	농업	소현세자 후손. 이명섭의 아우	정배
⑧	李洛瞻	26	長連	長連	농업	구월산에서 술법. 유기균 사돈. 모집	도배
⑨	奇東仁	38	載寧	載寧	농업	기덕우의 형. 동참	도배
⑩	柳祿均	50	文化	文化	농업	유홍렴 숙부. 동참	도배
⑪	權元晦	26	松禾	松禾	유업	유희균 사돈. 동참	도배
⑫	趙士悅	40	安岳	安岳	유업	본명 조태상. 채희재 사돈. 농업 종사. 동참	도배
⑬	禹敬猷	48	載寧	載寧	농업	유생 출신. 채희재 친분. 초도 방문. 동참	도배
⑭	柳基均	27	文化	文化	농업	유홍렴 일가. 최치각 왕래. 모집	도배
⑮	鄭穉常	37	海州	海州	營吏	유홍렴·채희재에 포섭. 동참	도배
⑯	郭東煥	56	黃州	黃州	痘醫	이낙첨에 술법 권유. 지정불고	도배
⑰	尹行健	52	長連	長連	船業	座首 출신. 채희재가 포섭	정배
⑱	李東稷	22	長連	長連	농업	이낙첨의 재종숙. 술법 공부. 동참	정배
⑲	朴斗瑞	22	長連	長連	농업	이낙첨과 술법. 동참	정배
⑳	蔡庸栽	33	中和	文化	농업	본명 蔡錫淵. 채희재의 사촌. 동참	정배
㉑	金陽鼎	43	開城	殷栗	상업	字 尙曾. 채희재가 포섭	정배
㉒	鄭文臣	43	殷栗	長淵	車利	본명 鄭昌秀. 아전 출신. 유홍렴 친분. 지정불고	정배
㉓	申應元	27	平山	平山	농업	금천에 일시 거주. 김웅도가 포섭	정배
㉔	宋廷元	60	延安	延安	농업	아전 출신. 김웅도 이웃. 지정불고	정배
㉕	金伯三	32	延安	延安	농업	김웅도 이웃. 지정불고	정배
㉖	趙明和	51	延安	延安	酒商	김웅도 친분. 지정불고	정배
㉗	趙和瑞	52	平山	平山	유업	織席에 종사. 김웅도 이웃. 동참	정배
㉘	宋厚之	68	平山	平山	傭貰	김웅도 친분. 지정불고	정배
㉙	李良元	66	金川	金川	酒商	김웅도 이웃. 지정불고	정배
㉚	柳廉臣	25	文化	信川	농업	유홍렴 일가. 동참	정배
㉛	元僖	64	松禾	松禾	훈장	풍천 초도에서 훈장. 거사 길흉 점침	정배
㉜	金聖烈	27	開城	開城	유업	夢圃 종사. 채희재에 포섭	정배
㉝	李顯道	63	金川	金川	米商	김웅도와 초도 방문.	정배
㉞	鄭得顯	38	文化	文化	농업	일명 鄭得亨. 유홍렴 지시로 상여꾼 동원.	정배
㉟	趙子祥	49	平山	平山	鄕任	본명 조시현. 前 좌수. 김웅도 이웃. 지정불고	정배
㊱	柳喜均	56	文化	文化	織席	유홍렴의 父	보류

〈표 8〉에 관련 인물로 포함된 사람은 모두 36명이다. 이 가운데 끝내 체포하지 못한 유홍렴, 압송 도중 사망한 이명섭, 그리고 哲宗의 명으로 황해병영에 내려 보내 처분을 기다리도록 했던 유홍렴의 아비 유희균을[56] 제외한 나머지 33명이 각각 해당하는 처벌을 받았다. 주모자에 속하는 채희재·김응도·기덕우는 각각 凌遲處死되었고, 최치각은 지정불고의 죄목으로 斬刑에 처해졌다. 이명섭의 동생인 李明赫을 포함한 나머지 죄인들은 각각 島配 혹은 定配의 처분을 받았다.

관련자들은 거주지 혹은 원적이 거의 모두 황해도였으며, 고을은 文化와 載寧·豊川·長連 등 황해도의 중·서부에 고루 분포하고 있었다. 蔘圃에 종사하던 ㉜김성렬 정도가 다른 지역인 開城이지만, 개성도 황해도에 인접한 지역이라는 점에서 황해도의 인물들을 중심으로 벌어진 거사라고 보아도 무방할 것이다.

거사에 참여한 사람들의 직업은 儒業과 農業·商業 및 품관·향임 등으로 다양했는데, 분류가 절대적인 것은 아니다. 유업으로 분류한 사람들 가운데 ⑫조사열은 농업에 종사했으며 ㉗조화서는 자리를 짜서[織席] 생계를 유지했고 ㉜김성렬은 蔘圃를 경영하는 등 실제로 다른 생업을 가지고 있었고 그 처지 또한 서로 달랐다. 농업으로 분류한 경우에도 ⑬우경유는 유생 출신으로 판단되며, ㉔송정원은 아전 출신이었고, ⑥의 이명섭과 ⑦의 이명혁은 소현세자의 후손이었으므로, 동일한 처지로 판단하기는 어렵다.

한편 원적지과 거주지가 다른, 즉 거처를 옮긴 사람이 꽤 많다는 특징을 지적하지 않을 수 없다. 〈표 1〉을 보면 현직 관리로 부임했으므로 당연히 거주지가 달랐던 ⑤최치각을 제외하더라도, ①채희재 ③김응도 ⑳채용재 ㉑김양정 ㉒정문거 ㉚유염신 등 6명의 원적지와 거주지가 다르

---

56) 『승정원일기』 철종 2년 11월 11일.

다. 또 원적지와 거주지가 같은 것으로 나오는 사람 중에도 실제로는 거처를 옮겼던 사람이 있다. ㉛원선은 松禾로 나오지만, 실제로는 송화와 豊川 椒島 사이를 두 차례나 왕래하며 거주하였고,[57] 平山으로 나오는 ㉓신응원은 그 사이에 金川으로 거처를 옮겼다가 돌아온 인물이었다.[58] ⑥이명섭 ⑦이명혁 형제도 선대에 귀양을 오면서 풍천에 정착하게 되지만, 그 안에서도 椒島와 白雲面 또는 下里坊, 혹은 이웃 고을인 長連 등으로[59] 거처를 자주 옮겼다. 또한 거처를 옮긴 사람들 중에는 세 곳 이상의 거처가 확인되는 경우도 많았다. 채희재는 평안도 中和 출신으로, 황해도 載寧으로 거처를 옮겼다가 다시 文化로 옮긴 경우이며,[60] 김응도는 본래 金川 태생인데 延安에 거주하다가 平山으로 거처를 옮겼고,[61] 김양정은 개성 출신으로 황해도 長淵으로 거처를 옮겼다가 다시 殷栗로 거처를 옮긴 인물이었다.[62] 다른 이들이 거처를 옮긴 이유는 확실하지 않으나 ㉓신응원은 생계 문제로 옮겼다고 되어 있으며, ㉑김양정은 상업에 종사했으므로 역시 생계와 관련된 것으로 보인다. 신분과 직업이 고정화되지 않고 동요하며, 거주지를 옮겨 다니던 사람들이 많았던 현실이 거사에 참여하는 하나의 배경으로 자리 잡게 되었다.

주모자 가운데 ①채희재와 ③김응도는 유업에 종사하는 선비 출신이었다. 앞 절에서 살펴보았던 것처럼, 둘 모두 평소 현실 사회 문제에 대한 깊은 관심을 갖고 있었다. 三政의 문란에 대한 문제의식과 이를 서울로 올라가 上言의 형태로 해결하려 했던 점, 또한 소현세자의 후손을 추

---

57) 「우포도청등록」 8책, 224쪽, 원선의 진술.
58) 「우포도청등록」 8책, 253쪽, 신응원의 진술.
59) 「우포도청등록」 7책, 208쪽, 고성욱의 진술 ; 211쪽, 기덕우의 진술 ; 8책, 251쪽, 이명혁의 진술.
60) 「우포도청등록」 7책, 220쪽, 채희재의 진술.
61) 『승정원일기』 철종 2년 11월 3일, 김응도의 結案 ; 「우포도청등록」 7책, 228쪽, 김응도의 진술.
62) 「우포도청등록」 7책, 232쪽, 김양정의 진술.

대하는 변란의 방법을 선택하여 椒島로 李明燮을 찾아갔던 점 등 공통점이 많았다. 거주하던 지역은 문화와 평산으로 서로 달랐지만, 이러한 공통점이 있었기에 이명섭을 통해 서로 연결되며 거사를 함께 준비하기에 이르렀다. ④기덕우도 蔘圃를 설치하여 농업에 종사하고 있었지만, 한편으로 유교 경전과 각종 술법서 등을 섭렵하는 선비적 존재이기도 했다.[63] 끝까지 체포되지 않은 ②유흥렴도 역시 晝耕夜讀하던 선비적 존재로 파악된다. 그의 아비 ㊱유희균에 따르면 그들 父子는 자리를 짜서 생계를 유지했지만, 監試나 庭試 등 과거에 응시할 정도의 처지였던 것으로 보아[64] 어느 정도 경제적 능력을 갖춘 수공업자이기도 했다. 특히 채희재를 제외한 인물들은 각종 술법에 관심이 많은 존재이기도 했다. 김응도는 才略을 겸비했으며 앞일을 내다보는 술법의 능력이 있는 존재로 묘사되고 있으며,[65] 또 강화도 마니산에서 10년 동안 술법을 공부했다고 주장하기도 했다.[66] 유흥렴은 구월산성 근처에 草堂을 짓고 각종 妖術로 惑世誣民한다는 혐의로 이미 兵營의 조사를 받은 적이 있었다.[67] 기덕우도 『麻衣相書』나 『地理正經』『天文草』와 같은 술법서들을 섭렵하며, 각지의 術家들과 교유하던 존재였다.[68]

포섭 대상이 되었던 인물들은 거사의 성공을 위해 주도 세력들의 부족한 점을 보완해줄 수 있는 존재들이었다. 현직 武官인 ⑤최치각이나 營吏인 ⑮정치상을 포섭 대상으로 한 것은 거사시의 병력 동원이나 지역 장악을 용이하게 하기 위한 방편으로 보이며, 船業에 종사하던 ⑰윤행건이나 牟利에 종사하던 ㉒정문거, 삼포에 종사하던 ㉜김성렬 등이 포섭 대

---

63) 「우포도청등록」 7책, 210쪽, 기덕우의 진술.
64) 「우포도청등록」 7책, 213쪽, 유희균의 진술.
65) 「우포도청등록」 7책, 208쪽, 고성욱의 진술.
66) 「우포도청등록」 7책, 211쪽, 기덕우의 진술.
67) 「우포도청등록」 7책, 209쪽, 최치각의 진술.
68) 「우포도청등록」 7책, 210쪽, 기덕우의 진술.

상에 포함된 것은 거사에 필요한 재정을 조달하려는 방편이었을 것이다.

그 밖의 관련자들은 주모자들과 혈연 혹은 지연으로 관련된 인물들이 었다. 그 가운데 ⑧이낙첨은 유홍렴의 일가인 ⑭유기균과 사돈인 관계 로 관련되지만, 유기균과 함께 적극적으로 동참 세력의 모집에 나섰다. 유홍렴과 별도로 구월산에 들어가 草幕을 얽고 술법을 공부하다가 역시 병영에 붙잡혀 棍을 맞은 적이 있었던 이낙첨을[69] 통해, ⑯곽동환, ⑱이 동직, ⑲박두서 등이 거사에 관련되었다.

한편 이 사건의 조사과정에서 다른 지역의 인물들이 동조 세력으로 많이 거론되었다. 咸興의 朴哥와 豊基 小白山 아래 거주하는 李哥, 영남 의 鄭哥와 松都의 王哥, 영남의 朱 巡將과 金漢斗 등[70] 여러 사람의 이름 이 등장하였지만, 대부분 실체가 확인되지 않았다. 다만 김한두는 이후 哲宗 4년(1853) 한성부에서 일어난 모반 사건의 주역인 金守禎으로 밝혀 졌다.[71] 유홍렴은 철종 1년(1851) 12월, 영남 지역을 두루 다니다가 김한 두를 만났으며, 김한두는 이듬해 5월에 유홍렴을 따라 문화의 유홍렴의 집에 찾아오기도 했다.[72] 이 과정에서 초도의 이명섭 형제를 만나게 되 었으며,[73] 이는 한성부의 모반 사건에서 이명혁을 추대하는 계기가 되기 도 했다.

3. 사건의 성격

기존의 연구에서는 본 사건과 철종 4년(1853) 한성에서 일어난 金守禎 모반 사건의 관계에 주목하여, 그 연계성과 조직성에 주목한 바 있다.[74]

---

69) 「우포도청등록」 7책, 230쪽, 이낙첨의 진술.
70) 「우포도청등록」 7책, 210쪽, 기덕우의 진술.
71) 이이화, 1994, 「19세기 민란의 조직성과 연계성」, 앞의 책 ; 裵惠淑, 앞의 논문.
72) 「우포도청등록」 7책, 211쪽, 기덕우의 진술.
73) 『추안급국안』 28책, 「계축 역적수정등 옥안」 831쪽, 김수정의 遲晩.

그러나 연계의 주인공이었던 유홍렴이 달아나 끝내 체포되지 않아, 그 구체적인 실상은 확인되지 않았다. 다만 본 사건에서 추대 대상으로 거론되었던 李明燮의 아우로서, 본 사건과 관련하여 定配되었던 李明赫이 한성부의 모반 사건에서 다시 추대 대상으로 거론된 점이 주목된다. 이 점은 두 사건의 연계성을 확인시켜주는 동시에, 사건의 성격을 이해하는 데에도 도움을 줄 수 있는 단서가 될 것이다.

다음의 〈표 9〉는 昭顯世子에서 李明燮에 이르는 계보를 관련자들을 중심으로 간략히 정리한 것이다. 이명섭으로 이어지는 과정에서 특별히 설명이 필요 없는 계통은 기재를 생략했다. 이 표는 규장각에 소장되어 있는 『璿源續譜』(奎8401-2)의 내용에 따랐다. 『선원속보』의 내용 가운데 일부 인물의 생몰연대에는 의문이 제기되기도 하지만,[75] 계통은 정확히 기록된 것으로 파악된다. 李明燮은 『선원속보』에는 '李命燮'으로 기록되어있으며, 『선원속보』에 初名이 敬燮인 '李敎應'으로 기록된 인물은 아마도 李明赫을 가리키는 것으로 보인다.[76]

패전국 세자의 몸으로 적국에 볼모로 갔다가 돌아온 지 얼마 되지 않아 요절한 소현세자 자신도 그러했지만, 그 후손들도 각종 모반 사건에 연루되며 파란 많은 생애를 지내야했다.

---

74) 배항섭, 앞의 논문 ; 이이화, 앞의 논문 ; 배혜숙, 앞의 논문.

75) 예를 들어 『선원속보』에서는 소현세자의 맏아들인 慶善君 李栢과 둘째 아들인 慶完君 李石磷이 모두 '갑오년(효종 5, 1654) 8월 17일'에 귀양지인 濟州에서 사망한 것으로 되어있지만, 『仁祖實錄』에는 인조 26년(1648) 9월 18일에 李石鐵 (경선군의 初名)이, 같은 해 12월 23일에 이석린이 각각 사망한 것으로 되어있다. 『선원속보』 앞의 자료 ; 『인조실록』 26년 9월 18일 ; 12월 23일.

76) 자신이 3형제이며 맏형 이창섭이 지지난해 죽고 어미가 지난해 2월에 죽었다는 이명혁의 진술 내용이(「우포도청등록」 7책, 251쪽) 『선원속보』와 거의 일치한다. '거의' 일치한다고 한 이유는 이창섭의 사망 연대가 약간 차이가 나기 때문이다. 지지난해면 헌종 15년(1849)이 되는데, 『선원속보』에는 '무신년(헌종 14, 1848) 12월 23일'로 되어있다. 어느 쪽이 착오이든 간에, 『선원속보』의 이교응이 이명혁임은 분명해 보인다.

〈표 9〉 소현세자-이명섭 계보 약도 (출전 : 『璿源續譜』)

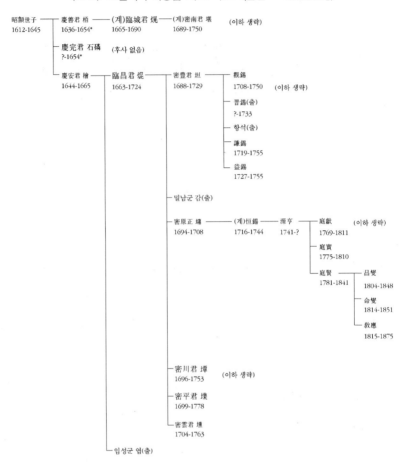

아내 姜嬪이 賜死된 이듬해인 인조 25년(1647), 세 아들인 李石鐵·李
石麟·李石堅은 濟州에 유배되었다가[77] 한 해 남짓 지난 뒤 맏아들과 둘
째 아들은 모두 귀양지에서 세상을 떠났다.[78] 이들은 孝宗에 이르러 복

---

77) 『인조실록』 25년 5월 13일.
78) 『인조실록』 26년 9월 18일 ; 12월 23일.

권되어 효종 10년(1659) 李栢, 즉 이석철에게 慶善君이 추증되고 李檜, 즉 이석견은 慶安君에 봉해진다.[79] 같은 기사에 소현세자의 다른 모든 딸을 郡主에 추증하거나 봉하는 기사가 나오는데 반해, 둘째 아들인 이석린이 누락된 까닭은 확인되지 않는다. 이석린은 훨씬 뒤인 高宗 9년(1872)에 慶完君으로 추증되었다.[80]

경안군 이회는 臨昌君 李焜과 臨城君 李熀의 아들 둘을 두었는데, 둘째 아들인 임성군 이엽은 백부인 경선군 이백의 후사를 잇기 위해 出系되었다. 경안군은 귀양지에서 돌아오고 복권된 뒤 여생을 편안히 지내다 顯宗 6년 세상을 떠나지만,[81] 경안군의 두 아들은 다시 모두 肅宗代 각종 모반에 연루되어 고초를 겪었다. 숙종 5년(1679)에는 임창군과 임성군에게 종통이 있으니 추대해야한다는 내용의 흉서를 투서한 李有湞 사건과 관련하여 모두 제주로 유배되었다가[82] 몇 해 뒤 珍島로, 다시 海南으로, 다시 江原道 三陟으로 移配되었다가[83] 5년이 지난 숙종 10년(1684)에 풀려났다.[84]

임창군 이혼에게는 다섯 아들이 있었는데, 密豊君 李坦, 密南君 李塪, 密原正 李墒, 密川君 李壇, 密平君 李埰, 密雲君 李壎이었다. 그 가운데 둘째 아들인 밀남군 이감은 후사가 없었던 임성군 이엽에게 출계하였고, 밀원정 이용은 요절하였다. 임창군의 아들들도 연달아 모반에 연루되었다. 맏아들인 밀풍군 이탄은 英祖 4년(1728)의 戊申亂에서 추대 대상으로 거론되어 체포되었는데,[85] 영조의 배려에 의해 1년 이상 국문을 받지

79) 『孝宗實錄』 10년 윤3월 4일.
80) 『日省錄』 고종 9년 12월 4일.
81) 『顯宗實錄』 6년 9월 18일.
82) 『肅宗實錄』 5년 3월 16일 ; 18일 ; 19일 ; 4월 27일.
83) 『숙종실록』 8년 5월 28일 ; 6월 1일 ; 9년 1월 13일 ; 11월 18일.
84) 『숙종실록』 10년 11월 22일.
85) 『英祖實錄』 4년 3월 20일.

않고 목숨을 부지하던 밀풍군은 결국 自盡을 요구받고 세상을 떠났다.[86] 한편 임창군의 막내아들인 밀운군 이훈은 영조 39년(1763) 沈來復의 모반 사건 때 추대 대상으로 거론되어 추국을 받는 과정에서 物故되고, 자식들은 모두 연좌되어 귀양 보내졌다.[87]

밀풍군 이탄에게도 역시 아들이 다섯 있었는데, 둘째 아들인 李晉錫은 요절한 숙종의 아들 延齡君의 후사로 일찍이 출계되었고,[88] 셋째 아들인 李恒錫은 역시 요절한 밀원정 이용의 후사로 들어가 대를 이었다. 영조 31년(1755) 乙亥獄事 과정에서 다시 밀풍군의 가족들에게 재앙이 미쳤다.[89] 무신란에 연루되어 밀풍군이 자결했을 때, 영조는 밀풍군의 가족들까지 연좌해야한다는 諸臣들의 요청을 끝내 뿌리친 적이 있었는데,[90] 결국 20여 년이 지나서 발생한 을해옥사의 과정에서 영조는 밀풍군에게 孥戮의 처분을 시행토록 결정하였다.[91] 그 결과 당시까지 생존해 있었던 밀풍군의 두 아들인 李謙錫과 李益錫이 모두 연좌로 絞刑에 처해지고,[92] 혈연으로는 밀풍군의 친손이며 계통으로는 從孫이 되는 李源亨도 이때 15세의 나이로 黃海道 豊川 椒島로 귀양을 가게 되었다.[93]

이명섭의 가계가 초도에 정착하게 된 계기는 이상에서 살펴본 바와 같았다. 이원형이 초도로 귀양을 온 뒤, 그의 가족들은 초도를 중심으로 한 황해도 지역에 거주했던 것으로 보인다. 이원형의 셋째 아들인 李庭賢이 헌종 7년(1841) 죽은 뒤, 이정현의 맏아들인 李昌燮은 황해도 長連

---

86)『영조실록』5년 3월 28일.

87)『영조실록』39년 8월 27일 ; 10월 26일 ; 40년 2월 2일.

88)『숙종실록』45년 10월 20일.

89) 을해옥사에 대해서는 조윤선의 논문 참조. 조윤선, 2009,「조선후기 영조 31년 乙亥獄事의 추이와 정치적 의미」『韓國史學報』37.

90)『영조실록』5년 4월 9일 ; 4월 13일 등.

91)『영조실록』31년 6월 4일.

92)『推案及鞫案』21책,「乙亥 逆賊沈鼎衍等 推案 2」, 800쪽.

93)『선원속보』앞의 자료 ;「우포도청등록」7책, 211쪽, 기덕우의 진술.

에서 거주하다가 헌종 14년(1848) 세상을 떠났으며, 둘째 아들인 이명섭은 풍천 초도에 거주했고, 막내인 李敎應, 즉 이명혁은 풍천 白雲面으로 거처를 옮겨 거주하고 있었다.[94]

이상 사건이 벌어지던 당시까지의 소현세자와 그 자손들의 사정을 이명섭으로 이어지는 가계를 중심으로 살펴보았다. 소현세자의 막내아들로 겨우 살아남은 李石堅, 즉 경안군 이회를 통해 소현세자의 혈족이 이어지지만, 그 두 아들인 임창군과 임성군은 숙종 때 모반 사건에 연루되어 귀양지를 전전하다가 풀려났다. 임창군의 아들인 밀풍군 이탄과 밀운군 이훈은 각각 무신란과 심내복의 사건에 연루되어 역시 집안이 모두 귀양지를 떠돌게 되었다. 남은 것이 경선군-임성군의 후사를 잇기 위해 들어간 밀남군이나 밀천군·밀평군 가계 정도인데 별달리 사정이 다르지는 않았던 것으로 보인다. 『선원속보』에도 특별히 관직을 역임한 사람이 보이지 않는다. 20년 뒤 高宗의 전교 내용에서 그러한 상황을 확인할 수 있다.

　　長陵에 親祭할 날이 머지않았다. 이것은 내가 사업을 이은 후 처음 지내는 예식이니, 옛날을 추억하고 오늘을 굽어볼 때 그립고 슬픈 마음 어찌 이길 수 있겠는가? 생각건대, 麟坪大君의 후손은 벼슬하는 자가 많으니 이번 제사 반열에 자연히 참석할 수 있겠지만, 유독 昭顯世子의 후손들만 몹시 영락되어 朝官 중에는 蔭官과 武官 몇 사람이 있을 뿐이어서 인정으로나 예로나 더욱 서글프다. 砥平縣監 李敎應과 武臣兼宣傳官 李觀應은 친제 때에 참석하게 하라.[95]

이교응, 즉 이명혁과 이관응 정도가 낮은 관품의 벼슬을 겨우 지니고 있다는 지적이었다. 이관응은 밀천군 이담의 가계로, 이담의 둘째 아들

---

94) 「우포도청등록」 8책, 251쪽, 이명혁의 진술.
95) 『高宗實錄』 8년 1월 30일.

인 李敬錫의 증손자이다.[96]

어쨌든 이명섭 형제는 憲宗과 16촌이 되는 먼 친척이었을 정도로 이미 혈통의 측면에서 왕실과 상당한 거리를 두고 있었던 데다가, 죄인의 후손으로 서울에서 멀리 떨어진 황해도의 유배지에 그대로 거주하고 있었던 처지였으므로 모반의 추대 대상이 되기에는 여러모로 적합하지 않은 존재였다. 그러던 중에 哲宗이 즉위하면서 상황이 크게 바뀌게 되었다.

철종은 正祖의 이복 아우인 恩彦君의 손자였는데, 은언군의 가계 역시 대대로 각종 모반 사건에 연루되었다.[97] 은언군 본인은 귀양지를 전전하다가 正祖 10년(1786) 결국 賜死되었으며, 맏아들인 常溪君은 이보다 앞서 洪國榮 사건에 연루된 와중에 갑자기 세상을 떠났다. 江華에서 귀양살이하던 은언군의 나머지 아들들도 순조 12년(1812) 李振采·朴鍾一 등의 역모에서 추대 대상으로 거론되었다. 憲宗 10년(1844)에는 은언군의 손자이며 철종의 형인 懷平君 李元慶 역시 모반 사건에 관련되어 賜死되었다. 이렇게 각종 역모 사건에도 불구하고 철종이 즉위할 수 있었던 것은, 은언군 가계를 제외하고는 英祖의 혈족으로 남은 대상이 없었기 때문이었다. 까닭에 철종이 즉위한 뒤, 대왕대비였던 純元王后는 죄인으로 남아있었던 은언군 가문과 관련된 일체의 문서를 洗草하라는 명령을 내리는[98] 번거로움을 감수하지 않을 수 없었다.

죄인의 후손이자 친족이었던 철종의 즉위라는 극적인 상황은 昭顯世子의 후손들에게도 실낱같은 희망이 될 수 있었으며, 또한 추대 대상을 찾던 변란 주도 세력들에게도 소현세자의 후손들은 충분한 선택의 대상으로 부각될 수 있었다. 소현세자의 아우였던 麟坪大君의 후손 南延君이 은언군의 아우 恩信君의 후사를 잇기 위해 양자로 들어오고, 그 남연군

---

96) 『선원속보』 앞의 자료.
97) 이하 은언군 가계의 행적에 대해서는 본서 제2부 제3장 참조.
98) 『哲宗實錄』 즉위년 9월 12일.

의 손자가 나중에 철종의 뒤를 이어 高宗으로 즉위했던 점을 감안하면, 당시 혈통적으로 왕실과 가까운 종실은 거의 남아있지 않았다. 소현세자의 후손이 추대 대상으로 거론될 수 있었던 배경이었다.

실제로 김응도가 椒島로 이명섭을 찾았던 시기는 철종이 즉위한 지 한 달 만인 철종 즉위년(1849) 7월이었다. 앞에서도 인용했듯이, 그 자리에서 김응도는 "江華의 원한을 풀어버리고 부끄러움을 씻어버린 뒤, 昭顯世子의 후손도 원한을 풀고 부끄러움을 씻을 방도가 있어야 마땅하다."[99]면서 이명섭을 부추겼다. 바로 이듬해인 철종 1년(1850)에 채희재가 따로 초도로 이명섭을 찾았던 것도 마찬가지 이유였다. 소현세자의 후손을 모반의 추대 대상으로 삼으려는 움직임이 여러 갈래에서 동시다발적으로 전개되고 있었음을 보여주는 것이었다. 결국 이명섭을 통해 김응도와 채희재가 서로의 존재를 알게 되고, 추대 대상으로 확정되면서 모반이 구체화될 수 있었다.

이명섭을 찾아간 김응도와 채희재 두 사람이 모두 평소에 三政의 폐단에 관심이 많았던 유생 출신으로, 이를 해결하기 위해 상경했던 공통점이 있었다는 점도 주목할 만한 점이다. 상언이라는 합법적인 형태로 자신들의 뜻을 펴는 것이 좌절된 지점에서 그들은 마침 황해도에 거주하고 있던 소현세자의 후손에 주목하게 된 것이다. 비슷한 처지였던 철종의 즉위라는 시점도 이들이 이명섭을 찾게 한 동기가 되었다. 비운의 세자 소현과 죄인의 처지가 된 그들의 후손은, 변란을 준비하던 세력에게 충분한 상징성이 있었다. 참여자 중 유일한 관리였던 구월산성의 별장 崔致珏이 거사에 참여하게 된 계기도 소현세자의 후손 이명섭이라는 존재에 있었다. 이명섭을 직접 만나보기 위해 사람을 보내어 말을 전했던 최치각의 행동에서 그러한 점을 추론할 수 있다.[100]

---

99) 「우포도청등록」 7책, 211쪽, 기덕우의 진술.
100) 「우포도청등록」 7책, 217쪽, 유기균의 진술.

이명섭이 압송 도중에 사망하여 기록을 남기지는 않았지만, 자신을 추대하려는 이러한 움직임에 이명섭도 어느 정도 호응했던 것으로 보인다. 철종 즉위년(1849) 7월, 김응도가 이명섭을 만나러 초도로 들어가는 길에 동행했던 李顯道의 진술에 따르면, 김응도와 이명섭이 三政의 弊瘼에 대해서 한바탕 이야기를 나누었다고 한다.[101] 소현세자의 원한을 씻어야한다는 명분을 내세우며 찾아온 낯선 사람과 조정의 失政에 대해 구체적인 이야기를 나누었다는 사실은 이명섭도 이러한 상황을 적극적으로 받아들이고 있었다고 볼 수 있는 근거이다. 뒤에 채희재가 찾아가 혹시 異人을 만나 얻은 秘訣이 있는지를 묻자, 이명섭은 김응도가 지어준 詩를 보여주며 이를 자기 집안의 秘訣이라고 소개하였다는 것이다.[102] 이를 계기로 채희재와 김응도가 연결되었다는 사실은 앞에서 언급한 바와 같다. 철종 1년(1850) 10월, 모친상을 당한[103] 이명섭에게 문상을 갔던 채희재를, 이명섭 형제가 5리 밖까지 따라 나와 은밀하게 귓속말을 주고받았다는 사실[104]도 이명섭의 개입 여부 및 개입 정도에 대한 시사점을 주는 대목이다.

채희재·유흥렴 등이 주도한 황해도 모반 사건이 종실을 추대하는 변란의 성격을 지님에 따라, 이 사건은 다른 사건과 구분되는 몇 가지 특징을 띠게 되었다. 먼저 종래의 변란에서 보이는 眞人의 출현이라든가 『鄭鑑錄』같은 秘記를 이용한다든가 하는 요소가 전혀 보이지 않는다. 물론 관련자들 일부가 각종 술법을 행하는 등의 민간 신앙적 요소가 전혀 없지는 않지만, 초월적인 존재나 讖言 등에 의존하는 모습은 보이지 않는다. 崔瑩이나 林慶業과 같은 상징적 인물을 내세우거나, 鄭氏 眞人으로

---

101) 「우포도청등록」 8책, 245쪽, 이현도의 진술.
102) 「우포도청등록」 7책, 211쪽, 기덕우의 진술.
103) 『선원속보』 앞의 자료.
104) 「우포도청등록」 7책, 219쪽, 우경유의 진술 ; 8책, 251쪽, 이명혁의 진술.

대표되는 예언 신앙을 내세우는 것이 17세기 仁祖代 이래 변란의 주요한 특징이었다.[105] 이후 18세기에 『정감록』이 보급되면서[106] 19세기에는 각종 변란의 이상주의적 혁명이념으로 동원되었다.[107] 이 사건에서 그러한 요소를 대체한 것은 바로 이명섭이 지니는 소현세자의 후손이라는 상징성이었다. '추대하여 명분을 삼으면 말이 바르고 이치에 맞을 것이니 사람들의 마음이 호응해 따를 것'[108]이므로 眞人과 같은 허황되고 신비한 요소가 필요하지 않았던 것이다.

또 위와 관련하여, 종래의 변란에서 주도 세력으로 많이 등장하는 유랑 세력의 존재가 눈에 띄지 않는다. 인조 7년(1629)에 발생한 모반 사건은 중인 출신으로 황해도와 중인 출신으로 황해도와 함경도·강원도 등지를 유랑하며 推奴로 생계를 유지하던 李忠慶에 의해 주도된 사건이었으며,[109] 인조 9년(1631)의 鄭澣 모반 사건은 전국을 유랑하며 승려 노릇을 하던 楊天植 형제가 깊이 개입한 사건이었고,[110] 인조 24년(1646)의 모반 사건도 일정한 주거가 없이 전국을 떠돌던 安益信이 주도한 사건이었다.[111] 이들은 위에 언급한 것처럼 최영·임경업이나 南怡와 같은 상징적 인물을 내세우거나, 각종 眞人을 거론하며 민심을 동요시키는 역할을 하고 있었다. 그러나 황해도 모반 사건에는 외부의 유랑 세력이 주도한 자취가 보이지 않는다. 물론 金守禎과 같은 외부 연계 세력의 존재가 확인되나, 그들은 이 사건에 주도적으로 참여한 경우는 아니었다. 또 거주지가 자주 바뀌는 관련자들이 많지만, 이는 유랑과는 무관한 것이었다.

---

105) 본서 제1부 제2장, 제4장 참조.
106) 백승종, 2006, 「18세기 후반 《정감록》의 출현과 보급」『한국의 예언문화사』, 푸른역사, 74~77쪽.
107) 고석규, 앞의 논문, 222쪽.
108) 「우포도청등록」 7책, 208쪽, 고성욱의 진술.
109) 본서 제1부 제1장 참조.
110) 본서 제1부 제2장 참조.
111) 본서 제1부 제3장 참조.

모두 황해도 안에서 거처를 옮기고 있으며 호적에 들어가 있다는 점에서, 조정의 통제 밖에서 유랑하는 존재와는 구별된다고 할 것이다. 또 오히려 생계 등의 이유로 거주지를 자주 옮겨야 하는 상황, 신분과 직업이 고정화되지 않고 동요하는 상황이 현실 문제에 관심을 갖게 했다. 지역적 토착성이 이 사건의 또 하나의 특징이라고도 볼 수 있는데, 이러한 토착성은 三政의 폐단과 같은 농민들의 현실적 문제에 관심을 가진 점에서 드러나고 있기도 하다. 그 해결을 위해 모색한 上書과 같은 합법적 방법이 좌절되자 비합법적인 방법으로서의 변란을 꾀했던 것이고, 마침 그 지역의 종실 후손인 이명섭의 추대에 이르게 된 것이다. 그 결과 종실을 추대하는 변란으로는 이례적으로 지방에서 발생할 수 있게 되었다. 이번 사건은 물론 분명한 변란의 형태를 띠고 있지만, 지역적 토착성과 민생에 대한 관심은 民亂의 내용적 요소와 관련되는 점도 많이 있다. 결국 이 사건이 일어난 지 얼마 지나지 않은 철종 13년(1862), 三政의 폐단이 주요인이 된 壬戌民亂이 전국적으로 일어나게 되었다.

4. 맺음말

철종 2년(1851) 발생한 황해도 모반 사건은 각종 저항이 빈발하던 19세기 중반, 蔡喜載 등의 유생 출신의 인물이 황해도 지역을 중심으로 모반을 꾀하다가 고변에 의해 실패한 사건이었다. 그들은 昭顯世子의 후손이었던 李明燮을 추대 대상으로 내세웠다. 채희재 등은 평소에 三政의 폐단 등에 관심을 갖고 上書 등의 합법적 방법으로 이를 시정하기 위해 노력했지만, 이것이 좌절되자 변란이라는 비합법적 방법을 모색하게 되었다.

역시 죄인의 신분이었던 恩彦君의 후손 哲宗의 즉위는, 변란을 모색하던 세력에게 소현세자의 후손 이명섭을 추대할 수 있는 명분을 제공하였다. 각자 변란을 추구하던 여러 세력들은 이명섭을 통해 서로의 존재를 알게 되었고, 모반은 구체화되었다. 이명섭 또한 이러한 움직임에 호응하였다.

종실을 추대하는 변란의 성격을 지닌 황해도 모반 사건은, 다른 변란 사건과 구분되는 몇 가지 특징을 갖는다. 崔瑩과 같은 상징적 인물을 내세운다던가, 眞人의 출현을 예언한다던가 아니면 『鄭鑑錄』과 같은 秘記를 이용하는 등과 같이, 17세기 이래의 변란에서 보이던 각종 민간 신앙적 요소가 나타나지 않는다. 이 사건에서 이러한 요소를 대체할 수 있었던 것은 이명섭이 지니는 소현세자의 후손이라는 상징성이었다.

또 17세기 이래 모반 사건에서 나타나는 유랑 세력의 존재가 보이지 않는다. 유랑 세력들은 위의 민간 신앙적 요소와 결합하면서 모반을 주도해 왔는데, 이 사건은 황해도의 토착 세력에 의해 진행되었다. 三政에 대한 관심도 이러한 토착성의 반영으로서, 결국 그 지역의 종실 후손인 이명섭을 추대하는 데에까지 이르게 되었다. 분명한 變亂의 형태를 지녔던 이 사건은 내용적으로는 民亂의 요소를 지니고 있었는데, 이 사건이 있은 지 얼마 지나지 않은 철종 13년(1862) 전국적 규모의 민란인 壬戌民亂이 발생하게 되었다.

제3부

조선후기 추국의 운영

조선후기 推鞫 운영 및 結案의 변화

조선후기 推鞫 운영 및 結案의 변화

1. 머리말

조선시대 推鞫廳은 謀反이나 謀大逆과 같은 왕조의 안전을 위협하는 중대한 범죄를 조사하는 임시 기구였다. 親鞫이나 庭鞫·推鞫[1] 등의 형태로 추국청에서 조사한 다양한 사건들 가운데에는 물론 실체가 드러난 사건도 있고 誣告로 밝혀진 사건들도 있으며, 당시 현실 정치에 중대한 변화를 초래한 경우도 있고 별다른 영향을 주지 않은 경우도 있다. 그렇지만 어느 경우든 추국청까지 설치하며 조사했다는 사실 자체가 당대의 질서에 심각한 위협으로 이해되었기 때문에 취해진 조치였다는 점에서, 추국청 및 추국이 당시의 정치·사회상을 이해하는데 중요한 실마리를 던저주는 소재임은 분명한 사실이다.

추국청의 심문 기록인 『推案及鞫案』을 이용한 鄭奭鍾의 선구적 연구[2] 이래, 掛書 사건을 분석한 李相培,[3] 孝宗代 金自點 모반 사건을 다룬 金世奉,[4] 英祖代 모반 사건을 다룬 조윤선,[5] 仁祖代 및 憲宗代의 모반 사건

---

1) 친국과 정국·추국은 국왕의 친림 여부와 참석자의 범위에 따라 구분되는데,(鄭 奭鍾, 1983, 『朝鮮後期社會變動硏究』, 一潮閣, 8~9쪽) 본 논문에서는 특별히 구분이 필요한 경우를 제외하고는 편의상 '추국'이라는 용어로 통일하겠다.
2) 정석종, 앞의 책.
3) 李相培, 1999, 『朝鮮後期 政治와 掛書』, 國學資料院.

을 다룬 김우철[6] 등 같은 자료를 이용한 몇몇 연구들이 후속되었지만, 그러나 그 중요성에 견주어 질과 양 모든 측면에서 아직도 미흡한 형편이다. 특히 개별 사건에 대한 연구에 치중되어 추국청의 운영이나 구조와 같은 통시적·제도적 접근은 이루어지지 않고 있다. 추국청이 사건이 벌어졌을 때만 설치되었다가 혁파되는 임시 기관이라는 점, 巨帙의 『추안급국안』이 원문 그대로 영인되었을 뿐, 정리나 번역이 이루어지지 않아 연구자의 접근이 용이하지 않았다는 점 등이 그 원인으로 지적될 수 있겠지만, 앞으로 여건의 긍정적 변화에 따른 연구의 진전을 기대한다.[7]

본 논문에서는 『추안급국안』에 나타난 結案에 대해서 살펴보도록 하겠다. 결안은 심문의 최종 단계에서 작성되는 문서로, 사건을 최종 마무

---

4) 金世奉, 2001, 「孝宗初 金自點 獄事에 대한 一硏究」 『史學志』 34.

5) 조윤선, 2007, 「英祖 6년(庚戌年) 謀叛 사건의 내용과 그 성격」 『朝鮮時代史學報』 42 ; 2009, 「英祖代 남형·혹형 폐지 과정의 실태와 欽恤策에 대한 평가」 『朝鮮時代史學報』 48.

6) 김우철, 2008, 「仁祖 24년(1646) 安益信 謀反 사건과 그 의미」 『韓國史學報』 33 ; 2010, 「Social Background of a Visionary Rebellion and the Image of an Ideal Society ‑ A review of the Yi Ch'unggyŏng Incident during the 7th year of King Injo (1629)」 『International Journal of Korean History』 15; 2010, 「憲宗 10년(1844) 懷平君 李元慶 謀反 사건과 그 의미 ‑ 哲宗 즉위의 숨겨진 배경 ‑」 『역사와 담론』 55; 2010, 「인조 9년(1631) 鄭澣 모반 사건과 그 의미」 『동양고전연구』 39.(이상 본서 제1부 제1~제3장, 제2부 제3장에 재수록)

7) 『추안급국안』은 1983년에 亞細亞文化社에서 총 30책으로 영인·간행되었다. 이하 본 논문에 인용된 『추안급국안』의 책수와 쪽수, 추안 제목은 이 영인본에 따랐다. 한편 한국학술재단의 2004년 기초학문 육성사업으로 『추안급국안』의 역주 사업이 선정되어, 현재 번역이 완료되고 출판을 위한 교정 작업이 진행 중이다. 본 논문에서는 이 사업의 번역 초고를 참조하였다. 다만 아직 교정 작업이 진행중이므로 인용된 번역문은 모두 필자의 감수와 교정을 거쳤으며, 따라서 혹시 오류가 발생한다면 모두 인용한 필자의 책임이다. 귀중한 원고를 제공해준 번역자들에게 고마운 마음을 표한다. 영인본 각 책별 번역자는 다음과 같다. 1·2·3책 오항녕, 4·5·6·9·10·11·12·22·27책 김우철, 7책 이선아, 8책 문용식, 13·14·15·16·23·24책 변주승, 17·18·20·21책 조윤선, 19책 이향배, 25·26책 이상식, 28·29책 서종태, 30책 허부문.

리 짓는 성격을 띠고 있다. 그런데 이 결안을 받는 과정이나 결안의 형식·내용이 시대에 따라 달라지는 모습을 보이고 있다. 본 논문에서는 그 양상을 살펴보고 나아가 그 의미를 밝혀보기로 하였다. 그 과정에서 추국 운영의 논리, 조선시대 형사 재판의 실태가 드러날 수 있을 것이며, 결안의 변화를 통해 시대상의 변화도 감지해낼 수 있을 것이다.

2. 추국의 절차와 결안

推鞫의 일반적인 절차는 심문-진술-刑訊-재심문-자백-結案-照律-처형의 순서로 진행된다. 첫 심문에서 자백이 이루어지는 경우에는 물론 형신과 재심문의 절차가 불필요하지만, 대부분이 生命刑의 처분을 받는 추국 사건에서 실제로 형신 없이 자백이 이루어지는 경우는 거의 없다.

자백이 이루어지는 경우에도, 자백이 미흡하다고 판단되면 곧바로 결안을 받지는 않는다. 숙종 6년(1680) 庚申換局 과정에서 발생한 福善君 李柟에 대한 심문에서, 이남의 자백에도 불구하고 추국청의 요청에 의해 결안 받는 일을 미루고 형신을 가하고 있다.

> 推鞫廳에서 보고하기를, "죄인 李柟은 매질하며 심문한 심문조항에서, 許堅의 無君不道한 말을 태연히 받아듣고만 있었다는 사실을 이미 자백했습니다. 結案의 진술을 받아야하는데, 결안을 받은 뒤에는 형의 집행을 잠시도 머뭇거릴 수 없다는 것이 법전에 엄연합니다. 이 죄인을 지레 앞질러 처단하면 허견을 붙잡아 온 뒤에 근거 삼아 밝힐 길이 없으니 어떻게 할지 감히 여쭙니다." 하니, 임금이 대답하기를, "이런 짓은 결코 한두 사람이 하루아침, 하루 저녁에 흉악한 모의를 꾸민 일이 아니다. 반드시 같은 패거리가 있을 것이니 결안의 진술을 일단 받지 마라. 같은 패거리 및 형제가 동참했는지 여부를 매질하며 캐물어라." 했다.[8]

---

8) 『추안급국안』 8책, 「庚申 逆堅柟 推案 (上)」, 215~216쪽.

결안을 받으면 바로 형을 집행해야하므로, 추가로 진술을 확보할 기회를 가질 수가 없기 때문이었다. 이에 따라 4월 6일에 자백했던 이남은, 추가 조사를 받은 뒤 4월 12일에야 결안을 바치고 처형되었다.[9]

자백을 의미하는 용어로는 直爲所如中과 遲晩이 있다. 사전적으로 直爲所如中은 '바른 바에 대하여' 또는 '바른 대로 하면'으로 풀이되고, 遲晩은 '너무 오래 속여 미안하다'는 뜻으로 각각 사용되는 吏讀인데,[10] 直爲所如中이 자백을 시작하는 첫머리에 표현되고, 遲晩이 자백을 마무리 짓는 끝부분에 사용되는 것을 제외하고 둘의 용례에 의미 있는 절차상의 결정적 차이는 보이지 않는다. 인조 13년(1635)에 발생한 李基安에 대한 추국에서는 여러 차례 형신 과정에서 역시 여러 차례 直爲所如中을 하고 자백을 하다가 최종적으로 遲晩을 하지만,[11] 숙종 7년(1681)의 朴相漢에 대한 추국에서는 첫 심문에서 바로 遲晩을 바쳤다가, 이어지는 형신 끝에 直爲所如中을 하고 자백을 바쳤다.[12]

자백을 받기위해 동원되는 刑訊으로는 訊杖·壓膝·烙刑 등이 있는데, 압슬은 영조 즉위년(1724)에, 낙형은 영조 9년(1733)에 각각 폐지된다.[13] 압슬과 낙형도 죄수에게는 고통이었지만, 횟수의 제한이 없는 訊杖도 고통을 안겨주었다. 신장은 한번에 30대까지 때릴 수 있도록 되어 있었는데, 숙종 32년(1706) 李潛은 무려 30대씩 18차례의 형신을 받은 끝에 物故되기에 이르렀다.[14]

이렇게 모진 고문을 가하면서 심문을 계속한 이유는 자백을 받기 위한 것이었고, 자백은 결안을 통해 최종적으로 확인되었다. 결안은 정당

---

9) 같은 자료, 216~217쪽 ; 228~232쪽 ; 301쪽 ; 325~327쪽.
10) 장세경, 2001,『이두자료 읽기 사전』, 한양대학교 출판부.
11)『추안급국안』5책,「乙亥 逆賊 李基安等 推案」, 520~522쪽.
12)『추안급국안』9책,「辛酉 朴相漢 推案」, 391~393쪽 ; 413~414쪽.
13) 조윤선, 2009, 앞의 논문, 218~219쪽.
14)『추안급국안』12책,「丙戌 罪人 李潛 推案」, 695~696쪽.

한 형벌의 집행을 위한 필수적인 절차였다. 경종 1년(1721), 당시 王世弟를 정사에 참여토록 하라는 상소를 올렸던 趙聖復에 대한 추국에서, 곧장 처형하라는 경종의 지시에 대해 의금부는 절차의 문제를 들어 이의를 제기하였다.

> 義禁府에서 보고하기를, "추국청의 죄인 趙聖復을 국법에 따라 서둘러 처형토록 하라는 명령을 내리셨습니다. 臣 등이 의금부에 일제히 모여 임금님의 지시대로 곧장 거행해야 마땅한데, 결안의 진술을 받은 뒤에 처형하는 것이 엄연한 법규입니다. 먼저 (결안의) 진술을 받아야 한다는 뜻으로 감히 아룁니다." 하니, 임금이 이르기를, "알았다." 했다.[15]

절차적으로 결안을 받지 않으면 정당한 형률 집행에 큰 흠결이 생기게 되는 까닭이었다. 결국 결안을 받도록 했지만 조성복이 끝내 결안에 서명하지 않으며 버티다가 물고되어, 담당 醫官 및 義禁府의 都事 및 書吏・羅將 등이 줄줄이 처벌되기에 이르렀다.[16] 이렇듯 자백하지 않은 상태에서 형신을 받다가 물고되면 失刑이 될 우려가 있었기에, 억지로 結案을 받는 경우도 있었다. 인조 24년(1646) 姜嬪 관련자들에 대한 추국에서 끝내 자백을 하지 않은 義貞에 대해서, 물고를 우려하여 곧장 처단을 하자는 의견과 절차에 따라 자백을 받아야한다는 의견으로 나뉘었다. 결국은 곧장 처단하기로 결정되지만, 다음과 같은 결안을 남겼다.[17]

> 義貞. 更推白等
> 제가 말씀드리겠습니다. 2월 13일 바깥에서 던져진 편지를 貞玉이 가져다 제게 주기에 제가 姜氏와 함께 참여하여 열어보았으니, (a1)편지를 전한 사람과 賞으로 준 물건에 대해서 제가 자세히 알지 못하는 것이 없는데 죄다 바른

15) 『추안급국안』 13책, 「辛丑 罪人 趙聖復 推案」, 613쪽.
16) 같은 자료, 614~616쪽.
17) 『추안급국안』 6책, 「丙戌 咀呪逆賊 義貞等 推案」, 570~571쪽.

대로 아뢰지 않았습니다.

　9월~10월 초순 무렵, 강씨가 金 10냥짜리 한 덩어리와 銀 50냥을 한데 봉하여 本家로 보냈습니다. …… 또 黃金을 한 차례에 세 덩어리씩 각각 봉하여 보낸 것이 다섯 봉인데, 이렇게 다섯 봉을 한데 보낸 것이 다섯 차례입니다. (a2) <u>遺書 안에서 말한 내용이 무슨 일인지와 던진 사람이 어떤 사람인지에 대해서 제가 절대로 모를 리가 없는데, 처음부터 끝까지 명백히 아뢰지 않았으니 몹시 흉악합니다.</u>

　저희 상전이 들어와 거처하던 건물 부엌 앞과 여러 나인의 廚房에서 제가 쥼伊와 마음을 같이하여 함께 땅을 파고 도로 채워 넣었으며, 彰孝門 근처에서 또 畵鍾子를 파내었는데 굽 아래에 쓴 '朴'이라는 글자는 제 상전 강씨의 친필이며, 깨진 기와조각 아래에서 불에 태운 족두리를 파내었다고 하는데, 이처럼 묻어둔 것이 무슨 의도인지 (a3)<u>네가 절대로 모를 리가 없는데 바른대로 아뢰지 않았으니, 흉악한 물건을 묻는데 동참한 죄는 만 번 죽어도 아깝지 않습니다.</u>

　위의 결안은 여러 가지로 독특한 경우이다. 일단 기존의 결안은 본인의 자백을 토대로 한 내용이라 주어인 '矣身'을 '저는'이라는 1인칭으로 번역하는 것이 자연스러운데, 이 결안을 같은 식으로 번역하면 어색한 점이 많다. (a1)에서 (a3)의 밑줄 친 기사 부분이 특히 어색한데, 이는 본인의 진술을 기초로 한 것이 아니라 심문관의 판단을 결안으로 표현한 부분이기에 더욱 그러하다. 더욱이 마지막 (a3)에서는 '네가[汝]'라는 표현을 하고 있는데, 이는 심문관이 죄인을 2인칭으로 부른 표현임이 분명하다. 이는 사실 서술에 있어서는 의정의 진술을 토대로 하되, 자백하지 않은 부분에 대해서는 심문관의 판단을 첨가시켜 만든 문서라고 볼 수 있다. 이와 같은 결안은 죄인을 1인칭으로 하여 자백하는 형식보다는, 죄인을 2인칭으로 하여 추궁하는 형태로 번역하는 것이 더 자연스럽다. 이러한 결과가 초래된 이유는 결안이 꼭 요구되는 절차인데 반하여, 결안은 본인의 자백을 토대로 한다는 모순된 상황에 있었다. 본인이 끝까지 자백하지 않거나, 심문관에 만족스러운 답변을 하지 않는다면, 이렇듯 비정상적인 결안이 출현할 가능성이 있었다.

이러한 절차를 거쳐서 결안을 받으면, 해당하는 형률을 적용하는 照律을 거쳐 처형하도록 되어있었다. 시기적으로 그 절차와 내용은 조금씩 다르고, 그에 대해서는 다음 장에서 자세히 다룰 것이지만, 자백 이후의 과정이 문서로 기록된 전형적인 형태를『추안급국안』에서 찾아보면 다음과 같다.[18)]

A1. 죄인 張戊申에게 첫 번째로 매질하여 심문하면서 訊杖 20대를 때렸다.

A2. 直爲所如中. 제 아비와 李仁立이 作變을 계획할 때 이미 알고 있었을 뿐만 아니라 丁字閣에 작변할 때 저도 쫓아갔습니다. 제 아비와 이인립이 땔나무로 정자각에 불을 지른 상황을 목격한 것이 틀림없이 확실합니다. 잘 살펴 처리하십시오.

A3. 추국청에서 아뢰기를, "죄인 장무신이 이미 죄를 시인했습니다. 結案의 진술을 받은 뒤에 照律하여 처단하는 것이 어떻겠습니까?"하니, 임금이 대답하기를, "아뢴 대로 하라."했다.

A4. 죄인 장무신. 結案白等.

(A4-1) 直爲所如中. 제 根脚은 다음과 같습니다. 아비는 守護軍 張得善이고, 어미는 良女 業辰입니다. 할아비는 良人 張宗世이고, 외할미는 愛云입니다. 豊德 땅에서 태어나, 부모 슬하에서 성장했습니다.

(A4-2) 제 아비와 李仁立이 作變을 계획할 때 이미 알고 있었을 뿐만 아니라 丁字閣에 작변할 때 저도 쫓아갔습니다. 제 아비와 이인립이 땔나무로 정자각에 불을 지른 상황을 목격한 것이 틀림없이 확실한 일입니다.

A5. 죄인 수호군 장무신, 나이 16세.

(A5-1) 제 아비와 李仁立이 作變을 계획할 때 이미 알고 있었을 뿐만 아니라 丁字閣에 작변할 때 저도 쫓아갔습니다. 제 아비와 이인립이 땔나무로 정자각에 불을 지른 상황을 목격한 것이 틀림없이 확실한 죄입니다.

(A5-2) 『大明律』의「謀反大逆」조에 이르기를, "무릇 謀反 및 大逆과 宗廟·山

---

18) 『추안급국안』 8책, 「丙辰 齊陵失火 張得善 推案」, 100~102쪽.

陵 및 宮闕을 부수려고 꾀한 경우는 단지 함께 모의한 사람도 主犯과 從犯을 가리지 않고 모두 陵遲處死한다. 아비와 아들은, 나이 16세 이상이면 모두 絞刑에 처하고, 15세 이하 및 어미와 딸, 아내와 妾, 할아비와 손자, 형제와 자매 및 아들의 아내와 첩은 功臣의 집에 내려주어 종으로 삼는다. 재산은 모두 관아에서 몰수한다. 男夫로 나이 80세 이상이거나 篤疾인 경우, 婦人으로 60세 이상이거나 廢疾인 경우는 모두 緣坐의 죄를 면해준다. 伯父와 叔父, 형제의 자식은 호적에 함께 편성되었는지의 여부를 따지지 않고 모두 삼천리 밖으로 귀양 보내 安置한다. 연좌된 사람으로 함께 거처하지 않는 사람의 재산은 관아에서 몰수하는 범위에 넣지 않는다. 시집가기로 허락한 딸로서 제 남편에게 돌아갈 곳이 정해진 경우, 아들이나 손자 가운데 養子로 다른 사람에게 보낸 경우 및 아내를 맞이하기로 되어있지만 아직 혼례를 치르지 않은 경우는 모두 연좌하지 않는다.”했다.

장무신은 능지처사한다. 그의 아버지나 아들이 16세 이상이면 모두 교수형에 처한다. 15세 이하 및 어미와 딸, 아내와 첩, 할아비와 손자, 형제와 자매 및 아들의 아내와 첩은 공신의 집에 내려주어 종으로 삼는다. 재산은 모두 관아에서 몰수한다. 백부와 숙부, 형제들의 자식은 호적에 함께 편성되었는지의 여부를 따지지 않고 모두 3천리 밖으로 귀양 보내 안치한다.

A6. 죄인 張得善·李仁立·張戊申 등을 軍器寺 앞길에서 처형했다.

이 사건은 숙종 2년(1676) 齊陵에 불을 지른 張得善과 그 관련자들에 대한 심문기록에 나오는 장무신에 대한 일련의 기사이다. A1은 장무신에 대한 刑訊 기사이다. 30대까지 때리도록 되어있는 訊杖을 20대 맞고서 장무신은 자백을 했다. A2의 直爲所如中 이하는 장무신의 자백 내용이다. A3은 장무신의 자백을 토대로 추국청에서 결안을 받고 조율하는 절차를 임금에게 요청하여 허락을 받는 기사이다.

A4는 장무신의 결안 내용이다. 그 가운데 A4-1은 죄인의 根脚으로, 자신의 신원을 진술한 부분이다. 근각에서는 자신의 선대와 거주지를 진술

하는데, 진술하는 선대의 범주는 시기에 따라 조금씩 차이를 보이고 있다. 선조 34년(1601) 吉云節 사건에 나오는 蘇德裕의 결안에서는 부·모와 조부·조모, 외조부·외조모 등 6명을 진술하고 있으며,[19] 광해군 즉위년(1608) 臨海君 사건에 나오는 金天遇의 결안에서는 부·모와 조부·외조부 등 4명을 진술하고 있다.[20] 인조 21년(1643) 李挺海의 결안에서는 부·모와 조부·증조부·외조부의 5명을 진술하고 있으며,[21] 현종 12년(1671) 殿牌 作變을 일으킨 愛立의 결안에서는 부·모와 조부·외조부의 4명을 진술하고 있다.[22] 이후의 결안에는 부·모와 조부·외조부 4명을 진술하는 것으로 고정된다.[23] A4-1처럼 외조부 대신 외조모가 기재되는 것은 특이한 경우인데, 같은 사건에 관련된 張得善과 李仁立의 결안에서도 장무신과 같이 부·모, 조부·외조모 등 4명이 진술되어 있다.[24] 이 사건에서 기록의 오류가 생긴 것인지, 아니면 근각의 기재 방식이 정착되는 과정에서 생긴 현상인지는 좀 더 확인해 볼 필요가 있다.

A4-2는 죄인 스스로 범죄 사실에 대해 자백한 내용으로, 앞의 자백 내용과 차이가 없다. A5는 장무신에 대한 照律 내용이다. 그 가운데 A5-1은 장무신의 결안 중에 범죄 사실을 진술한 A4-2를 다시 반복하는 내용이다. 굳이 차이가 있다면, A4-2의 결안에서는 '틀림없이 확실한 일입니다.[的實的只是白乎事]'라고 마무리하고 있다면, A5-1의 조율에서는 '틀림

19) 『추안급국안』 1책, 「宣祖 辛丑 推案及鞫案」, 78쪽.
20) 『추안급국안』 1책, 「逆賊 珒等 推鞫文書 4」, 423쪽.
21) 『추안급국안』 5책, 「癸未 推案及鞫案」, 751쪽.
22) 『추안급국안』 7책, 「辛亥 殿牌偸取罪人 愛立 推案」, 838쪽.
23) 『추안급국안』 9책, 「辛酉 朴相漢 推案」, 414쪽, 박상한의 결안(숙종 7년, 1681) ; 14책, 「乙巳 罪人 方萬規 推案」, 38쪽, 방만규의 결안(영조 1, 1725) ; 23책, 「丁酉 逆賊 興文等 推案 乾」, 205쪽, 姜龍輝의 결안(정조 1년, 1777) ; 25책, 「辛酉 邪獄 罪人 姜彛天等 推案 4」, 385쪽, 金伯淳의 결안(순조 1, 1801) ; 30책, 「辛巳 大逆不道罪人 驥泳等 鞫案 (坤)」, 253쪽, 安驥泳의 결안(고종 18년, 1881).
24) 『추안급국안』 8책, 「丙辰 齊陵失火 張得善 推案」, 97~98쪽.

없이 확실한 죄입니다.[的實的只罪]'라고 마무리하고 있는 정도이다.
A5-2는 해당하는 법조문에 비추어 판결하는 내용이다. 그리고 A6은 죄
인을 처형한 기사이다.

　이상에서 결안의 절차적 의미와 전형적인 결안의 형식에 대해서 간단
히 살펴보았다. 그러나 이러한 형식이 조선후기 내내 일관되게 지켜진
것은 아니었고, 시대에 따라 그 형식과 내용에 적지 않은 변화가 있었다.
다음 장에서는 결안의 시대에 따른 변화의 추이를 살펴보고 그 의미를
생각해보도록 하겠다.

3. 추국 운영 및 결안의 변화 과정

1) 추국 절차와 결안 형식의 형성(선조~효종대)

　推鞫 운영의 내용과 結案·照律 등 각종 문서 및 절차의 양식을 기준으
로 살펴보면 몇 차례의 시기구분이 가능하다. 『推案及鞫案』에는 宣祖 때
부터의 기록이 남아있어 그 이전 시기 推鞫의 절차나 문서 형식 등을 확
인하기 어렵다. 따라서 일단 확인이 가능한 선조 때부터 검토의 대상으
로 하였다. 선조대 가장 전형적인 형태로 추국 절차 및 문서를 기록한
기사는 다음과 같다.[25]

　B1. 李智에게 네 번째로 매질하며 심문하면서, 신장 2대를 때렸다.
　B2. 直爲所如中. 6월 1일, 제가 과수원에 갈 때, 성안에 있는 文忠基의 집이
　　　길가에 있어서 제가 들어가 보니, 문충기가 金大鼎과 함께 앉아 이야기를
　　　하고 있었습니다. 저를 보고 말을 그치기에 제가 무슨 일에 대해 이야기
　　　를 했느냐고 물었습니다. 문충기가 대답하기를, "향교에 와서 임시로 살
　　　고 있는 吉生員이 나와 洪敬源을 沖菴 사당 후미진 곳으로 불렀다. 모여

─────────────

25) 『추안급국안』 1책, 「宣祖 辛丑 推案及鞫案」, 83~84쪽 ; 96~99쪽.

서 이야기를 나눌 때, 길운절이 말하기를, '목사가 매질을 너무 심하게 하여 인심이 이반되었고, 온 섬사람들이 앞으로 목숨을 보존할 수가 없다. 목사를 없애는 일은 아주 쉽다. 오늘 밤에 군사를 일으키고자 하니, 베어버린 뒤 그대로 육지로 나가면 嶺南에 있는 군병이 모두 호응할 것이다.' 했는데, 우리들이 굳이 말려서 다시 6월 6일로 약속했다." 했습니다. 6일 거사할 때 저에게도 함께 가자고 요청하기에 제가 허락했습니다. 역적모의에 동참했습니다. 잘 살펴 시행하십시오.

B4. 李智. 更白.

(B4-1) 제 根脚은 다음과 같습니다. 아비는 甲士 李成齡인데 죽었고, 어미는 良女 召史인데 죽었습니다. 할아비는 正兵 李承問인데 죽었고, 할미는 이름을 모르며 죽었습니다. 외할아비는 記官 金仁孫인데 죽었고, 외할미는 이름을 모르며 죽었습니다. 부모가 濟州 北面에서 저를 낳았습니다. 저는 官奴 端千의 딸 端秋에게 장가들어 살았는데, 자식은 없습니다.

(B4-2) 저와 金大鼎·文忠基·洪敬源 등이 충암 사당 뜰 후미진 곳에서 이야기할 때 吉云節이 말하기를, "목사가 매질을 심하게 해서 인심이 이반되었다. 목사를 없애는 일은 매우 쉽다." 하니, 문충기가, "어찌 그런 말을 꺼내는가." 하니, 길운절이 말하기를, "오늘 밤에 군사를 일으키겠다…." 했는데, 문충기 등이 말려서 다시 6일로 약속하였고, 저에게 같이 가자고 청하기에 허락하였습니다. 역적모의에 동참한 사실이 확실한 일입니다.

B5. 正兵 李智, 나이 29세.

(B5-1) 文忠基가 저에게, "6일에 거사할 때 같이 가자고 길운절이 부탁했다." 하고 말하자, 허락하고 역적모의에 동참했습니다.

(B5-2) 『大明律』의 「謀反大逆」조에 云云이라고 했다. 李智 등은 陵遲處死하고, 不待時로 집행한다.

B6. 李智·金鍾·姜惟正을 鐵物橋 앞길에서 처형했다.

이 기사는 선조 34년(1601) 吉云節 사건에 관련된 李智에 대한 일련의 기사이다. 刑訊을 다룬 B1, 자백을 다룬 B2, 결안인 B4, 조율인 B5, 처형 기사인 B6의 구성은 전체적으로 앞에서 보았던 肅宗代 A1~A6 기사와 유사하다. 자백한 뒤 그 자백을 토대로 결안을 받고 조율하는 절차를 임금에게 요청하여 허락을 받았던 A3에 해당하는 기사가 없어서, 비교의 편의를 위해 B3의 항목은 비워두었다. 『추안급국안』에는 B3의 기사가 없지만, 그러한 절차까지 생략되었을 것으로 보이지는 않는다. 따라서 기사의 누락으로 보아야 할 것이다.

가장 큰 차이는 結案의 표기 여부이다. A4 기사에는 '結案白等'이라고 되어 있는데, B4 기사에는 '更白'이라 되어있다. '更白'은 아마도 '更推白等'을 축약한 낱말로 이해되는데, '更推白等'은 재심문한 기사의 앞머리에 나오는 낱말이다. 따라서 여러 차례 재심문이 반복될 경우에는 그 횟수만큼 등장하는 낱말이다. 따라서 그 내용이 단순한 재심문 기사인지, 아니면 結案에 해당하는지는 그 내용을 살펴보아야 알 수 있다. 그렇다고 해서 이 시기에 결안이라는 절차 자체가 없었다고 볼 수는 없다. 이미 자백한 죄인에게 결안의 진술을 받을 것을 요청하는 推鞫廳 委官을 다룬 『宣祖實錄』의 기사를 보면,[26] 결안을 받고 조율하는 절차는 이미 이전에 확립되어 있었던 것으로 보인다. 다만 문서상에 따로 '結案'이라고 표현하는 형식은 아직 정립되지 않았던 것이다.

B2의 直爲所如中과 B4-2 결안 및 B5-1 조율의 범죄 사실 자백내용은 내용상 큰 차이는 없지만, 갈수록 좀 간추려지는 모습이다. 直爲所如中에서 조금 장황하게 진술했던 내용이 결안에서는 조금 정리되었고, 조율에서는 직접 범죄 사실에 직결되는 부분만 기록되어 있다. B5-2의 해당 법조문 내용이 생략된 것은, 바로 같은 사건에 관련된 蘇德裕에 대한 조율에서 이미 서술되었기 때문에 중복을 피한 탓으로 보인다.[27]

宣祖代에 結案이라는 문서의 표현은 보이지 않지만, 이미 추국의 절차는 성립되어 있었다. 그러나 군사적 변란이 일어나거나 왕위가 비정상적

---

26) 『宣祖實錄』 28년 2월 8일, "承旨鄭述 以委官意 啓曰 罪人林漢光良 已爲承服 結案取招 照律施行 何如 答曰 林漢光良推鞫 似爲疎漏 更爲加刑 詳問得情"
27) 『추안급국안』 1책, 「宣祖 辛丑 推案及鞫案」, 79~80쪽.

으로 교체되는 비상 상황에서는 추국에서 이러한 절차가 곧잘 생략되었
다. 인조 1년(1623) 仁祖反正 직후 있었던 柳湔의 옥사에서는, 柳夢寅에
게 直爲所如中의 자백을 받은 뒤 곧장 처형을 했고,[28] 인조 2년(1624)
李适의 난 관련자들에 대한 추국에서도 成琢에게 直爲所如中의 자백을
받은 뒤 바로 처형했다.[29] 이때 直爲所如中의 형식으로 바친 자백을 結
案으로 볼 수도 있지만 根脚이 빠져있으며, 또 照律의 절차가 명백히 생
략되었다는 점에서 정상적인 추국 절차와는 달랐다. 이후 仁祖代 정국이
안정되면서, 추국의 절차는 다시 정상적인 상태로 회복된다. 인조 7년
(1629) 李忠慶 사건의 기록에는 直爲所如中-결안-조율이 모두 갖추어져
서 나타난다.[30] 다만 결안의 표기는 여전히 '結案白等'이 아닌 '更推白等'
이며, 결안에 根脚도 누락되어 있다. 이후 인조 21년(1643) 李挺海 관련
기사에는 처음으로 결안이 '結案白等'이라는 형식으로 나타나고 근각도
다시 기록되었으며 조율도 '照律'이라 명시되어 나타나지만,[31] 이와 같은
형식이 확립된 것은 아니었다. 이듬해인 인조 22년(1644) 옥사의 羅永男
이나 羅義生의 경우, 다시 결안이 '更推白等'으로 표현되고 근각도 생략
되어 나타난다.[32] 孝宗代까지도 이러한 형식이 계속된다.[33]

결국 孝宗代까지는 자백-결안-조율-처형으로 이어지는 추국의 절차가
확립되는 단계였고, 그 결과 결안이 절차적으로 꼭 필요한 단계로 자리
잡아 가고 있었다. 대부분은 본인의 자백을 기초로 했지만, 앞 장에서
살펴보았듯이 이 시기 일부 결안은 본인이 자백하지 않는 내용으로 작성

---

28) 『추안급국안』 2책, 「癸亥 逆湔 獄事文書 2」, 133~135쪽.
29) 『추안급국안』 2책, 「甲子 逆适 獄事文書」, 544~545쪽.
30) 『추안급국안』 4책, 「己巳 逆賊 李忠慶 文書 1」, 525~528쪽 ; 542~545쪽.
31) 『추안급국안』 5책, 「癸未 推案及鞫案」, 751쪽.
32) 『추안급국안』 5책, 「甲申 推案及鞫案」, 836~837쪽 ; 857~858쪽.
33) 『추안급국안』 7책, 「辛卯 自點等 逆獄 推案 1」, 102~103쪽, 加音春의 결안(효종
    2년, 1651)

되는 경우도 있었다. 또 심문기록에서 結案이 독립된 형태로 표현되지 못하고, 根脚의 표기도 완전히 자리 잡지 못하고 있었다. 아울러 反正이나 반란과 같은 비상한 시기에는 조율과 같은 절차가 생략되기도 하였다.

2) 추국 절차와 결안 형식의 확립(현종~숙종대)

孝宗代까지 확립되던 추국의 절차는 顯宗代에 들어와 結案이 독립된 형태로 표현되면서 완성된 모습을 보인다. 다음 기사는 현종 12년(1671) 殿牌를 훔친 죄인 愛立에 관련된 일련의 기사이다.[34]

> C1. 殿牌를 훔쳐낸 죄인 官奴 愛立, 나이 19세.
> 白等. 너는 漣川縣에서 전패를 훔쳐낸 상황에 대해 京畿監司가 직접 심문할 때 및 敬差官이 조사할 때, 이미 죄다 진술했다. 위의 전패를 훔쳐낸 경위와 변고를 일으킨 이모저모에 대해 감추거나 숨기지 말고 다시 사실에 따라 바른대로 아뢰라고 심문한다.
> C2. 저는 부모가 죽은 뒤, 의지할 데가 없어 그대로 도망갔다가 지난 해 7월쯤, 붙잡혀서 매질을 당했습니다. 매를 맞은 곳이 완전히 회복된 뒤 또 도망가서 여기저기 옮겨 다니며 빌어먹었습니다. 마침 흉년을 만나 입에 풀칠할 길이 없었으므로 도로 들어가려고 했지만, 또 전처럼 매질을 당할까 두려웠습니다. 일찍이 듣건대, 전패를 잃어버린 수령은 으레 파직된다고 하기에, 12월 25일 밤에 客舍에 몰래 들어가 전패를 과연 훔쳐내서 객사 온돌 아궁이에 그대로 불살라 버린 것이 틀림없이 확실합니다. 잘 살펴 시행하십시오.
> C3. 추국청에서 아뢰기를, "죄인 애립이 이미 자백했습니다. 결안의 진술을 받은 뒤에 형률에 따라 처단하는 것이 어떻겠습니까?" 하니, 임금이 대답하기를, "아뢴 대로 하라." 했다.
> C4. 죄인 官奴 愛立. 結案白等.
> (C4-1) 奴인 제 根脚은 다음과 같습니다. 아비는 私奴 㙨山이고, 어미는 官婢

---

34) 『추안급국안』 7책, 「辛亥 殿牌偸取罪人 愛立 推案」, 837~840쪽.

承玉입니다. 할아비는 모르고, 외할아비도 모릅니다. 부모가 漣川 땅에서
저를 낳았고, 부모 슬하에서 성장하며, 연천현에 身役을 바쳤습니다.

(C4-2) 부모가 죽은 뒤, 의지할 데가 없어 그대로 도망갔다가 …… 객사 온돌
아궁이에 그대로 불살라 버린 것이 틀림없이 확실한 일입니다.

C5. 죄인 관노 애립, 나이 19세.

(C5-1) 저는 부모가 죽은 뒤, 의지할 데가 없어 그대로 도망갔다가 …… 객사
온돌 아궁이에 그대로 불살라 버린 것이 틀림없이 확실한 죄입니다.

(C5-2) 『大明律』「謀叛大逆」 조에 이르기를, …… 3천리 밖으로 귀양 보내
안치한다.

C6. 신해년(1671, 현종 12) 4월 17일, 軍器寺 앞길에서 처형했다.

C1은 추국청의 심문 내용이다. 이 경우는 형신 없이 바로 첫 심문에서
자백했기 때문에, 刑訊이나 재심문, 直爲所如中과 같은 자백의 절차를 거
치지 않았다. C2의 자백 내용이 반복되는 C4-2의 결안과 C5-1의 조율 내
용은 인용을 생략했다. 전체적으로 앞 장에서 살펴보았던 肅宗代 A1~A6
기사와 거의 일치한다. 仁祖代에도 '結案白等'이라는 형식이 나타났지만
곧 '更推白等'이라는 형식이 다시 등장하면서 자리를 잡지 못했던 데 비
하여, 현종대의 이 형식은 肅宗代는 물론 英祖 초반까지 계속되며 추국의
일반적인 절차로 자리 잡았다. 영조 1년(1725) 方萬規에 대한 추국에서도
이러한 형식의 直爲所如中-결안-조율 형식이 확인된다.[35] 그러나 영조 4
년(1728)의 戊申亂 이후, 이러한 추국의 형식은 크게 바뀌게 되었다.

3) 照律의 생략과 추국 절차의 변화(영조대)

인조대에도 反正이나 反亂 등의 비상 상황에 추국의 일부 절차가 생
략되는 경우가 있었는데, 英祖 4년(1728)에 일어난 戊申亂도 그러한 계

---

35) 『추안급국안』 14책, 「乙巳 罪人 方萬規 推案」, 37~39쪽.

기가 되었다.[36] 그러나 인조대에는 정국이 안정을 찾은 뒤 추국이 정상
궤도를 되찾았던 데 비하여, 무신란 이후의 추국 절차는 변칙적인 상황
이 오래 지속되었다.

무신란 진행 중에 시작된 추국에서, 李志仁·李河 등 관련자들은 자백
하고 결안을 바친 뒤 조율 없이 즉시 처형되었다.[37] 핵심 세력으로 지목
된 南泰徵은 추국도 거치지 않고 바로 처형되어 梟示되기도 하였다.[38]
무신란 이후 영조 6년(1730)의 모반 사건의 경우에도 마찬가지였다. 관
련자인 權重三·金昌輝에게 결안을 받은 상태에서, 영조는 다음과 같이
지시했다.

> 죄인 권중삼과 김창휘는 엄중히 훈계하고 타이르는 이 때, 약물을 써서 독
> 살한 짓이 또 이처럼 파다하게 드러났으니 관례대로 結案의 진술을 받고 처
> 형할 수 없다. 아울러 不待時斬에 처하도록 하고, 결안은 추후에 반포하도록
> 하라.[39]

결안까지 받은 죄인이지만, 조율을 거치지 않고 처형 먼저 한 뒤 결안
은 나중에 공포하도록 한 것이다. 이와 같은 파행적인 절차는 영조 9년
(1733) 李濟東의 옥사에도 이어졌다.[40]

> 가1. 추국청에서 의논해 보고하기를, "죄인 이제동은 判付內 問目의 내용에
> 대해 이미 낱낱이 자백했습니다. 법에 따라 결안의 진술을 받은 뒤 照律
> 하여 처단하는 것이 어떻겠습니까." 하니, 임금이 대답하기를, "아뢴 대
> 로 하라. 조율은 일단 천천히 하고 登對하는 것이 좋겠다." 했다.

---

36) 戊申亂에 대해서는 조윤선, 2007, 앞의 논문, 194~196쪽 참조.
37) 『추안급국안』 14책, 「戊申 逆獄 推案 1」, 498~499쪽 ; 500~501쪽 ; 508쪽.
38) 같은 자료, 483쪽.
39) 『추안급국안』 17책, 「庚戌 逆獄 推案 第3卷」, 320쪽.
40) 『추안급국안』 19책, 「癸丑 濟東 推案」, 303~304쪽.

가2. 추국청에 전교하기를, "죄인 이제동을 犯上不道 陷人惡逆에 해당하는 형
　　률 조문에 따라 不待時斬하도록 의금부에 전교하라." 했다.

　刑訊 끝에 자백한 죄인에 대해서 결안도 받지 않고 조율도 거치지 않
은 채, 영조 자신이 해당하는 형률을 지정해 처단하였다. 이후 사건에
따라서는 照律의 절차를 거치는 경우도 나타나지만,[41] 결안을 받은 죄인
에 대해 조율을 진행하지 않고 영조의 판단에 따라 처형하는 경우도 많
았다.[42] 이와 같이 무신란 이후, 推鞫 獄事의 판단에 있어서 영조가 자의
적으로 개입하여 결정하는 일이 잦아지게 된 것이 큰 특징이라 하겠다.
　영조대에는 결안을 받는 과정에도 위협적인 수단이 추가되어 문제가
되었다. 결안을 거부할 경우에 刑訊하여 진술을 받아내는 것은 규례였지
만, 이때에는 稜杖을 죄인의 겨드랑이에 끼어 협박하는 새로운 방식이
등장하였다.

　　領議政 李光佐가 아뢰기를, "죄인이 結案을 거역할 경우에는, 羅卒 무리들
　이 朱杖을 죄인의 좌우 겨드랑이에 대고서 큰소리로 을러서 결안을 받고 있
　습니다. 하지만 獄事를 다루는 원칙에 비추어 볼 때, 이와 같은 행동은 부당
　합니다. 이후로는 의금부에 단단히 타일러, 죄인들이 만일 결안을 거역할 경
　우에는 반드시 杖으로 매질을 가하여 진술을 받도록 하고, 稜杖을 죄인의 겨
　드랑이에 대는 행동은 각별히 금지토록 하는 것이 어떻겠습니까?" 하니, 임금
　이 이르기를, "稜杖을 가지고 협박하며 심문하는 것은 법에 마땅한 행동이 결
　코 아니다. 이후로는 단단히 타일러 금지토록 하는 것이 옳겠다." 하고, 이어

41) 『추안급국안』 19책, 「甲寅 南極 推案 (乾)」, 824~827쪽, 金世進의 자백 및 결
　　안·조율.(영조 10, 1734) ; 20책, 「戊午 楊始搏等 推案」, 300~301쪽, 楊就道의
　　자백 및 결안·조율.(영조 14, 1738)
42) 『추안급국안』 21책, 「己巳 安邊 殿牌作變罪人等 推案」, 160~164쪽, 申尙仁·劉
　　贊迪의 결안 및 영조의 전교(영조 25, 1749) ; 「乙亥 五月 逆賊 沈鼎衍等 推案
　　2」, 642~643쪽, 金寅濟의 결안 및 처형(영조 31, 1755) ; 22책, 「丙子 逆賊 雲澄
　　等 推案」, 128~129쪽, 이운징의 결안 및 처형(영조 32, 1756).

서 지시하기를, "이러한 경우뿐만 아니라, 무릇 모든 심문을 할 때에 朱杖을 죄인의 겨드랑이에 대는 행동을 일체 금지토록 하라." 했다.[43]

이 기사는 영조 4년(1728) 5월 13일, 무신란에 대한 親鞫이 진행 중이던 과정에서 나온 것이다. 刑訊과 같은 고문을 통해 받아내는 전통적인 자백과 결안 자체도 지금의 시각에서 보면 그 신빙성을 의심할 수 있겠지만, 그래도 당대에는 절차적 과정으로 용인될 수 있었다. 그러나 종래의 규례를 뛰어넘는 새로운 방식이 결안을 받는 과정에 등장했다는 것은, 종래의 절차적 정당성을 훼손시킬 여지가 있었다.

戊申亂을 겪으며 정통성에 대한 위협을 느낀 영조가 추국에 직접 개입하면서, 그동안 확립된 추국의 절차는 크게 변하게 되었다. 照律의 절차가 생략됨은 물론, 結案을 받지 않는 경우도 있었으며, 결안을 받는 절차도 종래보다 더 위협적이고 강압적이었다. 영조대에 변화된 추국의 절차는 正祖代 이후에 다시 한 번 곡절을 겪게 된다.

4) 추국 절차 및 결안 내용의 변화(정조대 이후)

正祖代에 들어와 推鞫의 절차에 있어서 가장 큰 변화는 심문 방식의 변화이다. 종래에는 한 차례의 조사에서 심문과 진술이 각각 한 차례씩 이루어졌다. 그 결과 심문조항과 진술내용 모두 상당히 길고 다루는 내용도 포괄적이고 많았으며, 따라서 장황해지는 점을 피할 수가 없었다. 그런데 정조대 이후로는 심문 방식이 1문1답 형태로 바뀌었다. 따라서 심문과 진술 내용이 이전에 비해 훨씬 더 구체적이고 간결해지게 되었다. 이러한 심문 방식의 변화는, 정조 즉위년(1776) 4월의 李明徽에 대한 추국에서부터 확인된다.[44]

---

43) 『추안급국안』 15책, 「戊申 逆獄 推案 6」, 615쪽.

이렇게 심문 방식이 변화하게 된 배경은 아직 확실하지 않다. 서면 진술과 구두 진술 등 당시 추국에서 조사하던 형식의 변화와도 관련이 있을 것으로 생각되는데 분명하게 확인되지 않는다. 앞으로 연구 과제라 하겠다. 다만 이러한 심문 방식의 변화가 結案을 작성하는 과정에 있어서 일정한 영향을 주었음은 확실해 보인다. 종래에는 죄인이 자백한 내용을 중심으로 결안이 작성되었으므로, 결안의 문안을 심문관이 만들었는지 죄인이 만들었는지 따질 것이 없이, 자백의 내용과 결안의 내용이 크게 어긋나지 않았다. 앞에 예로 든 경우처럼 낱말 하나까지 똑같은 경우가 많았다. 그러나 1문1답 방식에서는 자백 사실도 구체적으로 분산되어 출현하기 때문에, 추후에 결안을 재정리하는 과정을 피할 수 없었다. 그 결과 심문관이 결안에 개입하는 정도가 더 강화될 수밖에 없었다. 다음은 이 당시 결안의 작성 관행을 보여주는 기사이다.[45]

　　나1. 심문하기를, "結案의 다짐[侤音] 내용을 너는 이미 들었으며, 너는 네 죄를 아느냐?" 하니, 진술하기를, "결안의 내용은 모두 맞습니다. 제 罪案도 하나하나가 지극히 당연한 것입니다." 했다. 심문하기를, "네가 이미 결안을 바친다고 했다. 그러므로 大逆不道라고 기록한 패를 걸어서 내보낼 터이니, 너는 그리 알도록 하라." 하니, 진술하기를, "저는 그리 알겠습니다." 했다.

　　나2. 저는 이미 죽어 마땅한 죄인이니, 만약 결박을 조금만 풀어준다면 당장 결안을 바치겠습니다. 결안은 매우 중요한 일이니, 마땅히 앞머리부터 끝부분까지 조목조목 입으로 크게 외치겠습니다. 혹은 글로 혹은 말로 하나하나 바른대로 진술하겠습니다." 했다. 이어서 그의 결박을 풀어주라고 임금이 명하였다. 결안 내용을 입으로 크게 외치기를, "저는 작년 이후로 역적 집안의 사람이 되었는데, 나라를 원망하는 마음을 항상 품게 되었습니다. 작년 8월에 제 조카인 홍상길이 제 유배지로 서찰을 보내어 흉악한

44) 『추안급국안』 22책, 「丙申 罪人 李明徽 推案」.
45) 『추안급국안』 23책, 「丁酉 逆賊 興文等 推案 (坤)」, 362쪽 ; 375~376쪽.

역적모의에 대해 죄다 알려왔습니다. 첫째는 칼을 품고 침범하려 했던 한 가지 대목이고, 둘째는 흉악한 물건을 묻은 한 가지 대목이며, 셋째는 추대하려 했던 한 가지 대목이었는데 저는 낱낱이 사람을 오고가게 하며 지시했습니다."했다.

이 기사는 정조 1년(1777), 정조를 시해하려다 적발된 田興文의 배후로 지목된 관련자들의 진술 내용이다. 나1은 洪述海에 대한 심문과 진술 내용이며, 나2는 洪纘海의 진술 내용 중의 일부이다. 나1의 기사에서는 결안을 죄인에게 미리 읽어주고 확인받는 점을 알 수 있고, 나2의 기사에서는 다른 사람이 만든 결안을 죄인이 읽는 장면을 보여주고 있다. 실제로 나2에서 홍찬해가 읽었던 결안은, 자구 하나 바뀌지 않고 바로 홍찬해의 결안으로 기록되었다.[46]

이와 같은 경향은 純祖代 이후에도 지속되는데, 이는 결안 내용의 변화에서 확인할 수 있다. 다음은 순조 26년(1826) 金致奎의 자백과 결안 내용이다.[47]

> D1. 죄인 金致奎, 나이 29세, 更推白等.
> 너는 하늘의 못된 기운이 모이고 마음은 귀신이나 도깨비와 같아, 솜씨는 속여 홀리는 버릇을 쌓았으며 의도는 단지 재앙과 난리만을 바랐다. 요망한 讖書를 전해 물려받고 거짓된 이름을 꾸며냈으며, 더러는 聖人이나 道士라고 일컫고, 더러는 將軍이나 元帥로 일컬었으며, 더러는 江華島 안에 있다고 일컫고, 더러는 太白山 아래에 거주한다고 일컬었으며, 더러는 洪景來 등 여러 역적이 죽지 않았다고 일컫고, 더러는 濟州에서 모임을 갖기로 기약했다고 일컬었다. 허황된 이야기를 전해 퍼뜨리고 시끄럽게 떠도는 소문을 부채질했으니, 이미 천지 사이에서 가까스로 목숨을 이어나가도록 받아들일 수 없다. 이에 쌓아온 도리에 어긋난 마음으로 감히 지

---

46) 같은 자료, 376쪽, 홍찬해의 결안.
47) 『추안급국안』 27책, 「丙戌 罪人 致奎昌坤柳性浩李元基 鞫案」, 696~698쪽.

극히 흉악한 죄를 이루려고, 올해 3월 14일에 스스로 짓고 스스로 베껴 쓴 凶書 두 장을 淸州兵營 北門에 내걸어 붙였는데, 하늘같은 임금님을 지적해 탓하고 나라를 거짓으로 헐뜯었으니, 더럽고 어지럽히는 말이 이르지 않는 데가 없었다. 이는 실로 천지 만고에 없었던 지극한 역적이니, 귀가 있어도 들을 수 없고 뼛골이 이미 먼저 떨린다. 하늘의 도리는 밝고 환하여 죄상이 죄다 드러났으니, 천 번 살을 발라도 부족하고 만 번 죽여도 오히려 가볍다. 신령과 사람이 분노를 풀기에는 잠깐 동안도 지체할 수 없으니 빨리 遲晩하라고 심문한다.

D2. 저의 여태까지의 수두룩한 지극히 흉악한 죄상이 남김없이 탄로 났으니, 이 지경에 이르러 달아나기 어려움을 스스로 알고 있습니다. 遲晩하는 다짐을 바칩니다. 잘 살펴 처리하십시오.

D4. 죄인 金致奎, 나이 29세. 結案白等.

(D4-1) 제 根脚은 다음과 같습니다. (중략)

(D4-2) 흉악한 일을 행한 이모저모는 다음과 같습니다. <u>저는 하늘의 못된 기운이 모이고 마음은 귀신이나 도깨비와 같아, 솜씨는 속여 홀리는 버릇을 쌓았으며 의도는 단지 재앙과 난리만을 바랐습니다. 요망한 讖書를 전해 물려받고 거짓된 이름을 꾸며냈으며, 더러는 聖人이나 道士라고 일컫고, 더러는 將軍이나 元帥로 일컬었으며, 더러는 江華島 안에 있다고 일컫고, 더러는 太白山 아래에 거주한다고 일컬었으며, 더러는 洪景來 등 여러 역적이 죽지 않았다고 일컫고, 더러는 濟州에서 모임을 갖기로 기약했다고 일컬었습니다. 허황된 이야기를 전해 퍼뜨리고 시끄럽게 떠도는 소문을 부채질했으니, 이미 천지 사이에서 가까스로 목숨을 이어나가도록 받아들일 수 없습니다. 이에 쌓아온 도리에 어긋난 마음으로 감히 지극히 흉악한 죄를 이루려고, 올해 3월 14일에 스스로 짓고 스스로 베껴 쓴 凶書 두 장을 淸州兵營 北門에 내걸어 붙였는데, 하늘같은 임금님을 지적해 탓하고 나라를 거짓으로 헐뜯었으니, 더럽고 어지럽히는 말이 이르지 않는 데가 없었습니다.</u> 또 스스로 제 이름과 거주지를 그 안에 써서 마치 진짜 그러한 흉악한 패거리가 있는 듯하면서, 반드시 제 말을 듣는다면 함께 오고 듣지 않는다면 빨리 죽여 달라고 말하기에 이르렀습니다. 비단 사람을 속일 뿐만 아니라 제가 한 짓이라고 의심을 빚어내지 않도록 하였으며, 또 사람들을 현혹시키려고 도리어 제가 꾀어내기 어려운 자에게 죄를 돌리려고 하면서, 흉악한 범죄를 은밀히 이루려는 마음을 뚜렷이 품고 요

행을 바랐습니다. 이는 실로 천지 만고에 없었던 지극한 역적으로 몹시 요망하고 흉악하여 귀가 있어도 들을 수 없고 뼛골이 이미 먼저 떨립니다. 하늘의 도리는 밝고 환하여 죄상이 죄다 드러났으니, 천 번 살을 발라도 부족하고 만 번 죽여도 오히려 가볍습니다. 신령과 사람이 분노를 풀기에는 잠깐 동안도 지체할 수 없습니다. 大逆不道가 틀림없이 확실하다고 遲晩한 것이 틀림없습니다.

다소 길지만 이 시기 자백과 결안의 특징을 나타내주는 문서라서 그대로 인용하였다. 앞의 A~C 문서들과 비교하기 위하여, D1~D4로 표시했다. D3에 해당하는 기사는 생략했다. D1은 심문 내용이고 D2는 자백 내용이다. D4는 김치규의 결안으로, D4-1은 근각인데 인용에서는 내용을 생략했다. D4-2는 자백에 기초한 범죄 사실의 자백 내용이다. 이 자료의 특징은 심문 내용인 D1과 결안의 범죄 사실 자백 내용인 D4-2의 내용이 동일하다는 점이다. D4-2의 밑줄 친 부분이 완전히 일치하고 있다. 원문으로는 똑같지만, 번역을 했기 때문에 D1에서 2인칭이었던 죄인이 D4-2에서는 1인칭으로 바뀌어졌을 뿐이다. 또 스스로 자신의 행위를 표현하기에 부적절한 인물 평가에 관련된 용어가 1인칭으로 바뀌어지니 오히려 어색한 번역이 되었다. 앞의 A~C 문서에서는 直爲所如中으로 나오는 A2~C2와 결안의 A4-2~C4-2가 일치했다면, 이 기록에는 자백에 해당하는 D2 부분은 그대로 D1의 내용을 인정하는 정도에서 그치고 있다. 결론적으로 심문 내용과 결안 내용이 일치한다는 사실은, 결안 및 그 기초가 되는 자백의 과정에 심문관의 의도가 깊게 개입되어 있음을 확인시켜주는 것이다.

正祖代 이후 1문1답으로 심문 형식이 바뀌면서 자백과 결안의 작성 방식도 변화하였다. 심문관이 결안에 개입하는 정도가 깊어지면서, 심문관의 의도가 결안에 반영될 가능성 또한 높아졌다. 그 결과 자백을 받는 과정에서 사용된 심문 내용이 그대로 결안의 범죄 사실 자백 내용으로

사용되게 되었다. 심문관의 의도가 반영된 결안은 이미 인조대에도 나타난 적이 있었지만 그때는 예외적인 현상이었고, 이 시기에는 항상적으로 규례화되었다는 점이 달랐다. 이러한 결안 형식은 高宗代의 심문 기록까지 계속된다. 죄인의 자백을 받아서 사건을 마무리 짓는다는 취지에서 유지되었던 결안의 형식은 계속 남았지만, 그 내용은 심각하게 변질된 것이었다.

4. 맺음말

推鞫의 일반적인 절차는 심문-진술-刑訊-재심문-結案-照律-처형의 순서로 진행되었다. 결안은 자백을 근거로 작성된, 사건을 마무리하는 성격의 문서이자 절차였다. 정당한 형벌의 집행을 위해서는 자백과 결안·조율이 절차적으로 필수적이었으며, 이를 완성하기 위해 訊杖·壓膝·烙刑 등의 刑訊이 동원되기도 하였고, 그래도 자백을 하지 않는 경우 심문관의 의도가 포함된 결안이 작성되기도 하였다. 결안을 받은 뒤에는 해당 형률을 적용하는 照律을 거쳐 형벌을 집행했다.

孝宗代까지는 자백-결안-조율-처형으로 이어지는 추국의 절차가 확립되는 단계였고, 그 결과 결안이 절차적으로 꼭 필요한 단계로 자리 잡아가고 있었다. 대부분은 본인의 자백을 기초로 했지만, 이 시기 일부 결안은 본인이 자백하지 않는 내용으로 작성되는 경우도 있었다. 또 심문기록에서 結案이 독립된 형태로 표현되지 못하고, 죄인의 신원을 나타내는 根脚의 표기도 완전히 자리 잡지 못하고 있었다. 아울러 反正이나 반란과 같은 비상한 시기에는 조율과 같은 절차가 생략되기도 하였다.

顯宗代에 들어와 結案이 독립된 문서의 형식으로 표현되면서 추국의 절차는 완성된다. 결안은 본인의 신원을 나타내는 根脚 부분과 자백했던 범죄 사실을 확인하는 내용 부분으로 구성되었다. 肅宗代를 거쳐 英祖

초반까지 直爲所如中(자백)-결안-조율로 이어지는 추국의 절차가 예외 없이 적용되었다.

戊申亂을 겪으며 정통성에 대한 위협을 느낀 英祖가 추국에 직접 개입하면서, 그동안 확립된 추국의 절차는 크게 변하게 되었다. 照律의 절차가 생략됨은 물론, 結案을 받지 않는 경우도 있었으며, 결안을 받는 절차도 종래보다 더 위협적이고 강압적이었다.

正祖代 이후 1문1답으로 심문 형식이 바뀌면서 자백과 결안의 작성 방식도 변화하였다. 심문관이 결안에 개입하는 정도가 깊어지면서, 심문관의 의도가 결안에 반영될 가능성 또한 높아졌다. 그 결과 자백을 받는 과정에서 사용된 심문 내용이 그대로 결안의 범죄 사실 자백 내용으로 사용되게 되었다. 이러한 결안 형식은 高宗代의 심문 기록까지 계속된다. 결국 결안은 죄인 스스로 범죄 사실을 자백하고 최종 확인하는 절차가 아니라, 심문관이 범죄 사실을 확정하고 죄인에게 자백 받아 최종 확인을 받는 절차가 되었다. 죄인의 자백을 받아서 사건을 마무리 짓는다는 취지에서 유지되었던 결안의 형식은 계속 남았지만, 그 내용은 심각하게 변질된 것이었다.

찾아보기

ㅂ

경인한국학연구총서

*대한민국학술원 우수학술 도서　　　**문화체육관광부 우수학술 도서